产教融合下我国高等职业教育多元主体协同育人研究

张晓雷 张 龙 著

北京理工大学出版社
BEIJING INSTITUTE OF TECHNOLOGY PRESS

内 容 简 介

随着经济结构的快速变化和新兴产业的兴起，传统教育模式面临重大挑战，这要求我们对高等职业教育体系进行深思熟虑的反思和系统的改革。本书尝试通过对现有教育模式深入分析，探讨如何通过产教融合与多元主体协同育人策略，有效提升教育质量和适应性。

本书首先回顾了高等职业教育的发展历程，指出了当前教育体系中存在的主要问题及其对教育质量和社会需求满足度的影响。通过借鉴国内外的成功经验和理论，进一步分析了产教融合的概念和校企合作的实际操作，探索了在教育教学、教材与教法改革、双师型教师队伍建设、实习实训等方面的创新途径。本书还介绍了如何利用现代信息技术和网络资源，建立开放和协作的教育环境，并提高学生的实操能力和创新思维。同时，本书也讨论了国际交流与合作的重要性，阐释了通过跨国教育项目和学术合作，如何促进教育理念的创新和教育质量的提升。此外，本书详细探讨了现代学徒制、产学研用联合体和共同体等多元协同育人模式的实际应用，并阐述了这些模式在操作中的挑战与机遇，以及如何在不同的社会和经济背景下实施和优化这些模式。

本书能为学术界、教育工作者和政策制定者提供一定的参考和启示，有利于其在推动高等职业教育改革和发展的过程中获得有价值的见解。

版权专有　侵权必究

图书在版编目（CIP）数据

产教融合下我国高等职业教育多元主体协同育人研究 /
张晓雷，张龙著. -- 北京：北京理工大学出版社，
2024. 7.
ISBN 978-7-5763-4372-4

Ⅰ. G718.5

中国国家版本馆 CIP 数据核字第 2024AS7439 号

责任编辑／陈莉华	**文案编辑**／李海燕
责任校对／周瑞红	**责任印制**／施胜娟

出版发行 ／ 北京理工大学出版社有限责任公司
社　　址 ／ 北京市丰台区四合庄路 6 号
邮　　编 ／ 100070
电　　话 ／（010）68914026（教材售后服务热线）
　　　　　　（010）63726648（课件资源服务热线）
网　　址 ／ http://www.bitpress.com.cn

版 印 次 ／ 2024 年 7 月第 1 版第 1 次印刷
印　　刷 ／ 廊坊市印艺阁数字科技有限公司
开　　本 ／ 710 mm×1000 mm　1/16
印　　张 ／ 17.75
字　　数 ／ 338 千字
定　　价 ／ 69.00 元

图书出现印装质量问题，请拨打售后服务热线，负责调换

前 言

在全球化和技术革新的持续推动下,高等职业教育正处于一个关键的转折点,它肩负着培养技术技能人才、促进产业升级和经济转型的重要使命。随着经济结构的快速变化和新兴产业的兴起,传统教育模式面临重大挑战,这要求我们对高等职业教育体系进行深思熟虑的反思和系统的改革。本书尝试通过对现有教育模式的深入分析,探讨如何通过产教融合与多元主体协同育人策略,有效提升教育质量。

本书首先回顾了高等职业教育的发展历程,指出了当前教育体系中存在的主要问题及其对教育质量和社会需求满足度的影响。通过借鉴国内外的成功经验和理论,进一步分析了产教融合的概念和校企合作的实际操作,探索了在教育教学、教材与教法改革、"双师型"教师队伍建设、实习实训等方面的创新途径。

在探讨教学资源共享、技术技能平台建设以及社会服务方面,本书介绍了如何利用现代信息技术和网络资源,建立开放和协作的教育环境,并提高学生的实操能力和创新思维。同时,本书讨论了国际交流与合作的重要性,阐释了如何通过跨国教育项目和学术合作,促进教育理念的创新和教育质量的提升。

此外,本书详细探讨了现代学徒制、产学研用联合体和共同体等多元主体协同育人模式的实际应用,并考察了这些模式在实际操作中的挑战与机遇,以及如何在不同的社会和经济背景下实施和优化这些模式。

希望本书能为学术界、教育工作者和政策制定者提供一定的参考和启示,推动高等职业教育改革和发展。期待本书的讨论能激发更多的学术交流和实践探索,共同促进我国高等职业教育系统朝着更高的发展目标迈进。

目 录

第一章 概述 ... 1

第一节 高等职业教育管理体制与运行模式 ... 1
一、发展现状 ... 1
二、宏观层面 ... 9
三、微观层面 ... 10

第二节 产教融合多元主体协同育人现状 ... 13
一、产教融合多元主体协同育人研究情况 ... 13
二、产教融合多元主体协同育人现状分析 ... 15
三、高职教育产教融合与多元主体协同育人存在的问题 ... 16

第三节 研究内容与意义 ... 18

总结 ... 19

第二章 高等职业教育育人模式研究 ... 20

第一节 高等教育 ... 20
一、我国的高等教育 ... 20
二、国外的高等教育 ... 21

第二节 职业教育 ... 21
一、我国的职业教育 ... 21
二、国外的职业教育 ... 30

第三节 高等职业教育 ... 31
一、中国特色高等职业教育 ... 32
二、国外的高等职业教育 ... 33
三、不同时期和不同国家高等职业教育育人模式启示 ... 36

  第四节 高等职业教育运行模式 ················· 38
    一、我国高等职业教育运行模式的基本框架 ············ 39
    二、我国高等职业教育管理运行模式存在的问题 ········ 41
  第五节 高等职业教育育人模式的理论探源 ············· 45
    一、陶行知的"生活教育理论" ···················· 45
    二、施耐德的"教劳结合理论" ···················· 47
    三、杜威"以经验为核心的知行合一"理论 ············ 48
    四、福斯特的产学合作理论 ······················ 49
    五、教学管理系统理论 ·························· 50
  总结 ······································ 51

第三章 产教融合多元主体协同育人模式 ············· 52

  第一节 产教融合 ······························ 52
    一、教育与产业的关系 ·························· 52
    二、产教融合模式的内涵 ························ 54
    三、产教融合的特征与实施 ······················ 54
    四、产教融合理论基础 ·························· 55
  第二节 多元主体协同育人 ························ 62
    一、多元主体协同育人的内涵 ···················· 62
    二、多元主体协同育人的特征 ···················· 63
    三、多元主体协同育人的内容 ···················· 65
  第三节 产教融合多元主体协同育人 ················· 67
    一、产教融合多元主体协同育人的现状 ·············· 67
    二、深化产教融合多元主体协同育人 ················ 68
    三、职业教育产教融合、校企合作人才培养 ·········· 70
    四、研究的价值和意义 ·························· 75
  第四节 典型的高等职业教育产教融合育人模式 ········ 76
    一、典型的产教融合主要合作模式 ················· 76
    二、典型的产教融合主要育人模式 ················· 78
  总结 ······································ 79

第四章 教育教学 ······························ 80

  第一节 人才培养模式创新 ······················· 80

一、产教融合背景下的人才培养模式 ······················· 80
　　二、创新人才培养模式的措施 ····························· 83
　　三、案例分析 ··· 86
　　四、面临的挑战与对策 ··································· 88
  第二节　教学资源建设 ······································· 88
　　一、教学资源的产教融合特性 ····························· 89
　　二、教学资源建设的创新实践 ····························· 91
　　三、教学资源建设的案例分析 ····························· 94
　　四、面临的挑战与对策 ··································· 95
  第三节　教材与教法改革 ····································· 96
　　一、概述 ··· 96
　　二、产教融合对教材内容的影响 ··························· 97
　　三、多元主体参与的教法创新 ····························· 99
　　四、教材与教法改革的案例分析 ·························· 101
　　五、面临的挑战与对策 ·································· 103
  总结 ·· 104

第五章　教师队伍 ·· 105

  第一节　"双师型"教师队伍建设 ······························ 105
　　一、高等职业教育"双师型"教师队伍建设现状 ············· 105
　　二、产教融合背景下"双师型"教师队伍的建设理念 ········· 110
　　三、案例分析 ·· 113
　　四、面临的挑战与对策 ·································· 115
  第二节　教师创新团队 ······································ 116
　　一、教师创新团队的构成与功能 ·························· 116
　　二、创新团队的培养 ···································· 120
　　三、支持系统和资源 ···································· 121
　　四、实践案例与经验总结 ································ 123
　　五、面临的挑战与对策 ·································· 126
  总结 ·· 126

第六章　实习实训 ·· 128

  第一节　实践教学基地 ······································ 128

一、实践教学基地的建设现状 ………………………………………… 129
　　二、实践教学基地建设的创新措施 …………………………………… 129
　　三、案例分析与经验总结 ……………………………………………… 132
　　四、面临的挑战与对策 ………………………………………………… 134
　第二节　技术技能平台 ……………………………………………………… 135
　　一、技术技能平台的角色与功能 ……………………………………… 135
　　二、技术技能平台的实践与创新 ……………………………………… 137
　　三、校企合作与产教融合的深化 ……………………………………… 140
　　四、案例分析与经验总结 ……………………………………………… 142
　　五、面临的挑战与对策 ………………………………………………… 142
　总结 …………………………………………………………………………… 144

第七章　服务发展 ……………………………………………………………… 145

　第一节　社会服务 …………………………………………………………… 145
　　一、社会服务的角色与功能 …………………………………………… 145
　　二、社会服务的实践与创新 …………………………………………… 147
　　三、案例分析与经验总结 ……………………………………………… 149
　　四、面临的挑战与对策 ………………………………………………… 150
　第二节　国际交流与合作 …………………………………………………… 151
　　一、国际交流与合作的角色与功能 …………………………………… 152
　　二、国际交流与合作的实践与创新 …………………………………… 153
　　三、案例分析与经验总结 ……………………………………………… 156
　　四、面临的挑战与对策 ………………………………………………… 157
　总结 …………………………………………………………………………… 158

第八章　制度及体制机制 ……………………………………………………… 159

　第一节　产教融合下多元主体协同育人制度 ……………………………… 159
　　一、制度评述 …………………………………………………………… 159
　　二、制度建构 …………………………………………………………… 164
　　三、制度实施 …………………………………………………………… 169
　　四、案例分析 …………………………………………………………… 172
　　五、面临的挑战与对策 ………………………………………………… 174

第二节 产教融合多元主体协同育人机制创新 …… 175
一、体制机制评述 …… 175
二、治理权配置与调整 …… 177
三、利益共生关系 …… 179
四、案例分析 …… 180
五、面临的挑战与对策 …… 182
总结 …… 184

第九章 高职院校产教融合多元主体协同育人模式实践与探索 …… 185
第一节 现代学徒制模式 …… 185
一、现代学徒制的内涵 …… 186
二、产教融合下高职院校现代学徒制实践路径 …… 197
三、云南省高等职业教育现代学徒制实践 …… 201
第二节 产教融合多元主体协同育人产学研用模式 …… 206
一、产学研用模式发展现状 …… 207
二、产教融合下产学研用模式的创新 …… 212
三、高等职业教育产学研用实践 …… 216
第三节 产教融合多元主体协同育人实践 …… 220
一、高等职业教育产教融合多元主体协同育人实践 …… 220
二、典型案例——昆明工业职业技术学院物流管理专业群产教深度融合的建设与实践 …… 225
总结 …… 235

第十章 构建实体化机构运作的探索与实践 …… 236
第一节 现代职业教育体系改革 …… 236
一、改革任务 …… 236
二、改革意义及目标 …… 238
第二节 市域产教融合联合体 …… 240
一、概念界定 …… 240
二、理论基础 …… 240
三、国内实践案例分析 …… 244
四、策略优化与模式创新 …… 245

第三节　行业产教融合共同体 ································· 246
　一、概念界定 ····································· 246
　二、理论基础 ····································· 247
　三、国内实践案例分析 ····························· 250
　四、策略优化与模式创新 ··························· 251
第四节　产教融合下多元主体协同育人构建实体化运作共同体的实践 ······ 252
　一、实施路径建议 ································· 252
　二、评价模型建立 ································· 256
总结 ··· 267

结束语 ··· 269

参考文献 ··· 270

第一章

概 述

近年来，职业教育的快速发展，政府部门推出了众多有利于职业教育发展的政策措施。这些政策不仅为高等职业教育提供了强有力的支持，也标志着高职院校及其教育体系步入了一个转型与发展的新阶段。通过这些政策的推动，高等职业教育在管理体制和运行模式上迎来了创新和优化，为职业教育的质量提升和体系完善奠定了坚实的基础。

第一节 高等职业教育管理体制与运行模式

一、发展现状

经过四十多年的不断发展，我国的高等职业教育已经成为高等教育体系中不可或缺的一部分，肩负着为社会各行各业培养应用型人才的重要使命。

（一）高等职业教育发展情况

1. 高职院校数量

根据 2024 年教育部发布的数据，截至 2023 年，全国共有高等学校 3 074 所，包括普通本科学校 1 242 所（其中独立学院 164 所），本科层次职业学校 33 所，高职（专科）学校 1 547 所，成人高等学校 252 所，另有培养研究生的科研机构 233 所。职业教育本科及高职院校加起来达到了 1 580 所，单从数量上来看，超过了其他类型的高校（见表 1.1）。近五年，全国高校总数持续增长，特别是在 2023 年，高职院校数量显著增加，而普通高等学校数量增长相对较小，且存在负增长的情况。这一趋势反映出高等职业教育在我国高等教育领域的重要地位。

与传统高等教育相比，高等职业教育更强调理论与实践的结合，旨在提高学生的实践能力，并培养与市场需求相匹配的专业技能，促进学生的全面发展。在不断深化的教育改革背景下，对产教融合改革的关注度需提升，依托多元主体协同育人的策略，推动高职教育体系的转型发展，确保学生能在变幻莫测的就业市场中找到自己的立足点。

表 1.1　近五年高等教育院校数统计

类别	年份				
	2019	2020	2021	2022	2023
普通高等学校/所	1 265	1 258	1 270	1 270	1 242
职业教育高等学校/所	1 423	1 482	1 486	1 489	1 580
高校总数（不含成人高等学校和港澳台地区高校）/所	2 688	2 740	2 756	2 759	2 822

从 2019 年至 2023 年，高等职业教育学校数量有所增长，从 1 423 所增长到 1 580 所，显示出在快速工业化和技术进步的背景下，我国对职业技术教育的重视程度显著提升（见图 1.1）。这一增长趋势与国家产业升级的战略密切相关，特别是在制造业、信息技术和可持续能源领域，对技术熟练的劳动力需求激增。政府为了支撑这些产业的发展，不仅增加了职业学校的数量，还优化了教育课程，使之与产业需求对接，确保学生毕业后能迅速填补产业空缺。此外，随着"中国制造 2025"计划的推进，我国对高技能人才的需求进一步加大，因而职业教育的质量和规模的扩展显得尤为重要，这也是未来我国职业教育持续发展的关键所在。

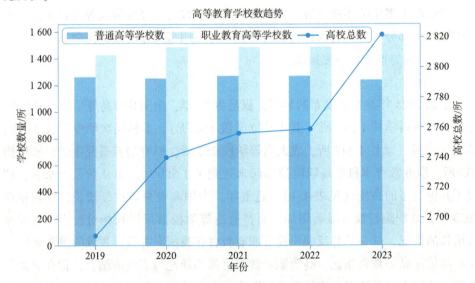

图 1.1　2019—2023 年高等教育院校数发展趋势图

2. 高等职业教育基本情况

截至 2023 年，我国高等教育的总体在学规模为 4 763.19 万人，显示出整个教育体系的庞大规模。其中，高等职业教育作为重要组成部分，表现出显著的增长和强劲的发展动力。职业本科和高职（专科）教育招生数量显示了职业教育对市场需求的快速响应。

职业本科招生量为 8.99 万人，年增长率高达 17.82%，远超普通本科的增长速度，这体现了职业教育日益增长的市场吸引力。高职（专科）招生人数为 555.07 万，增长率为 2.99%，进一步证明了高等职业教育的市场吸引力。

成人教育和网络教育在高职教育领域也展示了稳健的增长，成人教育招生人数为 445.49 万，网络教育招生 163.42 万人，反映了教育模式多样化和数字化转型的趋势。

高等职业教育的师资力量也持续增强。全国高等教育机构专任教师总数为 207.49 万人，其中高职（专科）学校教师数量为 68.46 万人。研究生以上学历的教师比例提升到 79.14%，显示出教师队伍质量的持续提升。

教育基础设施的改善进一步支持了高职教育的质量提升。全国校舍建筑面积总计达到 11.89 亿平方米，其中高职教育占有重要比重，学生人均占地面积为 56.82 平方米、人均校舍建筑面积为 28.26 平方米，保障了教学资源的充足和教学环境的优化。

通过这些数据，我们可以看到，高等职业教育是满足国家经济社会发展需求的重要角色，为培养专业技术人才打下了坚实的基础。

（二）政策支持

1. 职业教育政策

近年来，我国职业教育的发展呈现出明显的系统性改革与质量提升趋势，伴随一系列政策的推动和实施（见表 1.2）。2019 年，国务院发布了《国家职业教育改革实施方案》，旨在强化职业教育体系的改革，以更好地满足产业发展需求。同年，教育部针对高水平高职学校和专业建设、教师团队建设、学历与技能证书的融合等方面提出具体措施，着力提高职业教育的适应性和教育质量。

此外，政府还推出了职业技能提升行动计划，以支持劳动者适应经济社会发展需求，并通过教育部办公厅关于全面开展职业培训的通知，扩大职业培训的覆盖范围，促进就业与创业。政策还涉及对教材管理的规范、职业院校"双师型"教师队伍建设以及学生实习管理的标准化，旨在确保教学内容的质量与适用性，并增强教师与学生的实践能力。

到了 2020 年和 2021 年，教育部继续强调职业教育的质量建设，发布了《职业教育提质培优行动计划（2020—2023 年)》及《现代职业教育质量提升计划资金管理办法》。这些措施旨在通过财政投入和管理制度的改善,进一步提升职业教育的整体水平。同时,对职业学校办学条件、教师和校长的培训基地建设以及职业教育的国际化推广等方面也提出了具体的策略和目标。

到了 2023 年和 2024 年,教育部发布了《教育部办公厅关于加快推进现代职业教育体系建设改革重点任务的通知》,再次强调市域产教联合体的建设,以及通过全国职业教育教师企业实践基地的规范化管理,深化校企合作,从而提升教师的实践教学能力。此外,通过公布高等职业教育专科专业设置备案和审批结果,进一步规范职业教育专业设置,确保人才培养目标与市场需求紧密对接。

综上所述,我国的职业教育通过连续几年的政策推动与实践改革,不仅提升了教育系统的效率和质量,也更加紧密地与国家的产业发展和经济需求对接,展现了职业教育现代化发展的坚实步伐。

表 1.2　职业教育近年政策统计表

序号	时间	重要文件	发文字号	主要内容
1	2019 年 1 月	《国务院关于印发国家职业教育改革实施方案的通知》	国发〔2019〕4 号	聚焦职业教育体系改革,增强职业教育与产业需求的对接能力
2	2019 年 4 月	《教育部办公厅 财政部办公厅印发关于开展中国特色高水平高职学校和专业建设计划项目申报的通知》	教职成厅函〔2019〕9 号	优化高职教育质量,支持特色和高水平学校和专业的建设
3	2019 年 4 月	教育部等四部门印发《关于在院校实施"学历证书+若干职业技能等级证书"制度试点方案》的通知	教职成〔2019〕6 号	推广"学历+技能证书"模式,增强学生的职业技能
4	2019 年 5 月	教育部关于印发《全国职业院校教师教学创新团队建设方案》的通知	教师函〔2019〕4 号	促进职业院校教师教学创新和团队建设
5	2019 年 5 月	《国务院办公厅关于印发职业技能提升行动方案(2019—2021 年)的通知》	国办发〔2019〕24 号	提升全民职业技能,支持劳动者适应经济社会发展需求
6	2019 年 8 月	教育部等四部门关于印发《深化新时代职业教育"双师型"教师队伍建设改革实施方案》的通知	教师〔2019〕6 号	加强"双师型"教师队伍建设,提高教师实践与理论教学能力

续表

序号	时间	重要文件	发文字号	主要内容
7	2019年9月	《教育部办公厅等七部门关于教育支持社会服务产业发展提高紧缺人才培养培训质量的意见》	教职成厅〔2019〕3号	提升紧缺人才培养质量，满足社会服务产业的人才需求
8	2019年10月	教育部办公厅等十四部门关于印发《职业院校全面开展职业培训 促进就业创业行动计划》的通知	教职成厅〔2019〕5号	扩大职业培训覆盖范围，支持就业与创业
9	2019年11月	教育部办公厅 国家发展改革委办公厅 财政部办公厅关于推进1+X证书制度试点工作的指导意见	教职成厅函〔2019〕19号	促进职业技能认证与学历教育的融合
10	2019年12月	教育部关于印发《中小学教材管理办法》《职业院校教材管理办法》和《普通高等学校教材管理办法》的通知	教材〔2019〕3号	规范中小学、职业院校和普通高等学校教材管理，确保教学内容的质量与适用性
11	2020年9月	教育部等九部门关于印发《职业教育提质培优行动计划（2020—2023年）》的通知	教职成〔2020〕7号	强化职业教育质量建设，优化教育结构和教学方法
12	2021年3月	教育部关于印发《职业教育专业目录（2021年）》的通知	教职成〔2021〕2号	更新职业教育专业目录，以适应快速变化的职业需求
13	2021年9月	教育部等三十五部门关于印发《全国职业院校技能大赛章程》的通知	教职成函〔2021〕11号	规范职业技能大赛组织，提高赛事质量和影响力
14	2021年10月	中共中央办公厅 国务院办公厅印发《关于推动现代职业教育高质量发展的意见》	国务院公报（2021年第30号）	促进职业教育与经济社会需求更紧密的结合
15	2021年11月	关于印发《现代职业教育质量提升计划资金管理办法》的通知	财教〔2021〕270号	规范职业教育投资和资金使用，确保教育质量提升资金的高效使用
16	2021年11月	《关于做好本科层次职业学校学士学位授权与授予工作的意见》	学位办〔2021〕30号	提升职业学校教育层次，扩展学位授权和授予范围

续表

序号	时间	重要文件	发文字号	主要内容
17	2021年12月	教育部办公厅关于印发《"十四五"职业教育规划教材建设实施方案》的通知	教职成厅〔2021〕3号	加强教材建设,支持职业教育内容的现代化和国际化
18	2021年12月	教育部等八部门关于印发《职业学校学生实习管理规定》的通知	教职成〔2021〕4号	规范职业学校学生实习过程,确保实习质量,保护学生权益
19	2022年9月	教育部关于印发《全国职业院校技能大赛经费管理办法》的通知	教职成函〔2022〕6号	确保职业技能大赛经费的合理使用,加强财务监管
20	2022年10月	教育部办公厅关于做好职业教育"双师型"教师认定工作的通知	教师厅〔2022〕2号	强化"双师型"教师认定标准,提升职业教育教师队伍的专业能力
21	2022年10月	中共中央办公厅 国务院办公厅印发《关于加强新时代高技能人才队伍建设的意见》	—	加强高技能人才队伍建设,支持技术技能人才的发展和创新能力的培养
22	2022年11月	教育部等五部门关于印发《职业学校办学条件达标工程实施方案》的通知	教职成〔2022〕5号	提升职业学校的办学条件和教育质量
23	2022年12月	中共中央办公厅 国务院办公厅印发《关于深化现代职业教育体系建设改革的意见》	国务院公报（2023年第1号）	加强职业教育体系的整体性改革,提升教育系统效率
24	2023年7月	《教育部办公厅关于加快推进现代职业教育体系建设改革重点任务的通知》	教职成厅函〔2023〕20号	提出打造市域产教联合体、行业产教融合共同体等多项重点任务,以促进职业教育与产业经济高质量发展的协同
25	2023年12月	教育部办公厅关于印发《全国职业教育教师企业实践基地管理办法（试行）》的通知	教师厅〔2023〕4号	通过建立和规范职业教育教师的企业实践基地,强化校企合作,提升职业教育教师的实践教学能力,从而支持职业教育高质量发展

续表

序号	时间	重要文件	发文字号	主要内容
26	2023年12月	教育部办公厅关于印发《国家级职业教育教师和校长培训基地管理办法（试行）》的通知	教师厅〔2023〕5号	通过顶层设计和区域支持，提升职业教育质量，打造高素质教育团队，以支持职业教育高质量发展
27	2024年3月	《教育部关于公布2024年高等职业教育专科专业设置备案和审批结果的通知》	教职成函〔2024〕1号	明确新设专业点的数量和状态，要求各地遵守规定并通过指定平台查询和管理专业设置信息

2. 产教融合政策

近年来，我国在产教融合方面的政策显著加强，反映出国家层面对于职业教育与产业发展协同的高度重视。自1996年《中华人民共和国职业教育法》（以下简称《职业教育法》）确立以来，通过一系列的法律修订和政策推动，产教融合成为国家战略的核心组成部分。特别是从2013年全面深化改革的决策确定开始，至2023年已推出多项实施方案（见表1.3），明确倡导教育系统与产业界的深度合作，推动教育链、人才链与产业链、创新链的有效融合。这一系列政策的实施，不仅旨在优化职业教育的结构和质量，也力图通过校企合作等模式，促进经济的高质量发展，以适应全球化和技术发展带来的新挑战。这表明，产教融合已从政策层面转向深层次的结构性改革，旨在构建一个互利共赢的教育和产业发展新格局。

表1.3 产教融合政策统计表

序号	时间	重大事件	提出来源	主要内容
1	1996年5月	制定《职业教育法》	第二十三条	强化产业与教育的结合，明确行业主管部门和相关组织在职业教育标准制定与人才培养中的作用
2	2013年11月	《中共中央关于全面深化改革若干重大问题的决定》通过	全面深化改革	强调市场在资源配置中的决定性作用，提出要加快教育体制改革，促进教育与经济社会深度融合
3	2014年6月	习近平总书记就加快职业教育发展作出重要指示	习近平总书记的指示	强调产教融合、校企合作的重要性，以适应社会和经济发展的需要

续表

序号	时间	重大事件	提出来源	主要内容
4	2017年10月	党的十九大报告提出"完善职业教育和培训体系"	党的十九大报告	提出深化产教融合、校企合作，完善职业教育体系
5	2017年12月	《国务院办公厅关于深化产教融合的若干意见》发布	国办发〔2017〕95号	详细阐述深化产教融合的具体措施，如强化政策支持、优化环境、推广成功模式等
6	2019年9月	六部门联合印发《国家产教融合建设试点实施方案》	发改社会〔2019〕1558号	推动产教融合试点，通过政策和资金支持，探索可复制的产教融合模式
7	2021年4月	习近平总书记对职业教育工作作出重要指示	习近平总书记的指示	重申深化产教融合、校企合作，优化职业教育的类型和定位
8	2021年5月	《"十四五"时期教育强国推进工程实施方案》发布	发改社会〔2021〕671号	强调"十四五"期间推动产教融合，通过实施计划和项目支持，加强职业教育
9	2021年7月	首批国家产教融合型试点城市和企业公布	国家发展改革委、教育部、人力资源和社会保障部	启动国家级产教融合试点，以城市和企业为单位，推广产教融合实践
10	2022年5月	修订《职业教育法》	第四条	更新职业教育法，更明确地强调产教融合和校企合作的法律地位和政策支持
11	2022年10月	党的二十大报告提出"推进职普融通、产教融合、科教融汇"	党的二十大报告	进一步深化职业教育改革，强化职业教育与普通教育、科研工作的整合
12	2023年6月	《职业教育产教融合赋能提升行动实施方案（2023—2025年）》发布	发改社会〔2023〕699号	细化产教融合赋能提升措施，明确2023—2025年的具体目标和任务
13	2023年7月	遴选第二批国家产教融合试点城市	教育部	扩大产教融合试点范围，推动更多城市加入国家级产教融合计划
14	2023年7月	教育部支持建设国家轨道交通装备行业产教融合共同体	教育部	针对具体行业的产教融合策略，以轨道交通装备为例，展示行业应用
15	2023年8月	教育部发布行业产教融合共同体建设指南	教育部	提供产教融合共同体建设的具体指导，促进行业特定的教育与产业合作

续表

序号	时间	重大事件	提出来源	主要内容
16	2023年10月	教育部公布第一批市域产教联合体	教育部	建立市域产教联合体，推动区域内高校与产业的深度融合
17	2023年10月	启动第二批国家产教融合试点城市遴选	教育部	增强产教融合的地域覆盖和实践效果，加强试点城市的选拔

二、宏观层面

（一）职教法的修订

从宏观视角来看，1996年9月1日《职业教育法》的实施，无疑是我国高等职业教育历史上的一个里程碑。这一立法行为不仅确立了高等职业教育在法律体系中的地位，也让高等职业教育得到了工商业及学术界的广泛支持与肯定。该法律的颁布标志着高等职业教育正式步入了一个全新的发展阶段。

经过二十多年的实践与发展，2021年6月7日，《职业教育法》迎来了首次重大修订。修订草案于2022年4月20日在第十三届全国人大常委会第三十四次会议上提出并审议通过。这次修订在深化对职业教育法律框架的认识基础上，进一步明确了职业教育的核心定位，明确规定职业教育与普通教育虽然是不同的教育类型，但两者在国家发展中享有同等的重要性。

此次法律的修订，不仅反映了国家对职业教育重要性的再认识，也为职业教育的未来发展提供了更加坚实的法律保障，确保职业教育能够更好地适应经济社会发展的需求，培养符合市场需求的技术技能人才。

（二）产教融合的关键作用

在最新修订的《职业教育法》中，国家特别强调了企业在职业教育系统中的核心地位及其在推动产教融合和校企合作方面的关键作用。修订内容具体涵盖了以下几个关键方面。

1. 明确企业角色

修订案中将"校企合作"纳入职业教育实施的核心原则，明确提出国家将促进企业作为教育的主体参与者，深度参与职业教育体系的构建，并鼓励企业建立和运营高品质职业教育机构。

2. 企业的职责与社会责任

企业有权设置专职或兼职的职业教育岗位，并应将其在职业教育方面的活动纳入年度企业社会责任报告，体现其对社会贡献的承诺和实践。

3. 政策奖励与支持

对于积极参与产教融合和校企合作，在技术技能人才培养和就业促进方面表现突出的企业，国家将提供包括金融、财政、土地使用、信用等多方面的政策支持。

4. 工学结合与学徒制

鼓励企业与职业学校共同招生，采用工学结合的方式培养学徒，并签订正式的学徒培养协议。相关企业可以获得政府规定的补贴。

5. 教材与专业开发

鼓励行业组织和企业积极参与职业教育专业教材的开发，以确保教育内容的实用性和前瞻性。

6. 教育机构合作

支持企业与职业学校及职业培训机构合作创办职业教育机构，采取多种形式的合作以优化资源共享机制。

7. 教师培养

政府鼓励企业参与职业教育教师的培养和进修，以提升教育质量和教师专业技能。

8. 实习机会提供

国家鼓励企业为职业学校和职业培训机构的学生提供实习岗位，以提升学生技能的实践和应用能力。

9. 经济激励

支持企业设立职业教育奖学金、助学金，并鼓励通过捐资助学的方式支持职业教育。

这些规定不仅明确了企业在职业教育发展中的关键角色，也展示了国家对于产教融合、校企合作模式的高度重视。新修订的《职业教育法》在制度上为产教融合提供了前所未有的支持和认可，标志着职业教育地位和认可度的显著提升，反映了国家对职业教育发展的坚定决心和全面支持。

三、微观层面

（一）管理体制的双重性与挑战

在微观层面，高等职业教育的管理体制和运行模式体现了其特有的组织结构与管理思维。高职院校的双重身份——既是行政事业单位，也是以专家和学者为核心的学术机构——为其带来了独特的管理和教学挑战。这种双元性质导致管理人员和教研人员在教育理念与实践应用上可能存在观念和背景的差异。这样的差异有时能够促进教育理念的丰富和多样性，但也可能在实际操作中引发行政需求与学术追求之间的矛盾。

特别是高职院校常常处于地方政府的直接监管之下,频繁的检查和评比可能对追求研究自由和宽松环境的学者和教师形成一定压力,这种情形有可能影响他们的工作热情和创新动力。尽管管理体制的多样性为教育管理带来了广泛的视角和深入的洞察,执行层面上的摩擦仍不可避免。

这一状况不仅增加了高等职业教育管理的复杂性,也反映了管理工作受到社会经济体系、教育政策以及宏观经济状况的深远影响。应对这些挑战,需要管理者采用灵活多样的策略,以确保教育质量和效率的持续提升,同时维持教育体系的内在活力和外部适应性。

(二) 高职教育管理体制和运行模式的特点

1. 培养目标的定向性

高等职业教育机构面临的主要挑战之一是其生源的多样性。其生源主要包括两大类:普通高中毕业生和中等专业学校毕业生。普通高中毕业生中,一部分学生由于成绩未达到理想高校的录取标准,选择通过高职院校的"单独招生"途径进入高等职业院校;另一部分学生则是在高考后,基于高职院校较低的录取分数线而被录取。中专毕业生大多是因为中考成绩不足以进入普通高中,而选择继续在中等职业教育领域深造。这种生源结构为高职教育带来了特定的挑战,即如何在生源"先天不足"的情况下寻求发展。

鉴于这种情况,高职院校面临的竞争压力与学术型本科院校不同,其核心不在于追求学术竞争,而在于如何紧密结合行业需求,培养具备实际操作能力和职业技能的技术技能型人才。这要求高职教育不仅要在教育内容和方法上进行调整,更要在培养目标上进行精准定位,确保教育与行业需求、就业市场紧密结合。通过实践教学和行业合作,高职院校可以有效地提升学生的职业技能和实践能力,使其更好地适应快速变化的就业环境,满足用人单位的需求。这种对职业性和实践性特征的强调,不仅丰富了高职教育的内涵,也为学生的全面发展和就业竞争力的提升奠定了基础。

2. 教学和管理过程的职业化

高等职业院校秉承理论与实践相结合的教育理念,旨在为各行各业的基础岗位培养实用型人才。这一理念的实现,要求教育过程不仅注重理论知识的传授,更重视职业技能和职业素养的培育。为此,高职院校的教学和管理必须尽可能模拟真实的工作环境,以确保学生毕业后能够顺利适应并胜任各类职业岗位。

在这个过程中,教学活动的设计和执行,以及教育管理的方针和策略都需紧密结合行业特点和就业市场的实际需求。特别是通过实践教学、企业实习、项目驱动等方式，学生能够在学习期间充分锻炼和展示其职业能力。此外，各种职业技能证书，不仅为学生提供了证明其技能水平的有效手段，也极大地增强了他们的就业竞争力。

通过这样的职业化教学管理，高职院校不仅能够提升学生的实用技能和综合素质，也能够确保其教育成果与社会需求和行业标准保持一致，从而为学生毕业后的顺利就业奠定坚实基础。这种教育模式的实施，进一步突显了高职教育在为社会培养高素质技术技能型人才方面的重要作用和价值。

3. 管理体制的综合化

在当前的教育背景下，高等职业教育的管理体制和运营模式展现出了显著的综合化特征。这种综合化主要体现在基于传统的学校管理框架，积极引入企业管理理念，尤其是在教学和行政管理层面。最引人注目的是高职院校主导下的校企合作教育体系的构建和实施。

在政府各级部门的支持和推动下，围绕"产教融合、校企合作"的改革实践取得了显著成果。这种模式不仅增强了教育的实践性和应用性，还促进了教育内容与企业需求之间的紧密对接，为学生提供了更加丰富和实际的学习机会。然而，尽管在宏观层面取得了进展，具体的管理实践中仍然面临不少挑战和问题，这些问题在一定程度上制约了校企合作模式的深入发展和教育质量的进一步提升。

因此，为了更好地实现教育目标和适应社会经济发展的需求，高职院校的管理体制和运营模式的综合化改革需要持续深化。这包括优化校企合作的结构和机制，解决实施过程中的具体问题，以及提升教育管理和服务的质量和效率。通过这样的努力，可以进一步强化高职教育在培养应用型人才方面的核心竞争力，为学生的就业和职业发展提供更有力的支持。

4. 管理架构的扁平化

当前，大多数高职院校成功建立了扁平化的管理架构，这种架构的核心优势在于确保信息流通的顺畅和提升工作处理的灵活性及针对性。在就业市场快速变化和企业对人才需求不断演进的背景下，扁平化的管理模式成为推动高职教育创新与发展的关键因素。

这种管理模式的显著优点在于它为每位教师提供了直接与上层管理者沟通的渠道，从而使基层的声音能够被高层听见，并参与决策。这种从下至上的沟通机制不仅有助于学校领导更精准地把握教学和管理的实际情况，还能够确保决策更加贴近实际需求，从而提高决策的有效性和学校运营的效率。

通过实施扁平化管理，高职院校能够更快速地适应外部环境的变化，灵活调整教学和管理策略，有效促进教育质量的提升和学校整体发展的优化。同时，这种管理方式也鼓励创新思维的涌现，有利于在学校内部营造开放、协作的工作氛围，从而为高职教育的持续创新和发展提供坚实的基础。

第二节 产教融合多元主体协同育人现状

在过去几年中，高等职业教育院校在产教融合及多元主体协同育人方面的实践已经取得显著成果，为相关改革提供了新的思路。特别是对于产教融合和多元主体协同育人的相关理论进行了深入的研究和探讨。通过广泛的理论研究、职称制度的引导，以及各高职院校的实践探索，在理论概念的明晰化、矛盾及从属关系的统一方面取得了进步，为有序推进这一实践提供了坚实的理论基础。

一、产教融合多元主体协同育人研究情况

杨善江在 2017 年的研究中将产教融合协同育人定义为：教育部门和产业部门在社会范围内，依托各自掌握的优势资源，以协同育人为核心，通过产业和教育内部优势资源的有机结合，培养能够满足经济转型需求的高素质技术型人才的一种教育新模式。这种模式强调在产业端与教育端保持各自独立的同时，实现相互融合、彼此依存的体系，旨在构建一个互利共赢的教育和产业发展新格局。

2018 年刘志敏提出了对产教融合深层次理解的新观点。他认为，产教融合不仅仅是产业和学校在融入与融通的基础上的交集，而是一种更深层次、更广泛的互动。这种互动旨在实现产业系统与教育系统之间各种资源要素的共享与相互转化，从而形成一个全新的、良性互动的生态体系。刘志敏的这一观点进一步强调了产教融合在促进教育和产业互利共赢方面的潜力及其对构建教育和产业发展新模式的重要性。

2019 年罗荣荣在研究产教融合中提出，产教融合主要涉及产业与教育在知识和技术创新、教学内容、科研课题、教学方法开发、实践基地建设以及产学研成果共享等方面的深度合作，形成了一种新的教育形态。

2020 年曹珍、罗汝珍、詹华山等人的研究指出，产教融合受到政治法律、经济、社会文化、技术和国际环境的显著影响，认为经济政策、文化教育、人的价值取向等是其外部影响因素。

2021 年郭苗苗强调产教融合应结合本国国情，通过优化共生环境、协同理

念目标、融合人才培养体系，有效匹配各主体利益，构建良好的产教融合生态系统。

2023年金志鑫强调数字技术在产教融合中的作用，如通过人工智能和大数据分析优化教育和产业之间的资源配置和人才培养过程。

这些研究逐步深化了对产教融合概念的理解，强调了其在促进教育和产业共同发展中的重要作用（见表1.4）。

由此可见，产教融合强调产业与教育的有机结合，不仅涵盖了技术或资源的结合，也包括将学生的学习经验与工作方法有效整合的过程。它的核心目标是利用双方的合作优势，全面满足职业教育学生的学习需求，促进学生的全面发展，同时为产业输送切实所需的人才。协同育人则是指在教育系统内部，各教育主体围绕人才培养和使用的目的，进行资源共享和能量互动，通过创新的教育架构提升学生的专业技能和综合素质。产教融合与多元主体协同育人之间的紧密联系为职业教育的改革实践奠定了坚实基础。尽管近年来职业教育取得了显著成就，但理论研究仍需深化，特别是在如何实现校企协同、制订教育计划和明确教育目标等方面。因此，未来应聚焦于解决高职教育产教融合与协同育人间的问题，完善教育架构，促进学校和企业共同参与培养应用型人才，以优化管理机制和运行模式。

表1.4　产教融合协同育人代表性观点

年份	学者	观点
2017	杨善江	将产教融合协同育人定义为通过教育部门和产业部门的优势资源有机结合，培养适应经济转型需求的高素质技术型人才的教育新模式
2018	刘志敏	产教融合是产业和教育系统之间资源共享与相互转化的深层次互动，形成良性互动的新生态体系
2019	罗荣荣	产教融合涉及产业与教育在知识和技术创新、教学内容与方法、实践基地建设及成果共享方面的深度合作
2020	曹珍、罗汝珍、詹华山	产教融合受到政治法律、经济、社会文化等外部因素的显著影响，强调环境对其产生的影响
2021	郭苗苗	产教融合应结合国情，通过优化共生环境、协同理念和融合人才培养体系来构建良好的生态系统
2023	金志鑫	在持续的全球化和技术进步影响下，强调数字技术在产教融合中的作用，如通过人工智能和大数据分析优化教育和产业之间的资源配置和人才培养过程

二、产教融合多元主体协同育人现状分析

在实际的产教融合多元主体协同育人改革实践中，学校和企业应基于各自的利益诉求，积极开展实质性的沟通与合作。同时，政府部门须提供必要的支持和保障，注重合作环境的稳定性，制定有利于双方的政策，并完善相关的保障和激励机制，以促进产教融合视角下的多元主体协同育人改革成为现实。这一过程强调了三方（学校、企业、政府）在推动产教融合与协同育人方面的重要作用（见图1.2），真正让产教融合视角下的多元主体协同育人改革变成现实。

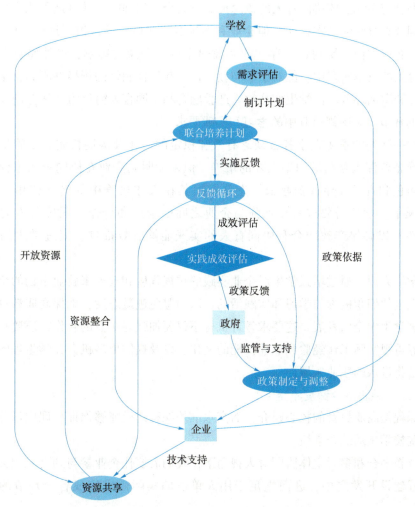

图1.2 三方（学校、企业、政府）在推动产教融合与协同育人的作用示意

三、高职教育产教融合与多元主体协同育人存在的问题

（一）对产教融合和协同育人内涵认识不够全面

立足于实际的教育现状，尽管教育机构对产教融合及多元主体协同育人的理念有了较为系统和全面的理解，但企业和学生对这一概念的认识仍然存在显著差距。这种认识上的不足在很大程度上阻碍了相关改革措施的顺利推进。针对这个问题，有必要加强对企业和学生的教育和引导，确保所有参与方都能充分理解产教融合的重要性和实质，从而更有效地推动教育改革的实施。

在深入分析当前的教育现状时，可以看到虽然学校管理层和一线教师已经对产教融合与多元主体协同育人的概念形成较为全面的理解，并且这种认识与相关的培训及教育活动紧密相连，但企业和学生对这些概念的认识还远远不够深入。特别是企业方面，受到长期存在的"校热企冷"现象的影响，虽然愿意参与到协同育人的改革实践中，但对于参与教育计划和目标制订的积极性不高，主要关注实习和实训环节。而学生们往往将产教融合和协同育人简化为"毕业前岗位实习"的环节，试图规避其中的学习和实践要求。

这一问题的根源在于各方缺乏有效和稳定的协作及沟通机制。尽管学校尝试引导企业深入参与应用型人才的培养，但未能明确企业在协同育人过程中的具体角色和责任，导致企业未能充分发挥其在人才培养中的潜在作用。在这种情况下，学校需要进一步加强与企业之间的沟通和合作，明确各方的责任和期望，以确保产教融合和协同育人的实践能够有效推进，促进学生的全面发展。

学生方面，通过增强学生对企业实践的重视程度和对未来就业市场的全面认识，促进他们积极参与学习和实践活动，从而避免逃避态度，确保高职教育更好地促进学生的全面发展。这要求教育机构不仅要加强与企业的合作，还要在学生中培养重视实际工作经验和职业技能的文化，以及提供更多机会让学生理解和准备自己将进入的职业领域。

（二）课程融合深度不足

课程是高职教育的核心媒介，而高水准的课程建设能够保证授课质量并提高高职院校学生的综合素质。

产教融合和多元主体协同育人视角下，我们需要让企业参与到高职相关专业的课程建设开发之中，进而立足于用人单位的实际需求完成各个环节的教育实践。

在实际工作中，如果能够让企业参与课程开发建设，便能够利用企业所掌握的资源提高学生的实践能力，并且能够进一步提升相关教学工作的针对性。然而

现实是，企业对于课程建设开发并没有实现有效参与。一部分原因在于企业方面不愿意向外界展露自身的生产工艺、运营管理模式及技术优势。同时，就企业自身来看，与学校共同进行课程开发，对产业人才培养是有益的，但这些人才不一定为自己所用，导致兴趣不足。

在此背景下，企业的参与度受到其经营规模的限制，难以深入参与课程的建设和开发。因此，企业通常通过进行企业文化宣讲和实操技能培训来帮助高职学生适应工作节奏。同时，学校的教学内容与企业的岗位需求之间存在较大差异，导致学生在实际工作中发现自己所学知识难以应用，影响了他们的职业发展和社会对职业教育的认可度。因此，加强课程融合的深度，缩小教学内容与岗位需求之间的差距，成为提升职业教育质量和社会认可度的关键。

（三）教材融合不深

实地调研发现，教材融合不深的问题主要体现在多元主体共同参与高职教材编写建设、难以保证准确性和实效性，以及企业参与编写教材的积极性不高两个方面。由于教材的编写需要具备一定的专业水准，再加上短期内见不到收益，所以很少会有企业愿意参与其中。而以教师为主导的教材编写模式所造成的直接后果是教材内容无法实时革新，所以会使学生实际掌握的理论知识和实践技能不能满足用人单位的需求。

（四）教师队伍建设融合不深

加强"双师型"教师队伍建设也是产教融合和多元主体协同育人改革必须重点关注的细节，而且职业教育的特殊性也决定了"双师型"教师队伍的建设情况会直接影响职业教育的发展完善。

结合实际工作现状分析，这类问题主要包括教师队伍来源单一，以及教师在多元主体之间的双向流动不畅。因此高职院校需要进一步细化与用人单位的协作平台，进而按照引企入教的思路丰富"双师型"教师队伍的建设内涵。

要注意利用高职学生对企业方教师的兴趣，用全新的教学模式引导其全方位参与各个环节的教学活动，最终实现其学习效率的全方位提升。

（五）高职产教融合与多元主体协同育人的质量有待提升

立足于各个环节的实践经验分析，高职学生在参与多元主体协同育人之后，其专业能力的提升情况始终无法令人满意，所以摆在我们面前的改革局面其实并不乐观。今后需要进一步理顺学校与企业在应用型人才教育培养过程中的矛盾，进而推进相关协同互助机制的优化调整并且明确双方的责任、权利、义务。

以此为起点，才能够进一步解决高职院校和企业在协同育人方面暴露出的矛盾或冲突，进而为相关专业的高职院校学生搭建起全新的学习平台。

第三节 研究内容与意义

本书共十章,内容涵盖高职教育的多个方面,包括管理体制、育人模式、产教融合与校企合作的深化实践,以及"双师型"教师队伍建设、实习实训模式创新等关键领域,全面反映了当前高等职业教育面临的挑战和机遇。

第一章"概述":介绍了高职教育的现状,分析了产教融合与多元主体协同育人的发展背景和存在的问题,为全书研究设定了基调。

第二章"高等职业教育育人模式研究":深入探讨了高等职业教育育人模式的理论来源和实践意义,突出了产教融合对育人模式深化的推动作用。

第三至七章:依次对产教融合下的多元主体协同育人模式、教育教学、教师队伍、实习实训以及服务发展进行了详细分析和案例研究。

第八章"制度及体制机制":聚焦于产教融合多元主体协同育人的制度及体制机制创新,通过实证分析揭示了体制机制创新的路径与策略。

第九章"高职院校产教融合多元主体协同育人模式实践与探索":通过现代学徒制和"产学研用"模式的案例,展示了产教融合实践的具体成效与经验。

第十章"构建实体化机构运作的探索与实践":聚焦市域与行业层面的产教融合实践,探索了区域与行业协同育人的新模式和创新策略,为产教融合提供了更为宽广的视角和实践路径。

整体而言,本书的研究内容突出了产教融合与多元主体协同育人在推进高职教育现代化进程中的重要作用,以及在新形势下实现职业教育高质量发展的策略与措施,对产教融合协同育人研究具有重要意义。

回顾国内高等教育行业的发展历程可知,高等职业教育一直都是高等教育体系的短板。虽说近几年在政府部门的引导下国内职业教育体系已经呈现出全新的发展态势,并且各地教育主管部门也针对职业教育体系的发展规划确定了全新的战略目标,但其实各个环节的细节工作之中却仍旧存在诸多问题,因此摆在我们面前的改革局面其实并不乐观。

鉴于上述情况,其实应当以总结回顾高职教育育人模式的理论内涵、相关政策内容为前提,进一步规范产教融合视角下的多元主体协同育人路径,进而为相关专业的高职学生搭建起全新的学习平台并且进一步促进他们的全面发展。从宏观角度分析,相关环节所涉及的教学实践能够帮助高职院校建立起完善的教学管理体制,进而以优化高职院校的运行模式为前提,促进高职院校的转型发展。在国内经济产业结构优化调整逐步深入的大环境之下，改革高职教育体系能够更好地满足相关行业的人才需求并且推动其转型发展。

总　　结

　　本章全面概述了我国高等职业教育的现状和发展趋势，重点分析了高职教育管理体制与运行模式的现状及其发展路径。在政策层面，详细介绍了近年来推动高职教育改革与发展的重要政策文件及其实施效果，展示了高职教育在产教融合、多元主体协同育人方面取得的显著成就。此外，本章还探讨了当前高职教育面临的挑战与问题，并提出了针对性的解决措施。整体上，第一章为全书奠定了理论基础，并为后续章节的深入研究提供了必要的背景和框架。

第二章

高等职业教育育人模式研究

第一节 高等教育

一、我国的高等教育

自中华人民共和国成立以来，我国的高等教育已经走过了七十余年。这一时期，我们的育人模式经历了从初期的模仿学习，到中期的吸收融合，最终发展出具有我国特色的教育模式的演变过程。在这一过程中，我们曾经借鉴了苏联的专才教育模式，吸收了欧美的通才教育理念，学习了德国的职业教育体系，反映了我国在教育发展上的自我探索、文化融合及本土化创新的努力。

在教育类型的演变上，由于历史背景的特殊性，中华人民共和国成立初期，高等教育并没有进行详细的分类，长时间内研究型和应用型教育相互交融。这种状况体现了我国高等教育在发展初期的探索阶段，以及逐步明确教育定位和功能的过程。

专才教育模式，参照了苏联高等教育体系，主要在中华人民共和国成立初期至改革开放前得到广泛应用。这一模式的核心特征是对专业领域的精细划分和对系统性理论知识的深入研究。例如，对于机械工业领域，设立了精确对应的机械专业，体现了一种极致的"专才"培养方向。

当前，我国年龄在 70 岁以上的科学家和工程技术专家，大多是在此模式下培育而成的。他们不仅在各自的工作岗位上表现出色，还对我国的现代化进程作出了不可磨灭的贡献。然而，任何教育模式都有其两面性。专才教育模式由于过于细化的专业设置，在某种程度上限制了学生综合能力的发展。因此，随着改革开放的深入推进，我国开始逐步吸收和借鉴欧美的教育理念与实践，以期在保持学术深度的同时，兼顾学生的综合素质提升。

二、国外的高等教育

全球不同国家的高等教育系统各有特色，但共同点是都致力于培养具有创新能力和实际操作技能的毕业生。例如，美国的高等教育强调自由艺术教育与职业技能的结合，而德国以其双元制教育系统著称，将理论学习与实际应用紧密结合。日本和韩国的高等教育则重视技术创新与研发，加大对 STEM（科学、技术、工程、数学）领域的投资。芬兰的教育系统以提供全面支持和强化学生创新能力为特点。英国的高等教育以其研究导向和广泛的国际合作网络为标志。这些国家的例子体现了高等教育在适应全球化的挑战同时为本国的经济发展培养关键人才。表 2.1 概括了不同国家高等教育系统的特点。

表 2.1 不同国家高等教育系统的特点

国家	高等教育系统的特点	主要政策和实践	教育质量与国际排名情况
美国	世界领先的研究型大学众多，重视自由和创新的学术研究环境	高度自治的大学管理体系，资金投入巨大，强调学生创业与创新能力的培养	大量大学排名位于全球高校前列
德国	职业教育与应用科学教育并重，与工业紧密结合	双元制教育体系，强调工学结合，与相关行业密切合作	应用科学大学及职业学院在技术和工程教育方面表现突出
日本	重视科技和研究，政府对高等教育和科研的投资极高	着力于科技创新，与企业合作紧密，重视研究成果的实用性	多所大学在亚洲和全球高校排名中位于前列
韩国	快速适应全球化需求，注重技术和工程教育	重视英语教育和国际合作，大力发展 STEM 教育	在国际教育排名中迅速上升，尤其是在科技领域
芬兰	强调教育公平与学生中心的教学方法	实行全民免费教育政策，重视教师职业发展和学生创新能力的培养	被广泛认为是世界上教育体系最成功的国家之一

这些国家的教育政策和实践展示了其如何通过高等教育体系来适应和推动社会经济的发展，同时提供了对中国职业教育发展的启示和参考。

第二节　职业教育

一、我国的职业教育

（一）初建期（1949—1977 年）

中华人民共和国成立初期，我们一直施行计划经济体制。在这一时期，职业教育层面的校企合作实践呈现出一系列全新的发展特点。由于这一时期国内经济相对困难,因此我们按照马克思所提出的教育与生产劳动相结合的理论提出了"职业院校试办工厂、农场并且让学生半工半读"的观点。其间还对这一观点进行了制度化落实。在此基础上,又提出了两种教育制度、两种劳动制度。这一系列的改革实践都可以看成是国家在职业教育领域开展的多元主体协同育人探索实践。

1. 半工半读为指导的职业教育校企合作制度

1958年1月发布的《工作方法六十条(草案)》中的第四十八条、第四十九条、第五十条都对中等技术学校和技工学校如何实施半工半读进行了详细规定。规定无论是中等技术学校、技工学校、农业学校,还是高等工业学校,只要有条件、有可能,都要试办工厂或农场、作坊,进而通过生产活动实现学校的自给或半自给。学生也可以通过半工半读的方式学习知识、掌握劳动技能,在与工厂、工地、农村合作社或服务行业签订劳动合同之后,便可以实现学生的定点输送。这一时期,各类技术学校都在积极推进自身生产设施的优化升级,并且正在通过办工厂、农场或手工加工作坊的方式为学生建立劳动生产学习基地,进而为学生创造半工半读的条件。1958年颁布的《关于一九五八年度国民经济计划草案的报告》中正式提出了"有步骤地实行半工半读教育制度"的主张,并且主张即便有的学校不具备举办工厂或农场的条件,也应当通过与工厂、手工作坊或服装行业签订实习协议的方式为学生创造劳动学习的机会。纵观这一时期的法律法规,大都拥有浓厚的计划经济色彩,也能够体现出"半工半读"的教育制度,得到政府部门以及社会各界人士的认同。值得关注的是,这一时期的法律法规不仅强调应当通过"半工半读"的方式完成应用型人才的培养工作,而且对于半工半读的实践路径也作出了明确规定:一是学校自办或联办企业让学生实现半工半读;二是如果没有条件自办或联办企业,通过与第三方企业签订实习协议的方式来实现半工半读。

相关政策的落地实施标志着我国已经基本建立起以半工半读制度为主导的职业教育校企合作制度。1958年,在中共中央政治局扩大会议上正式提出了"两种教育、两种劳动制度"的主张。所谓"两种教育制度"即全日制学校教育制度以及以半工半读为主导的学校职业教育制度。"两种劳动制度"则指以工厂或机关单位中的八小时劳动制度以及以半工半读为主导的工厂劳动制度。

总体来说,无论是以半工半读为主导的教育制度还是以半工半读为主导的劳动制度,都反映出职业教育与国内经济转型发展之间的密切联系。半工半读制度也因此成为最主要的职业教育校企合作模式。为了推动半工半读职业教育措施的落地实施,这一时期很多省市的教育主管部门成立了半工半读教育管理机构,而且相关岗位上的领导干部也在身体力行地推动半工半读教育措施的落地实施。在此基础上，各地的高职院校也在紧密结合企业的用人需求开展专业设置、限定招生人数、调整教学计划和教学内容，因此高职院校与企业之间的校企合作基本实现了高度统一。

2. 计划经济体制下的职业教育

高度集中的计划经济体制使政府部门掌控了各个方面的经济与社会资源，所以任何计划都能够在短时间内得到从上至下的落地实施。计划经济体制下，政府部门、企业和学校之间是授权和履行的关系。虽说企业与学校能够达成良好的合作关系，但相关环节的合作实践却都是在政策的约束之下完成的。需要强调的是，计划经济体制下企业虽说属于生产计划的直接执行者，但却成为政府部门的附属物。政府部门主要通过指标、计划参数、企业运营管理状况的评价监督来对企业的运营管理活动进行监督控制。由于企业缺少足够的自主权，因此实际经营管理会直接受到相关方针政策及当局行为偏好的影响。计划经济时代的核心在于"计划"，也就是说企业只属于加工厂，在生产原料的采购及产品销售中都缺少足够的自主权。这一时期，企业员工的工资额度也主要由国家政府部门制定。

3. 社会经济环境对职业教育的影响

由于当时全国人民能够团结一心、全身心地投入国民经济发展建设中，所以制定的各项职业教育发展政策在短时间内便得到了全国人民的响应与支持。在国内经济高速发展的影响之下，依托于行政命令而开展的校企合作模式的弊端也逐渐显现。在经济发展到一定水平后，民众拥有了更多选择，便很难再主动参与以行政命令为主导的经济建设活动，进而影响职业教育层面校企合作办学的整体效果，并且有可能形成利益分配上的风险隐患。

这一时期国内职业教育层面的校企合作制度呈现出成形快、落实快、运行快的发展特点。虽说并没有制定过多的教育政策、管理制度，但当时国内的政治环境决定了实际制定的政策和管理制度都得到切实有效的落实。

（二）转型期（1978—2001年）

在这一阶段，中国社会经历了前所未有的管理体制改革，始于经济领域并逐渐扩展至科教体系、政府行政管理以及工业生产体系。这些广泛的改革不仅促进了职业教育在校企合作人才培养方面的创新，还通过建立校外实习基地等措施，加强了学校与企业的协同育人实践。尽管职业院校的校外实习仍面临挑战，但这一时期相较之前已有显著进步。同时，政府持续关注职业教育的改革路径，发布了多项法律法规，推动了校企合作的深化，这些政策法规的实施有效促进了职业教育行业的转型与发展。

1. 法律法规的支持

法律法规具体主要包括《中华人民共和国劳动法》（以下简称《劳动法》）、《中华人民共和国教育法》（以下简称《教育法》）、《中华人民共和国职业教育法》（以下简称《职业教育法》）以及《中华人民共和国高等教育法》（以下简称《高等教育法》）。虽说这部分法律法规并不是单纯为了校企合作改革而设立的，但其中的很多条款都涉及了校企合作问题。例如，《劳动法》规定用人单位有建立职业培训制度以及对劳动者进行必要的劳动技能培训的义务。之后1996年的《职业教育法》中涉及了职业学校或者职业培训机构应当按照产教结合的原则实施职业教育培训的内容，认为"职业学校、职业培训机构实施职业教育应当实行产教结合，为本地区经济建设服务，与企业密切联系，培养实用人才和熟练劳动者"。在此基础上，《教育法》及《高等教育法》也规定了企事业单位应当立足于自身的实际情况推动国内职业教育事业的转型发展，涉及的法条还强调了企事业单位为本单位员工提供职业培训的责任。以此为起点，鼓励企事业单位与职业院校开展校企合作，进而在提高自身员工专业素质的基础上推动国内职业教育事业的转型发展。

2. 规制性和指导性的政策

这一时期，中共中央、国务院、教育部等部门共同签发过多项职业教育发展扶持政策，内容大都与职业教育密切联系社会经济、按照校企合作的路径实现自身的转型发展有关。在此基础上，相关政策也对职业院校如何开展校企合作进行了详细规定。

其中最值得关注的便是1979年发布的《全日制中等专业学校工作条例》。该条例规定了中等专业学校学生的校内外生产劳动以及生产实习时间安排，之后对这方面的管理办法进行了详细规定。以此为起点，还提出学校应当根据特定专业的教学需求设置工厂、农场或医院，并且需要通过与工厂、农场或学校建立联系渠道的方式为学生创造劳动学习的机会。1986年发布的《关于经济部门和教育部门加强合作促进就业前职业技术教育发展的意见》指出，各地经委与教委都需要共同帮助本地企业与职业院校做好对口交流，之后还提出可在现有条件下开展企业试点、逐步推广校企合作经验的主张。《国务院关于大力发展职业技术教育的决定》（1991年）以及《中国教育改革和发展纲要》（1993年）中都强调，国内职业教育应当坚持"产教结合、工学结合"的发展路径。

而《面向21世纪深化职业教育教学改革的原则意见》（1998年）强调，要增强高职院校、职业培训机构同企业之间的联系。其间，要注意通过校董会、教学指导委员会等统筹好校企合作育人实践中的细节问题，进而在明确应用型人才培养目标、培养计划及具体教学方法的基础上提高校企合作改革实践的整体质量。相关规制性和指导性政策的落地实施标志着以校外实习实训基地为主导的校企合作人才培养模式进入了新阶段，并且学生在校外实习实训期间的费用、硬件设施损耗以及基地建设经费投入也都有了明确的归属。校外实习实训基地的建设实践是这一时期多元主体协同育人模式的发展重点。在政府部门的引导之下，截至 1992 年年底，全国范围内的 10 818 所中等职业技术学校共创办了 28 594 个校办校外实习实训基地。这一系列改革实践不仅提升了学生的动手实践能力，而且弥补了国内职业教育行业转型发展的缺陷与短板。

3. 市场经济体制下的职业教育

这一时期具体从职业院校的办学计划、专业设置情况、人员配置情况以及课程标准等方面进行了规范引导，进而指导职业院校的校企合作实践并且提升应用型人才的培养质量。实际颁布的政策性文件有《关于制定和修订全日制普通中等专业学校（四年制）教学计划的意见（试行）》(1986 年)、《关于制订职业高级中学（三年制）教学计划的意见》(1990 年) 以及《普通中等专业学校设置暂行办法》（1986 年）等。这部分政策性文件涉及了校企合作实践的办学条件、办学过程以及办学目标，还对学校管理、教师队伍建设、学校设施和经费管控以及师生的思想教育工作进行了一系列阐释界定。

1994 年，江苏、山东、河南等地起草了《国家级重点职业高级中学评估指标体系》。与校办产业和校外实习实训基地建设工作有关的评价指标在评价体系中占有非常高的比重。在评估要求的指导下，各地高职院校基本建立起校办工厂、农场或畜牧场。之后还通过建设校外实习实训基地的方式实现了校内基地和校外基地的有机融合，最终建立起了全方位、立体化、多元化的多元主体协同育人机制，并为相关专业的高职院校学生搭建起了全新的学习平台。

自改革开放开始至 21 世纪初期，职业教育层面以校企合作制度为主导的应用型人才培养模式渗透到了社会经济生活各个方面。它既保留了计划经济时期的特征与优势，又在社会主义市场经济体制下呈现出全新的发展态势。适应经济转型所产生的种种变化是这一时期职业教育转型发展的核心难题。在各级政府部门的引导推动之下，各地已经基本建立起以行业办学为主和企业办学为辅的多元化职业教育办学模式。在上述变化的影响之下，职业教育层面开展的校企合作实践也呈现出全新的发展态势，具体表现为校企关系的多元化、校企管理的复杂化。

需要注意的是，这一时期职业院校的办学主体同样呈现出多元化的发展态势。这一时期，企业关系的变化同样能够代表职业教育以及多元主体协同育人实践所呈现出的全新发展态势。具体企业关系主要有行业下属企业与所办学校之间的关系、企业办校与所属企业之间的关系、教育部门办校与经济管理部门所属企业之间的关系、劳动部门办校与经济管理部门所属企业之间的关系等。这一系列错综复杂的企业关系反映出国内职业教育事业已经进入转型发展的新阶段，但也为后续职业教育与多元主体协同育人的合作实践埋下了不可逾越的管理鸿沟。

1993年之后，企业与职业教育之间的关系开始走向分裂。为了适应不同主体单位的管理需求，上级部门针对企业与职业院校采取了不同的运营管理策略，这一时期职业院校与企业之间的关系呈现出逐渐弱化的发展态势。同一时期，国有企业也开展了以现代企业制度为依托的管理体制改革，在经营权与所有权分离的改革背景之下，企业需要自主经营、自负盈亏，因此企业与职业院校之间的关系也发生了非常显著的变化。

之后一段时期内，职业教育层面的校企关系逐步呈现出松散分散的发展态势。需要强调的是，正因为这方面的变化，才使高职院校在校企合作育人的改革实践之中拥有了更多的自主权。很多地区都立足于自身的实际情况探索全新的校企合作模式。自此，高职院校与企业开展的多元主体协同育人实践才算是具备了现代化校企合作模式的雏形。其中最值得关注的变化是统招、统包、统分等应用型人才培养模式的衰落。

在市场经济体制不断完善的大环境下，政府部门无法再通过行政命令、管理政策对校企合作实践中企业和高职院校的行为进行监督约束，所以双方能够按照自己擅长的方式开展相关环节的合作实践。虽说这一时期的多元主体协同育人实践表现出极大的自由度，但由于缺少完备的监督管理制度，因此各个环节的改革实践之中仍旧存在诸多问题。市场经济体制的发展完善也给国内企业的经营发展带来了一系列新挑战，并且影响到它们参与多元主体协同育人实践的热情。

总体来说，这一阶段的高职院校与企业都没有形成完备的合作框架，也没有太高的合作意愿，即便他们已经在相关工作的实施之中拥有了绝对的自主权。全新的经济形势为其带去了追求自身价值的渠道，所以它们更愿意参与能够带来经济收益的工作事项。

（三）发展期（2002—2012年）

进入21世纪，随着国内经济进入转型发展的新阶段，生产力显著提升，国内企业活力得到进一步增强。尽管国有企业数量显著减少，其总体控制力和政策执行力却得到增强。同时，非公有制经济成为国内经济体系的重要组成部分。在这一背景下，政府、企业和高职院校的发展需求发生了显著变化，企业积极参与职业教育改革，多元主体协同育人的规模和形式不断扩大和多样化。政府部门也在努力推进相关法律法规和管理制度的优化调整，以规范多元主体协同育人的实践细节。

1. 法律法规的支持

2007 年颁布的《中华人民共和国就业促进法》（以下简称《就业促进法》）中明确规定，职业院校、职业技能培训机构与企业应当密切联系，实行产教结合，为经济建设服务，培养实用人才和熟练劳动者。这方面的法律规定既强调了国内职业教育事业的转型发展需要以就业为导向，又点出了产教融合视角下的多元主体协同育人模式对于推动国内职业教育转型发展的重要性。

这一阶段，各地也开始立足自身的实际情况推进相关法律法规的优化完善。2009 年宁波市出台的《宁波市职业教育校企合作促进条例》是国内第一部围绕校企合作实践制定的地方政府规章。自宁波开始，河南、山东以及苏州等地都立足自身的实际情况制定了校企合作的有关地方政府规章。《宁波市职业教育校企合作促进条例》已经过多次修改，这显示了当地政府部门推动职业教育事业转型发展的决心。各类地方性法规的落地实施对多元主体协同育人实践中高职院校和企业的行为起到了必要的监督、约束作用。自此，高职院校与企业之间的多元主体协同育人实践开始由"自由"转向了"自觉"的阶段。

2. 管理政策

这一时期，教育部、人力资源社会保障部、财政部、国家发改委等部门都联合发布推动职业教育转型发展的政策性文件（见表 2.2）。而且这一时期发布的政策性文件也都强调了多元主体协同育人的重要性，并且肯定了企业在多元主体协同育人改革实践中的重要作用。

表 2.2　各部门颁布的相关政策一览表

内容分类	详细描述
政策与任务	明确企业在职业教育改革中的作用，特别是如何通过行业指导推动职业教育实践。相关政策包括《教育部、国家经济贸易委员会、劳动和社会保障部关于进一步发挥行业、企业在职业教育和培训中作用的意见》《关于企业职工教育经费提取与使用管理的意见》《教育部关于充分发挥行业指导作用推进职业教育改革发展的意见》
协同育人形式	增加了订单培养、半工半读、顶岗实习、现代学徒制和集团化办学等形式，旨在实现校企合作的具体化和多样化。例如，2006 年颁布的《教育部关于职业院校试行工学结合、半工半读的意见》
保障机制建设	建立了多种机制保证职业教育的质量和学生权益，包括学分制的推行、职业学校学生的实习管理和实习责任保险等。例如，2004 年《教育部关于在职业学校逐步推行学分制的若干意见》和 2007 年的《中等职业学校学生实习管理办法》

这些措施和政策为职业教育的发展和质量提升提供了坚实的基础，并且通过系统的规范和创新实践推动了职业教育体系的现代化和国际化。

3. 多元主体协同育人实践特征

新世纪开始，我国进入了社会主义市场经济体制发展完善的新阶段。其间，政府部门也在积极加强对宏观经济的监督调控，并且积极推进自身社会管理以及公共服务职能的优化。总体来说，这一阶段职业教育层面多元主体协同育人实践的制度建设改革面临众多挑战（见表2.3）。

表2.3 职业教育改革过程中的重要发展与挑战

内容分类	详细描述
跨界治理属性的强化	多元化办学方针实施，政府、企业、行业、社会力量共同参与职业教育。企业日益拥有自主权，政府通过法律法规引导企业积极参与，但法规内容模糊，权益保障不足
政府部门的介入性增强	政府改革职能，优化决策、监督、执行等职能。尽管法律法规和制度建设取得进展，但监管政策未完全落实，制度元素未整合，影响了职业教育改革的效果
地方政府在多元主体协同育人实践中拥有了更多的自主权	地方政府通过制定实施法律法规管理职业教育，推动校企合作。地方政府的改革实践未完全适应经济发展，需要进一步调整和优化区域管理制度，以确保职业教育改革的有效性与适应性

在我国这一阶段的职业教育改革中，跨界治理的属性得到了显著强化，政府、企业、行业和社会各方面力量共同参与到职业教育机制的建设中。尽管企业对于参与职业教育的积极性增加，但法律法规的不完善和模糊性导致了职业教育的权益保障问题。同时，政府部门的介入性增强，通过优化政府的决策、监督和执行职能来推动职业教育的发展，但监管政策的落实不到位和制度元素的不整合成为制约效果提升的关键因素。此外，地方政府在职业教育改革中拥有了更多的自主权，尽管他们推动了校企合作并试图适应地区经济发展，但对改革实践的重视程度不一，需要进一步优化地方管理制度，以保证职业教育改革的广泛效应和区域适应性。这些挑战和措施共同构成了当前职业教育改革的复杂局面，需要综合协调与深入优化才能实现预期的教育改革目标。

（四）完善期（2012年至今）

2012年，国内经济进入战略转型和调整期，政府部门也进一步明确产教融合以及多元主体协同育人的主导地位。这一时期，多元主体协同育人方面的改革实践出现了全新的发展态势。

这一时期不仅出台了一系列有针对性的监督管控政策，而且各地政府部门还积极通过出台专项政策的方式对多元主体协同育人实践中涉及的细节问题进行必要的监督、约束、规范。从宏观角度分析，"三个国务院决定"① 均对校企合作制度进行了细节调整。其中最为典型的是 2014 年 6 月颁布的《国务院关于加快发展现代职业教育的决定》，内容与前两个"国务院决定"相比要更加具体并且提出的校企合作制度也更具可行性。2013 年 11 月 12 日十八届三中全会通过的《中共中央关于全面深化改革若干重大问题的决定》明确了现代职业教育发展的两项根本性任务：第一，加快现代职业教育体系建设；第二，积极推动产教融合、校企合作。这一主张从国家战略层面肯定了校企合作制度的重要性，并且为后续更深层次的改革实践打下了坚实的基础。

1. 宏观政策进一步强化

产教融合视角下的多元主体协同育人实践是教育与生产有机融合的完美体现，不仅能够推动相关行业的转型发展，而且可以为社会主义精神文明建设以及实现中华民族的伟大复兴注入新动力。新时期，推进多元主体协同育人实践的重点在于以提高政策质量为前提把控各个环节的细节，应当以提高相关管控政策的有效性为前提推进相关环节的改革实践并提升政策的配套性、部门之间协调配合的联动性以及各环节管控政策的可操作性。

2014 年 6 月，教育部等六部门联合印发的《现代职业教育体系建设规划（2014—2020 年）》提出了以产教融合为主导，建立各级政府、行业、企业以及社会力量共同参与的职业教育新平台的方针。2015 年 10 月，教育部和旅游局联合印发的《关于加快发展现代旅游职业教育的指导意见》再次强调了发挥企业作用、推进多元主体协同育人改革并且完善校企合作机制的重要性。2014 年 6 月，《国务院关于加快发展现代职业教育的决定》提出了完善职业教育培训体系、推进产教融合以及多元主体协同育人实践的主张。以此为基础，教育部还联合国家发改委、财政部等部门共同制定了《职业学校校企合作促进办法》，其内容将"产教融合""校企合作"定为职业教育的基础办学模式，自此职业教育的办学质量实现了全面提升。同时，2016 年颁布实施的《职业学校学生实习管理规定》以及国家发改委制定的《产业结构调整指导目录》都在大力支持职业教育的基础设施建设。

2. 政策和措施的可操作性得以提升

新形势下，职业教育层面的产教融合和多元主体协同育人实践已经从宏观领域走向了微观领域，并且相关政策和措施的可操作性也得到了进一步强化。2015 年颁布的《教育部深入推进职业教育集团化办学的意见》针对职业教育集团化

---

① "三个国务院决定"指 2002 年 8 月颁布的《国务院关于大力推进职业教育改革与发展的决定》、2005 年 10 月颁布的《国务院关于大力发展职业教育的决定》、2014 年 6 月颁布的《国务院关于加快发展现代职业教育的决定》。

办学的实现形式、治理结构、运行机制及保障机制进行了研究阐释。自此，职业教育的集团综合服务能力得到进一步提升。2016年颁布实施的《职业学校教师企业实践规定》针对职业学校参与企业实践的内容、形式、组织管理、保障机制、奖惩措施以及适用范围进行了阐释。在此基础上，进一步明确了教育行政管理部门、各级业务主管部门、第三方行业协会、职业学校以及企业在相关实践活动中需要承担的责任与义务。这一系列政策的落地进一步提高了高职院校教师参与企业实践的可操作性，并且为后续更深层次的改革打下了坚实的基础。

3. "文化自信"与"全民参与"齐头并进

（1）各级主管部门提高了对职业教育产教融合和校企合作的宣传力度。2012年以来，各级政府部门一直在重点关注职业教育产教融合和校企合作的宣传引导工作，通过各类主流媒体、新兴自媒体平台，社会各界对多元主体协同育人实践中涉及的方针政策、管理制度有了系统全面的认识。高职院校也同样利用政府部门制定的扶持优惠政策积极参与各类创新创业大赛、校企合作成果展销会，并在各类国际性质的赛事中获得了一系列奖项。

（2）各地建立起了以全民参与为主导的"职业教育活动周"制度。这一制度自2015年开始，内容主要包括通过开放校园或开放企业等措施引导公众走进职业院校、行业企业并且促进职业院校与行业企业之间的沟通交流。在活动期间，相关领域内的行业领军人物、技术专家、创业致富带头人都会走进校园，与高职院校学生进行沟通交流。其目的在于帮助高职院校学生对相关行业的发展现状以及政府部门所制定的优惠政策建立起全方位认识，进而提高高职院校学生的职业发展信心，并引导其端正学习态度。

（3）各地高职院校、应用型本科学校都在立足自身的实际情况开展"职业教育宣传周"实践。以河南工业贸易职业学院为例，其现代物流管理专业于2021年5月22日至5月28日组织的"职业教育宣传周"活动便吸引了顺丰、德邦等快递物流企业的广泛参与。在企业负责人的讲解之下，学校现代物流管理专业的学生对这两家企业的发展历程、企业文化、人才晋升通道以及招聘需求情况形成了系统全面的认识。从宏观角度分析，这类"职业教育宣传周"活动也帮助河南工业贸易职业学院提升了物流管理专业的文化底蕴与办学影响力，并且提升了学校现代物流管理专业学生的就业竞争力。今后各地在开展职业教育宣传周活动时需要全方位把控自身的实际情况以及相关产业在本地的运营情况，进而提高这部分活动的针对性，让其成为推动学生高质量就业的新动力。

二、国外的职业教育

在全球范围内，不同国家的职业教育系统各具特色，但共同目标是为社会培养具备实际操作技能和应对行业需求能力的专业人才。例如，德国的职业教育以其独特的双元制模式著称，紧密结合企业实践和学术教育，培养学生的实际操作能力和理论知识。瑞士职业教育也采用类似模式，强调学徒制的重要性，提供大量的学徒培训机会，使学生能够在学习中获得真实的工作经验。澳大利亚的职业教育注重灵活性和多样性，提供广泛的证书课程和文凭课程，以满足不同行业的需求。加拿大职业教育系统则侧重于技术培训和职业技能的提升，并注重与地方经济和行业需求紧密结合。韩国则通过政府的积极推动，促进职业教育与产业技术的结合，特别是在高科技领域。

表 2.4 提供了上述国家职业教育系统的关键特点、主要政策和实践，以及应对挑战的策略。

表 2.4 国外职业教育系统特点

国家	职业教育系统特点	主要政策和实践	应对挑战的策略
德国	双元制教育模式，理论与实践紧密结合	强调企业参与，政府、行业和教育机构三方合作	职业教育质量监控，确保教育与行业需求同步
瑞士	学徒制为主导，高度依赖企业合作	政府提供政策和财政支持，促进学徒制的广泛应用	提升学徒制质量，适应新兴行业技术需求
澳大利亚	灵活多样的职业教育路径	提供从证书到文凭的各级教育课程	增强课程灵活性，适应多变的市场
加拿大	技术和职业技能训练重点发展	政府与地方教育部门合作，推动技术培训	加强与地方产业的联系，定制化教育内容
韩国	高科技职业教育与产业紧密结合	强化职业高中及专科学校的教育功能	对接高科技产业需求，更新教育技术和课程

通过表 2.4 可以看到，尽管各国的职业教育体系在实施细节和侧重点上存在差异，但共同点是都关注如何更好地结合本国产业发展需要，培养具备即时应用能力的专业人才。这为中国职业教育的发展提供了借鉴和启示。

第三节 高等职业教育

中华人民共和国成立后，我国高等职业教育经历了从最初的摸索到改革开放后的蓬勃发展，再到对教育模式不断创新和完善的发展历程。这一过程不仅反映了我国教育体系的灵活性和适应性，也展示了国家对职业教育重要性的认识和支持。

随着时间的推移，我国的职业教育体系日益完善，不仅在数量上有了大幅增长，而且在质量和效率上也不断提升。这些变化为培养适应现代社会需求的职业技术人才提供了坚实基础，高等职业教育体系开始建立，为国家的经济发展和社会进步作出了重要贡献。

一、中国特色高等职业教育

（一）中国特色高等职业教育的发展

20世纪末，在经历了曲折的发展后，党中央、国务院高度重视职业教育工作，高等教育逐渐分离为普通高等教育和高等职业教育，同时，在借鉴各国高等职业教育发展经验之后，我国开始着手打造中国特色高等职业教育育人模式。

中国特色高等职业教育是指根据中国的国情和社会需求，结合行业发展状况和技术进步，着力培养高素质技术技能人才的教育模式。这种教育模式强调与经济发展紧密结合，通过校企合作、工学结合等形式，使教育内容和教学方式更贴近实际工作需求。高等职业教育注重实践技能的培养，强化学生的职业能力和创新精神，旨在为社会培养实践能力强、适应性广的技术应用型人才。同时，这种教育形态在积极推广中也不断吸收国际教育的先进经验与方法，通过制度创新和教育质量的提升，不断提高国际竞争力。

《国家职业教育改革实施方案》重点强调了职业教育培养的人才要面向产业、面向市场，重要内容之一就是深化产教融合，形成学校与企业一体的办学模式。当前经济快速发展、产业需求旺、技术进步快，政府对高等职业院校协同育人大力推进，这对高等职业教育的创新发展以及现代职业教育体系的构建而言是难得的历史机遇。

当前，我国政府、企业、行业、科研机构以及社会组织等主体的职能正进行历史性的变革，对于高等职业教育来说，通过人才培养主体的多元化来创新人才培养机制，尽快建立一套多元主体产教融合、协同育人的创新机制，这就要求高等职业院校必须发挥主导作用，积极吸纳多元主体参与教育育人，充分整合多元主体的资源优势，推动与政府、行业企业、科研院所及社会组织等主体的协同创新，在协同育人过程中让不同的主体发挥其应有的作用，把产业和教育融合起来，真正做到产教融合，实现技术资源、物质资源、品牌资源的共享，实现高质量人才和高质量科技成果的共享，最终达到共赢。

因此，在这个职业教育发展的历史性时期，通过产教融合、多元主体协同育人创新人才培养机制，已成为高等职业院校实现人才培养目标和实现改革创新的基本要求和必然之路。

（二）实现中国特色高等职业教育的路径

在实现中国特色高等职业教育的路径上，我们积累了一系列宝贵的经验。首先，应坚持一张蓝图绘到底的原则。通过一系列的阶段性项目，中国高等职业教育实现了质的飞跃。

第一阶段是国家"示范校"建设阶段。这一阶段主要解决高等职业教育的定位问题。过去,高职教育常被视为本科教育的"压缩饼干",缺乏明确的专业特色和充足的办学资源。国家示范校的建设提出了"工学结合、校企合作"的新要求,极大改进了专业教学和课程体系,让高职教育获得了社会的广泛认可。

第二阶段是国家"骨干校"建设阶段。这一阶段着重解决职业教育的活力问题。这一阶段强调校企合作,推动了体制机制的改革,使校企合作更为灵活有效,从根本上增强了职业教育的发展动力。

第三阶段是国家"优质校"建设阶段。这一阶段致力于提升教育质量。通过这一阶段的建设,高职教育开始从注重规模扩张转向强化内涵发展和提升教育质量,实现特色化发展。

第四阶段是国家"双高计划"的实施。该阶段重在构建国内外有影响力的高职院校。这一阶段不仅要求在人才培养上有所突破,还要在科研、社会服务、文化创新及国际合作等方面实现全面发展。

前面三个阶段每个阶段大约5年,"双高计划"将持续15年,体现阶段性目标与长远规划的有机结合,为中国特色高等职业教育的发展提供持续的动力和坚实的基础,中国特色高等职业教育的路径图见图2.1。

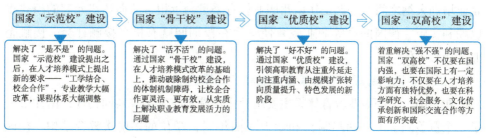

图2.1 中国特色高等职业教育的路径图

二、国外的高等职业教育

世界各国在自身高等职业教育发展的基础上,更加深入地结合经济社会发展需求,逐步完善符合国情的高等职业教育模式。

(一)德国高等职业教育管理体制和运行模式

德国的高等职业院校以服务于区域经济为核心目标,其教育目标和课程设置紧密反映区域的实际需求。大多数高职院校规模不大,但由于德国经济的发达和地方政府的充分支持,这些院校能够得到充足的资金投入。这种背景下,德国的高职教育注重实用性,专业设置紧跟市场需求,确保教育内容和专业结构与经济社会的发展同步。

随着经济社会的不断进步,德国高职院校也实时调整专业设置,确保其教育内容保持应用性和实践性。此外，德国政府对高等职业技术教育的重视程度不断提高，推动了职业教育的快速发展。特别是通过实行双元制，将学院教育与企业实训有机结合，为中学毕业生提供了理论与实践相结合的教育路径。

在双元制下，学生能够在学校学习理论知识，在企业中进行实际操作训练，实现"工学结合"或"工学交替"的教育模式。这种制度不仅加深了职业教育与市场经济的联系，还通过企业职位咨询、合同签约等方式，实现了专业建设的共同参与和学生就业的公平竞争，极大地激发了学生的学习积极性。

简单而言，德国的双元制是一种把学校的理论学习和企业里的技能实践有机结合的方法，由国家和经济实体、学校共同对职业教育的实施负责。在市场经济条件下，职业教育能够实现供需双方的密切联系，供方和需方共同进行专业建设，在科学预测的基础上，通过企业职业岗位咨询、合同签约等手段密切联系，对学校毕业生实行公平竞争、择优录取模式，有效地调动了高职学生的积极性。

有了这些基础之后，学校教育按照各州政府统一的教学大纲和计划实施教学，企业培训则严格按照全国统一的培训大纲进行。学校教学大纲和教学计划与企业培训大纲之间的协调工作由州职业教育委员会承担，从而让双元制的模式得以顺利实施。德国的高等职业教育使学生在校期间就有机会接触社会，接触企业，接触工作。

（二）美国高等职业教育管理体制和运行模式

在美国，高等职业教育体系主要由社区学院和技术学院共同构成，由此形成了一个覆盖副学士（两年制）和学士（四年制）学位的多层次教育结构。社区学院主要授予副学士学位，为学生提供了一条既可以直接进入职场，也可以继续深造攻读学士学位的双重路径。技术学院则提供学士学位教育，以工业大学的技术学院为主要承担单位，分为两阶段：前两年为副学士学位课程，之后的两年则是针对那些选择深造的学生提供学士学位课程，旨在培养具有实际技术应用能力的专业人才。

社区学院的教育目标着眼于让学生掌握工程、科学或数学的基础知识和原理，旨在为技术领域中的技术员或半专业性工作做好准备；技术学院则进一步深化这一教育目标，致力于培养能够在技术应用领域发光发热的专业人才。

美国高等职业教育的一大特色是其市场化运作机制，这一机制有效地促进了人才与工作岗位的匹配，实现了人力资源的优化配置。通过灵活运用经济杠杆，美国劳动力市场允许供需双方自主选择，保障高职院校毕业生有序流动，同时确保企业有充足的人才资源。

为了维护劳动力市场的平衡，美国政府扮演着重要的"监管员"和"维护者"角色，它通过对市场资源配置的监督和调控，确保人力资源的市场化配置高效运行。这不仅提供了充足的就业机会，同时促进了高等职业教育与市场需求的紧密对接，进一步推动了经济和社会的健康发展。

（三）英国高等职业教育管理体制和运行模式

英国精选设施良好的技术学院，将它们提升为高级技术学院并置于中央政府的直接管理之下。英国创立了高等教育"双轨制"，这一制度在传统的自治大学体系之外，另行设立了由多个技术学院及其他类型学院组成的公共高等教育机构，从而正式将职业技术教育纳入高等教育体系。

随着时间的推移，为了进一步加强这些公共高等教育机构的自治性和独立性，英国颁布法令授予它们独立的法人身份，并最终废除了之前的"双轨制"。

英国的高等职业教育采用政府间接调控和行业全面参与的政策，这种管理模式极大地调动了社会各界和行业力量的积极性。通过这种策略，企业和行业不仅参与制定国家的职业技术标准，还参与标准的推广和执行，并承担大量的职业技术培训任务。这种间接的管理方式并未削弱政府的监管力度，相反，它让管理机制在一个更广泛和坚实的基础上建立和运行。

在英国，高职院校通常设有理事会、校务委员会和学术评议会等管理机构。校长一职往往是名誉性的，不直接参与学校日常管理，而是由社会知名人士担任。学校的实际最高行政负责人是副校长。同时，学术评议会作为学校的最高学术管理机构，负责监督学校的教学和科研工作。这样的管理体制既保持了学术自由和教育质量，又确保了职业教育能够紧跟社会和行业的发展需求。

（四）日本高等职业教育管理体制和运行模式

在日本，高等职业教育院校采用校长负责制，这一制度的特点是不设置副校长职位。学术评议会既是学校的立法和监督机构，也是最高行政领导的咨询机构。通过选举产生的校长，由省级或地方政府正式任命。而私立院校设立理事会，由其负责任命校长。

近年来，日本致力于构建有利于人才成长和突破的体系，在完善人才培养模式方面取得了显著进展。日本实施了一系列重要的改革措施，包括广泛推广任期制以增强人才流动性，引入竞争机制以优化研发环境，提升青年研究人员的独立性，改革科研成果评价体系，以及开拓人才的灵活运用和多样化发展路径。

日本的高职院校通过引入竞争机制来激发创新，特别注重改善研究与开发的环境，努力增加竞争性研究资金。这些举措旨在建立一个既公平又有竞争力的科研体系，确保优秀的科技人才和他们的成果能够脱颖而出。通过这样的改革，日本高职院校不仅为学生提供了高质量的教育和研究条件，也为国家的科技创新和人才发展贡献了力量。

（五）澳大利亚高等职业教育管理体制和运行模式

在澳大利亚，技术与继续教育（Technical And Further Education，TAFE）系统是该国高等职业技术教育的重要组成部分，其建立和发展主要由各州政府根据当地的人口情况、经济发展水平以及未来十年内适龄人群的预测等因素来决定。TAFE 学校的组织形态主要有两种：一种是独立运营的 TAFE 学院，这是最常见的模式，这些学院通常包括多个校区或者专业学校，例如新南威尔士州下设有 120 所专业学校，汇总成 11 所 TAFE 学院；另一种则是作为大学下属的职业教育部门运作。

TAFE 教育系统的一大特色在于，各州政府的教育培训部门负责专业和课程的设计、教学研究及教学质量的评估，这与学院负责的具体教学实施功能相分离。具体而言，各州政府会成立由教育专家和企业家组成的 TAFE 教育专家委员会。这些教育家不仅拥有丰富的教学经验和高水平的学术背景，还直接参与企业管理和咨询，深刻理解经济发展和企业的实际需求；企业家成员则结合自己的管理实践经验，为教学方向提供独到的见解。这个专家委员会在州政府的指导下，为 TAFE 学院提供教学建议和咨询，负责专业设置和课程设计，评估教学成效；各学校则依据专家委员会的教学规范进行教学活动。

这种分工合作的管理体制，使澳大利亚的 TAFE 教育既能紧贴行业和市场的最新需求，又能保证教学质量和实践技能的有效传授，形成了一个既高效又灵活的职业教育体系。

三、不同时期和不同国家高等职业教育育人模式启示

（一）重视制度创新和管理创新，加强政府宏观决策功能

世界各国对制度创新和管理创新的重视，以及政府在教育领域宏观决策功能的实践，为我们提供了宝贵的启示。以美国为例，政府在教育的战略规划中，将管理创新和绩效责任作为核心内容。美国明确规定了联邦教育部在执行职业教育管理职责时的具体工作模式和操作流程，这不仅为评估教育部门的工作效益提供了清晰的参考框架，也体现了政府在提升教育质量和效率方面的积极作用。此外，政府所倡导的"以顾客为导向"的服务理念，进一步凸显了管理创新的重要性，这已成为一种国际上的发展趋势。

对我国高等职业教育而言，在人力资源开发和教育进步的道路上，加强政府

的宏观决策和调控功能尤为关键。这不仅有助于优化我国高职教育体系的结构和运行机制，还能有效推动教育政策的创新和实施，保证教育资源的合理配置和利用，最终实现高质量的教育发展目标。因此，重视制度和管理的创新，加强政府的宏观规划与决策，对于提升我国高等职业教育的整体质量和国际竞争力具有重要的指导意义。

（二）重视发挥人力资源市场的作用，实行公平竞争、择优录取模式

在人力资源管理和招聘方面，德国的做法为我们提供了重要的借鉴，尤其是其对人力资源市场作用的重视和实施公平竞争、择优录取模式。在德国，人力资源的高度社会化和较大的流动性特征，通过一个公开且常设的市场机制体现，这里既有固定的场所也有规定的工作时间，无论是白领还是蓝领职员的职业选择都在同一个平台上进行，求职者与雇主能够轻松接触和沟通。

德国企业在招聘高职毕业生时，强调的是公平的竞争环境和基于能力及表现选拔的原则。不仅如此，无论是政府机关、私营企业还是教育机构，都建立了完善的制度和程序，从招聘、考核到职位任免的每一个环节都确保公平竞争和优胜劣汰的原则贯彻始终。

对于我国而言，借鉴德国在人力资源市场运作和高职教育毕业生就业方面的经验尤为关键。这不仅意味着要加大对人力资源市场功能的发挥，提升高职毕业生就业市场的透明度和公正性，也意味着需要通过制度设计和政策支持，为所有用人单位和毕业生提供一个公平的竞争平台。实施公平竞争、择优录取模式，不仅能够保证高职毕业生能力和专业技能的有效匹配，也能够为我国各行各业输送更多高质量的人才。这种模式将进一步提升我国高等职业教育的质量和社会认可度，为经济和社会发展贡献重要力量。

（三）坚持以市场需求为导向

坚持以市场需求为导向是高等职业教育成功的关键。以德国为例，其高职院校在专业设置上紧密依托社会需求，同时根据社会经济发展和科技进步的动态，进行科学且合理的调整。这种做法确保了教育内容的时代性和前瞻性，使毕业生能够满足当前和未来市场的需求。

对于我国高等职业教育而言，专业设置必须紧贴地方社会经济发展的脉搏，以市场需求为导向，以教育规律为基础，精准把握市场动态，增强专业的适应性和实用性。这不仅要求教育规划者有前瞻性的市场观察力，还要求院校能在现有办学条件和师资力量的基础上，实现专业设置的最优化配置。

此外，高职院校在追求满足市场需求的同时，还需立足自身实际，挖掘和塑造教育特色。这意味着专业设置不仅要符合市场需求还要具有可行性，更要注重

专业特色的培育和品牌的建设。这种方式不仅能提升院校的竞争力，还能为学生提供更多样化、个性化的职业发展路径。

高等职业教育的专业设置应遵循以市场需求为导向的原则，灵活调整教育内容和结构，同时结合自身条件，既满足社会经济发展的实际需要，又突出教育的特色和优势，为社会培养出既有理论知识又具备实践技能的高素质技术技能人才。

（四）建立健全的教育质量保证制度

在许多西方国家，高职教育的质量保证体系由学校内部和外部的质量保证机制共同构成。内部质量保证体系通过将教育管理的关键因素置于可控状态，保障教育管理的科学性和合理性。外部则存在法定的教育认证机构，负责进行专业和院校层面的认证，从而确保教育服务的标准化。

对我国而言，借鉴和吸收教育发达国家在质量保证体系建设方面的经验，对于建立和完善我国高职教育质量保证制度至关重要。我国高职院校可以考虑成立专门的教育质量委员会，该委员会由学校领导、教师、学生、行业代表等多方面成员组成，其核心职能在于质量决策和监督，从而确保教育管理和运行模式的科学化、规范化。

以上措施不仅可以提升我国高职院校教育质量，更能促进教育体系与社会需求的紧密对接，实现教育内容和形式的持续创新与改进。我国高等教育育人模式的发展历程也表明，社会需求是推动研究型人才和应用型人才育人模式创新的基础。理论讲解与实践教学有机结合，不仅是普通高等教育与职业教育区别的体现，也是教育实践操作中需持续关注和解决的重要议题。通过建立健全的教育质量保证体系，我们能够更好地应对这些挑战，确保我国高等职业教育能够高质量、有序发展，更好地服务于社会和经济的需求。

第四节 高等职业教育运行模式

在探讨高等职业教育的管理和运行模式时，基于管理学的理论框架，我们可以认为运行模式是管理模式中的一个重要子系统，它构成了管理活动的核心。具体来说，运行模式涉及管理系统主体之间，以及主体与目标之间的相互关系，这些关系总和反映了系统如何通过内部结构的相互联系和作用来实现其功能和性能。

在高等职业教育领域，管理运行模式主要包括决策模式、工作推进模式、调控模式、监督反馈模式以及评价模式（见表 2.5）。这些模式共同作用，形成了一个多层次、多维度的管理体系，旨在实现高等职业教育的目标和任务。

表 2.5 高等职业教育领域管理运行模式

模式	关注点	主要活动
决策模式	如何确定有效的教育策略和计划	目标设定、资源分配、政策选择
工作推进模式	教育计划的实施	教学、科研、社会服务等各项工作的具体推进方式
调控模式	对教育活动的指导和调整	确保教育过程符合既定目标和标准
监督反馈模式	监控和评估教育活动的执行情况	根据反馈进行必要的调整和优化
评价模式	对教育成果的综合评价	教育质量、效率以及成效的多维度评估

这些模式的有效整合和运用，对于提升高等职业教育的管理质量、优化教育资源配置、提高教育成效具有重要作用。持续优化这些管理运行模式，可以更好地适应社会和经济发展的需求，培养出更多符合市场需求的高素质技术技能人才。

一、我国高等职业教育运行模式的基本框架

我国高等职业教育的发展，面临与社会主义市场经济的融合、劳动力市场的适应以及经济和社会发展的协调等多重挑战。因此，管理作为一项系统性工程，其核心在于将管理的各个要素如模式建立、制度制定、监督执行等有机结合，从而形成一个高效、动态的运作体系。

为了促进高等职业教育运行模式的持续改革与创新，我国应构建一个既符合社会主义市场经济原则，又能够适应劳动力市场需求，同时与我国经济和社会发展目标相协调的运行框架。这一框架由政府宏观调控模式、市场调节模式和学校自主发展模式三大要素共同构成，形成一种三方互动、相互支持的高等职业教育运行模式。

（一）政府宏观调控模式

政府在高等职业教育的宏观调控中扮演着至关重要的角色，通过行政管理、立法等多种方式进行有效调控，旨在明确高职教育的发展方向，保持其发展速度和总体规模的平衡。在高等职业教育的推进过程中，政府的任务是确保该教育领域能够灵活适应市场的变化，充分发挥其公共性质，即作为一种准公共产品的属性，为国家的发展和教育公平作出贡献。

随着时间的推移，政府调控手段和方式经历了显著的变革和优化。这一变化体现在减少直接的行政干预，而增加经济、政策和法律手段的应用，这标志着从

单一的行政管理模式向经济管理、法制管理以及政策管理的综合模式转变。这种转变不仅提升了政府调控的效率和科学性，也促进了高职教育系统内部管理机制的创新和完善。

此外，政府还逐步建立了更为科学和高效的监督模式，确保高等职业院校将教学质量和人才培养质量等核心要素作为衡量办学质量的关键指标。通过这种监督和评价机制，政府不仅能够保障教育质量，还能促进教育资源的合理配置和利用，从而提升高职教育在国家社会经济发展中的作用。这种以市场需求为导向，强调教育公平和质量的宏观调控模式，对于提升我国高等职业教育的整体水平和国际竞争力具有重要意义。

（二）市场调节模式

市场调节模式在高等职业教育的发展中扮演着极为关键的角色，特别是在促进教育自主发展和响应市场需求方面。高等职业教育之所以能够与市场紧密联系，是因为它综合了职业教育的实用性和民办教育的灵活性等优势，使其在教育市场化进程中表现出强大的生命力。

为了更好地适应市场的需求，高职院校需要不断提升对就业市场动态的分析能力，并以此为基础，及时调整招生规模和专业设置。学生在选择高职院校和专业时，会受到诸如企业薪资水平、专业发展前景及社会认可度等因素的直接影响。因此，高职教育的市场调节不仅涉及内部管理和教学调整，也包括对外部就业市场变化的敏感捕捉和快速响应。

在知识经济时代，高职院校与企业之间的互动和合作变得日益密切。这种合作不仅限于传统的人才培养，还扩展到科技服务、研发项目合作等多个层面。高职院校应积极拓展其服务范围，面向经济建设提供更多的科技和技术支持，从而提升自身的科技服务能力。通过这种方式，高职院校不仅能够为社会和经济发展贡献更多的价值，也能通过与市场的紧密联系，实现自身的持续发展和提升。

市场调节模式对于高等职业教育的发展具有重要意义。通过增强教育自主性、优化专业设置、加强与企业的合作，高职院校能够更好地适应市场需求，培养符合社会和经济发展需要的高素质技术技能人才。

（三）学校自主发展模式

高职院校的自主发展模式是其遵循教育自身规律和主动适应社会需求的重要表现。这种模式的核心在于赋予学校更多的自主权，使其在人才培养、课程设置、资源配置等方面具有更大的灵活性和创新能力。然而，当前一些高职院校在办学模式上的灵活性不足，社会服务功能发挥有限，这就要求高职院校在自主发展的道路上持续探索和提高。

为了实现更有效的自主发展，高职院校需要明确高职教育的人才培养目标和办学特色，这包括确定与社会经济发展紧密相连的专业方向，以及建立与之相匹配的教学和实训体系。同时，正确处理行政权力和学术权力的关系，是保障教育质量和学术自由的关键。行政管理应服务于教育教学的核心任务，而不是简单的行政干预。

此外，落实高职院校的自主管理模式，意味着要加强内部管理体系的建设，优化决策机制，提高管理效率。教学质量评价模式的建立需要围绕人才培养目标，采用科学的评价标准和方法，确保教学活动的质量和效果。监督模式和问责模式的完善，旨在通过有效的监督机制确保学校各项任务的顺利实施，并对教育教学中存在的问题及时进行纠正和问责。

高职院校自主发展模式的实施，需要学校在坚持教育规律的基础上，不断探索和创新，形成具有自身特色的办学模式，更好地适应社会发展的需求，为国家和社会培养更多高素质的技术技能人才。

二、我国高等职业教育管理运行模式存在的问题

自改革开放以来，我国高等职业教育虽然取得了快速发展，但在与普通高等教育和基础教育的比较中，当前的管理运行模式仍面临一系列挑战。这些问题主要包括市场调节机制不完善、资金投入不足以及社会认可度相对较低等。这些问题共同制约了我国高职教育发展的质量和水平，导致高等职业教育遭遇发展瓶颈。

（一）缺乏科学的教育目标体系，市场调节机制不完善

我国高等职业教育目前面临着多重挑战（见表2.6），最突出的是缺乏与市场需求紧密对接的教育目标体系，这导致教育质量及毕业生就业率受到影响。政策评价体系不健全与市场调节功能不足也加剧了这一问题，影响了高职教育的发展。

表2.6 我国高等职业教育目前面临的挑战

存在的问题	具体问题描述	影响和后果	建议措施
教育目标体系未与市场需求对接	现有体系未能适应社会主义市场经济的快速发展，导致高职教育输出与市场需求脱节	毕业生的培养方向与市场需求不匹配，导致就业难	重构教育目标体系，加强与行业企业的合作，确保教育内容与市场需求同步
政策评价体系不健全	未完全捕捉到社会发展和地区经济的需求，以及用人单位对人才能力和职业标准的具体要求	高职教育的政策安排不充分，毕业生职业发展能力弱	更新政策评价体系，定期进行市场需求调研，反映最新的行业需求和发展趋势

续表

存在的问题	具体问题描述	影响和后果	建议措施
市场调节功能不足	部门间条块分割、地区间发展不平衡等因素，导致市场调节作用未得到充分发挥	高职院校在专业方向、课程设置等方面未及时适应市场经济的要求	促进跨部门合作，实施区域平衡发展策略，加强市场需求和教育供给的对接

面对这些挑战，高职院校需要积极探索和实施与市场经济相适应的教育目标和教学内容，加强与行业、企业的合作，实现教育内容与市场需求的紧密结合。同时，政府相关部门应加强政策指导和支持，优化教育评价体系，强化市场调节机制的功能，促进高等职业教育的健康发展和毕业生的顺利就业。

(二) 办学特色不明显

在追求特色化发展的过程中，我国高等职业教育面临多方面的问题（见表 2.7），制约了高职院校的长期可持续发展。尽管近年来不少高职院校在办学特色方面取得了一些进展，但在具体实践中仍然存在一系列问题。

表 2.7　我国高等职业教育面临多方面的问题

存在的问题	具体问题描述	影响和后果	建议措施
教育目标与市场脱节	一些高职院校在设定教育目标时，未能充分考虑市场和行业的实际需求	可能导致毕业生技能与市场需求不匹配，影响就业率和就业质量	调整教育目标，加强与行业实际需求的对接，创新教学方法和管理模式，提升学生的市场竞争力
过度受国外高职教育模式影响	国外高职教育模式的影响可能会导致忽视本土教育的实际需求和文化特性，简单复制未经本土化适应的国外特色办学	可能不适合我国高职教育的实际发展需要，反而会导致教育资源的浪费和办学方向的偏离	进行深入的本土化适应和创新，确保教育模式与本国发展需求和文化特性相符
忽视教育本质和自我发展	追求办学特色时，一些高职院校未深入挖掘高等职业教育特色的本质，忽视了学校自身竞争力的培养和资源的高效整合	高职院校很难形成具有自身特色和竞争力的教育品牌，难以在激烈的教育市场中脱颖而出	深入调研教育本质，注重培养学校的独特竞争力和品牌，避免盲目追求形式上的特色

高职院校在发展过程中应更加注重办学特色的深度挖掘和创新实践,既要借鉴国内外高等教育的成功经验,又要紧密结合本土实际和市场需求,通过科学规划和精准定位,发展真正具有学校特色和符合社会需求的教育模式。同时,通过加强内部资源整合和优化管理流程,提升学校的内在竞争力,为学生提供更高质量的教育服务。

(三)缺乏与企业、行业互惠互利的运行模式

面向经济和社会发展,我国高等职业教育在功能实现上存在一定的问题(见表 2.8),尤其是在建立与企业、行业之间良性互动的运行模式方面。当前,高职院校与企业之间的合作并不充分,缺乏互惠互利的互动机制,这导致教育与市场需求脱节,影响了高职教育质量的提升和毕业生就业率。

表 2.8 我国高等职业教育在功能实现上存在的问题

存在的问题	具体问题描述	影响和后果	建议措施
校企合作不充分	高职院校与企业之间的合作模式单一,缺乏系统性的互动机制,合作深度和广度不足	导致教育内容与市场需求脱节,学生实践能力不足,影响毕业生的就业竞争力	建立长期稳定的校企合作机制,设计多样化的合作项目,如实习基地、企业课程共建等,提高学生实践能力
人才培养模式单一	高职院校的课程设计和教学方式缺乏多样性,未能充分满足不同学生和行业的需求	学生个性发展受限,难以适应快速变化的市场环境,导致就业率和就业满意度下降	推动教育模式改革,开发多样化的课程体系和教学方法,满足不同学生的需求,增强学生的市场适应性
行业参与度低	行业协会和企业在高职教育中的参与度较低,缺乏共同制定标准和评价的机制	无法确保教育质量与行业标准一致,毕业生技能与岗位需求存在差距	鼓励行业协会和企业深度参与职业教育,建立行业标准和评价体系,确保教育质量符合市场需求
资源配置不合理	教育资源在高职院校间分布不均,部分学校资源丰富,而部分学校资源匮乏	资源不足的学校难以提供高质量教育,影响整体教育水平的提升	优化教育资源配置,推动资源共享,加强对资源薄弱学校的支持和投入,提升整体教育水平
缺乏国际交流机会	高职院校国际合作项目有限,学生和教师的国际交流机会较少	学生和教师缺乏国际视野和跨文化交流能力,难以适应国际化的工作环境	增加国际合作项目,鼓励学生和教师参与国际交流与合作,提升国际化教育水平和跨文化能力

为了解决这些问题,政府、企业和高职院校三方需要共同努力,建立一个促进教育、产业和经济发展的互惠互利机制。高职院校应进一步明确办学定

位，加强与企业的合作，实现教育内容和培养模式的市场化、实践化。企业应提高对人才培养的认识，积极参与到高职教育的实践教学和人才培养中来，共同推动高职教育的健康发展和人才培养质量的提升。同时，政府应优化相关政策，加强对高职教育和企业合作的支持与引导，促进教育与经济社会发展的紧密结合。

（四）管理运行模式的问题

尽管我国高等职业教育发展速度快，但在管理运行模式方面存在诸多问题（见表2.9）。这些问题成为制约高职院校培养高素质技术技能人才目标实现的重要因素。

表2.9 我国高等职业教育管理运行模式存在的问题

存在的问题	具体问题描述	影响和后果	建议措施
基础设施和教学资源不足	许多高职院校在教材建设、实训场地等关键领域面临挑战	直接影响了教学质量和学生技能的培养	加强基础设施建设，更新教材，扩充实训设备
人才保障模式不全	各类高职院校普遍面临教师流失的问题	影响教学稳定性，对教育质量造成负面影响	完善教师保留策略，提高薪酬福利，加强职业发展和培训
权力划分不明确	学术权力和行政权力之间分工不明确，影响两者的有效协调	管理效率低下，阻碍学校均衡发展	明确权力边界，强化角色职责，提高管理透明度和效率
教职工激励不足	薪酬较低且激励模式不强，不利于教职工发挥主动性、积极性	影响教职工积极性，限制教学质量提升	改善薪酬体系，实施有效的激励机制，如绩效奖金、职称晋升等
教学质量管理与评价体系不完善	教学质量管理与评价模式亟待完善，现有评价机制未能充分考虑教师与学生间的利益差异	评价机制未能有效促进教学质量提升	建立科学的评价指导思想，沟通教师与学生，确保评价的合理化和公正化

因此，为了推动高等职业教育的健康发展，我国需要从管理运行模式着手，针对上述问题采取有效措施，包括加大投入，完善基础设施建设，优化人才保障机制，明确学术权力与行政权力的分工，建立合理的薪酬和激励制度，以及完善教学质量评价体系，以提升教学质量，培养符合社会和市场需求的高素质技术技能人才。

第五节 高等职业教育育人模式的理论探源

一、陶行知的"生活教育理论"

在陶行知先生身处的时代，我国还没有取得如此辉煌的成就。面对内外交困的情况，陶行知先生努力通过发展教育来改造社会，进而推动我国社会的发展。陶行知先生是近代著名的教育家，他依托老师杜威（John Dewey）的"教育生活思想"推动教育实践与日常生活的有机融合，并提出以"生活即教育""社会即学校""教学做合一"为主导的教育理论。

（一）生活即教育

陶行知先生的"生活即教育"理念提倡教育应当与生活紧密相连，反映生活的变化，并通过教育实践改造社会，推动社会的发展。这一理念不仅在当时具有划时代的意义，而且在今天，对于高等职业教育的发展仍然具有重要的指导作用。

"生活即教育"理念要求教育从生活中来，到生活中去，强调教育内容的实用性和生活性，使学生在实际的生活情境中学习和成长。这意味着高职院校的教育实践应当围绕学生的生活经验展开，利用生活化的场景引导学生学习，提高其学习效率和应用能力。教师在组织教学活动时，应当依据学生的生活背景和经验，选择合适的教学内容和方法，编写贴近实际的教材，以实现教育活动与学生日常生活的有机结合。

此外，陶行知先生认为，生活决定了教育的内容和方式，教育又通过其实践活动进一步改造生活。这一点对高职教育尤为重要。高职教育应致力于培养学生解决实际问题的能力，使其能够在毕业后，用所学知识和技能创造新的生活，为社会的发展贡献力量。

陶行知先生的"生活即教育"理念提醒我们，教育的场所无处不在——生活的每一个角落都是教育的空间。这一理念为高职教育的发展提供了新的视角，鼓励高职院校将教育与社会生活、产业发展紧密结合，通过实践教学、工学结合等方式，让学生在真实的生活与工作场景中学习，培养其终身学习和自我发展的能力，最终实现教育与生活、社会的和谐统一。

陶行知先生的"生活即教育"理念指出，教育有改造生活的巨大潜力。通过将教育实践活动与现实生活相结合，教师不仅能够引导学生在现实生活中学习和成长，更能借助教育的力量帮助学生构建新的生活状态。这一理念强调教育与生产活动、社会实践的紧密联系，倡导通过教育的途径创造出新的社会模式，在当今社会尤为重要。

在新形势下，教育从业者面临的任务是探索如何将教育科学研究与工农业生产等社会实践活动有机结合。这种有机结合不仅能够推动社会发展的新模式，也有助于将文化进行更广范围的传播，使其为个体带来新的价值和力量。这样的教育理念能够促进个体的全面发展，引导个体创造新的生活状态。

（二）社会即学校

陶行知先生的"社会即学校"观点强调了教育与社会生活的紧密融合和互动，为我们提供了一个全新的教育视角。这一理念认为，社会本身就是一个广阔的教育场所，生活中处处蕴含着学习的机会和教育的资源。因此，传统的学校教育模式，如果不能与学生的日常生活紧密结合，就无法完全满足学生的学习需求和发展需求。

在陶行知先生看来，学校教育的界限应该被打破，教育活动不应仅限于学校围墙之内，而应扩展到乡村、城市乃至整个社会，与社会的各个方面紧密联系。用这种教育观念教学，能够使社会中的资源——无论是人力资源、物质资源还是财力资源——都为教育服务，同时也使教育的资源、方法和工具变得更加丰富多样。

这一教育理念的推行，将教育环境无限拓展，为学生提供了更广阔的学习空间和更丰富的学习资源。学生不再局限于课堂内的理论学习，而是可以在社会实践中学习、在实践活动中成长。这样的教育模式更加符合学生的学习特点和发展需要，能够激发学生的学习兴趣和创新能力，为他们的未来发展奠定坚实的基础。

高职院校在教育实践中应当积极响应"社会即学校"的理念，通过与社会各界的合作，打通教育与社会之间的通道，使教育更加生动、实用和有效。通过这种方式，教育将不再是封闭的、孤立的，而是开放的、动态的，能成为推动社会发展和进步的强大力量。

从学校的微观角度分析，学校应当成为社会中的学校，因此必须要了解社会需求并且承担起回报社会的责任和义务。陶行知先生在研究实践中肯定了学校教育的社会功能，并认为学校应当成为社会改造的中心。

从宏观角度分析，学校与社会也存在相互依存、互利共生的关系。社会可以促进学校的发展，学校也可以反作用于社会的发展。以此为起点，陶行知先生提出了如下结论："不借助于社会的力量，便是无能的教育；不了解社会的需求，便是盲目的教育。"陶行知先生还主张，应当按照"社会即学校"的观点推进各个环节的教育改革实践，进而利用社会力量营造全新的教育格局。在上述理念的引导下，学校需要进一步强化自身的社会参与意识与服务意识，要按照学校与社会相互结合的思路为学生搭建起全新的学习平台，并推动社会的转型发展。

（三）教学做合一

陶行知先生认为："确定教的方法需要根据学的方法，而确定学的方法则需要根据做的方法"。简而言之，"事怎样做就怎样学，怎样学就怎样教"，即"教与学都需要以'做'为中心"。在此基础上，"做"应该用心做，而不是单纯的体力劳动。"教学做合一"理论强调的是学生在学习过程中的手脑并用，讲究的是按照理论与实践相结合的思路引导学生完成各个环节的学习。陶行知先生强调："做是发明、是创造、是实验。"如果想要在高职教育中应用陶行知先生的"教学做合一"理论，就必须将他提出的"教育实验"模式落实到位。

虽说陶行知先生所处的时代缺少完备的硬件教育设施，但他一直强调教育活动应当以科学实验为前提，并主张通过实验结论加深学生对相关知识点的理解并且帮助其提高学习效率。

陶行知先生认为，试验人才、科学试验的组织环节、试验基地以及具体秉持的试验精神都是以"做"为核心的教育理念的重要体现。他主张，应当按照科学、严谨的试验模式引导学生完成相关知识点的学习，进而引导学生对相关环节的知识点建立起系统全面的认识。无论是教师还是参与科学试验的学生，都必须具备足够的创新意识、拼搏进取精神，进而让科学试验中涉及的知识点发展成新真理、新知识。

二、施耐德的"教劳结合理论"

1906年，美国辛辛那提大学工程学院的教务长施奈德（Herman Schneider）提出了"教劳结合理论"和"工学交替"合作教育模式，这在现代职业教育发展史上具有划时代的意义。这种模式通过将学习与工作相结合，为学生提供了与真实工作环境类似的实践机会，从而极大地提高了学生的学习效率和实践能力。

施耐德的理论强调，在职业教育中，教育实践活动需要与社会生产紧密结合，并且要与学生的社会生活实践密切相关。这一理念不仅促进了学生能力的全面发展，也使教育内容和教学方法更加符合社会发展的实际需求，进一步推动了社会的发展和进步。

从宏观角度看，教育与生产劳动的结合旨在全面满足学生的学习需求，帮助学生做好就业准备，并顺利步入社会。同时，将教育与学生的社会生活实践相结合，可以进一步丰富教育内容，以学生熟悉的方式引导他们完成学习任务。

美国作为合作教育理念的发源地，其高校与企业的合作历程已有百年。这一历程不仅包含了辉煌的成就，也经历了面对挑战时的转型和调整，为全球的职业教育提供了宝贵的经验和借鉴。美国高校校企合作的历史告诉我们，学校与企业之间的紧密合作能够为学生提供更多实践机会，促进应用型人才的培养，满足社会和经济发展的需求。

对于我国高等职业教育而言，施耐德的"教劳结合理论"和"工学交替"模式有重要的作用。通过加强校企合作，加强教育与社会生产之间的联系，不仅能够提升教育质量和学生的实践能力，还能促进学生的就业和职业发展，为我国社会经济的发展贡献力量。

三、杜威"以经验为核心的知行合一"理论

美国著名教育家、哲学家杜威的教育理论，特别是他"以经验为核心的知行合一"理念，对现代教育具有深远的影响。他认为，教育与社会实践有机融合是解决教育与社会脱节问题的关键，强调教育应当是一个活生生的、与学生日常生活和社会实践紧密相关的过程。这种观点促进了教育内容和教育方法的根本转变，从而提升了整体教育质量。

杜威主张，在教育实践中应强化教育与社会的联系，通过实践活动和亲身经验来引导学生学习，而不仅仅是通过传统的课堂教学和理论知识的灌输。他提倡的"从做中学""从经验中学"的教育思路，强调学生应通过参与具体的实践活动体验和反思，从而获得深刻的学习和成长。

此外，杜威还提倡用以活动和经验为主的作业模式取代传统的以课本和理论知识为主的作业模式。这一转变旨在通过更多的实践活动和经验积累，锻炼和提升学生的实践技能，使学生更好地应对社会生活和未来职业的挑战。

对于高等职业教育而言，杜威的教育理论提供了重要的指导。高职教育应更加注重与社会实践的紧密结合，通过增加学生的实践机会和经验积累，促进学生的全面发展。实施项目式学习、工学结合等教育模式，不仅能够提升学生的职业技能，还能够培养学生的创新能力和社会责任感，为学生的终身发展和社会的进步贡献力量。

（一）经验即"人与环境的相互作用"

杜威的教育理论核心在于经验，并且在相关环节的研究实践中将经验概括成人的情感、意志、主观态度。他还主张，经验也概括了事物客观方面的统一整体，并进一步强调人与环境之间的相互作用。从宏观角度分析，行动在观念之中居于核心地位，会对个体的行动模式产生直接影响，当然，认知原本就是行动的重要组成部分。进一步分析可知，个体的行动也是基于观念、经验及知识而完成的。知与行之间的关系是构成杜威"从做中学"理论的主要框架。

传统教育理念之下，经验大都被限定在了认识的范围之内，因此并没有认识

到它对理论知识学习以及个体成长所产生的推动作用。

在杜威的认识中，传统经验学说的短板在于忽视了经验本身所附带的内容，因此并没有在教育实践领域发挥应有的作用。经过研究实践之后，杜威将经验与历史和生活看成同一层次的事物，并肯定经验、历史以及生活的积极意义。杜威在《经验与教育》一书中强调："任何教育实践活动都离不开经验。而教育是依托于经验、着眼于经验并且推动经验发展的过程。"以此为起点，杜威还在研究中强调了经验的能动性与连续性。他认为，科学的存在本身就证明了经验是不断发生的，而经验的产生则是因为自然在经验的作用下不断扩展。

简单来说，无论是个体还是整个社会，经验都处于不断发展、不断扩张的状态，属于现在向未来延伸的过程并且属于对现有事物的加工改造。由此分析，教育从业者应当认识到经验的能动性和创造性，进而推进相关教学活动的优化改革并实现学生的全面发展。

（二）知行合一理论

杜威所提出的知行合一理论为当时的教育改革实践活动提供了行动纲领。他认为，教育实践活动是有机体和环境相互作用的过程，有机体既需要对周边事物建立系统全面的认知，又需要对外来刺激产生必要的反应。

杜威强调，知与行是不可分割的整体，并且知识不是孤立存在、自我充足的产物，其中蕴含着的维持与发展生活的方法既能够帮助个体丰富生活内涵，又可以让其获得全新的生活体验。依托知行合一理论，杜威认为，如果社会结构发生变动，那么就不应当再继续沿用旧有的教育模式、教育方法，而应当通过发展规范人的行动来引导其学习全新的经验，进而帮助其学习全新的知识点。重点在于立足于个体经验的发展特点并且通过科学化的教育方法引导个体进行积极正面的思维活动，进而帮助其获得活的知识。以此为起点，才能够让个体的知与行统一起来，并在瞬息万变的社会发展形势之中找到属于自己的立足之地。相较于旧有的教育理论与教育模式，知行合一理论摆脱了给学生灌输理论知识的尴尬局面，进一步强化了学生在教育实践活动中的主体地位，因此更有助于实现学生的全面发展。

四、福斯特的产学合作理论

福斯特（Philip J. Foster）教授在职业教育领域的贡献是不可忽视的，他的著作《发展规划中的职业学校谬误》对未来职业教育的发展方向进行了深入的探讨和推演。福斯特通过对职业教育未来趋势的分析，提出了一系列创新的职业教育理念，这些理念至今仍对全球的高等职业教育发展具有深远影响。

福斯特的职业教育理念强调产学合作的重要性，主张职业教育应与产业需求紧密结合，通过校企合作模式培养学生的实际工作技能和职业素养。这种理念认为，职业教育的目的不仅仅是传授知识和技能，更重要的是为学生提供实际工作经验，使他们能够在毕业后迅速适应职场，满足企业的人才需求。

福斯特主张，应当按照非正规的在职培训模式完成技术型人才的培训教育工作。他还认为，在相关环节的培训活动之中要杜绝技术浪费，要注意通过相应的管控措施让有限的技术资源发挥出无限的作用。

福斯特在研究中肯定了岗位培训的重要性，认为这种培训模式做到了以用人单位的人才需求标准和工作岗位的任职标准为出发点，并且能够让培训对象在尽可能短的时间内掌握与工作岗位相匹配的劳动技能，最终让其获得一技之长。而避免技术浪费的关键在于提高相关培训活动的针对性，要让实际开展的培训活动与用人单位的人才需求标准紧密联系，之后才能够让培训对象真正掌握技术。

福斯特在研究后指出，职业技术培训的特殊性决定了职业教育必须按照师徒制的培训模式并且在贴近于实际工作状态的环境之内才能够取得事半功倍的培训效果。他还认为，有条件的企业应当自行编制培训计划并立足于自身的经营发展目标做好培训工作，如此既能够为自身的经营发展储备优秀的应用型人才，又可以推动整个行业的转型升级。对于不具备组织相关培训活动的企业，也应当通过让员工进行在职学习的方式接受正统的职业培训，以确保其能够实时更新劳动技能、专业素质，更好地适应瞬息万变的工作形势。

福斯特在研究后指出，发展职业教育的重点在于建立非正规的"在职培训"体系，应当按照产学结合的思路完成相关环节的办学实践，进而为各个层次的应用型人才搭建全新的学习对象。

福斯特还主张应当按照多元化的培训教育模式推进现有高职院校培训教育体系的创新，重点在于适当约束高职院校的发展规模、改革高职院校的课程内容与授课形式、拓宽高职院校生源的来源渠道。以此为起点，让具体开展的职业教育实践活动与相关行业的运营发展现状紧密联系，进而以提高高职院校学生的就业竞争力为前提形成良好的经济发展秩序。总体来说，福斯特在研究中肯定了企业在职业教育改革实践中的价值并且针对产学合作的办学形式进行了非常详细的阐释。根据他所提出的理论，美国、日本、德国都创造出了属于自己的职业教育体系，实现了本国以及地区经济的全方位发展。

五、教学管理系统理论

系统科学与管理有极为紧密的联系，任何一个有组织的管理单位，任何一个事物，都是一个系统，管理实际上就是对某一系统的管理。高职院校是一个社会功能系统，由主系统（直接担负培养专门人才任务而进行教学工作的系统）、支持系统（从人力、物力、财力等方面保证教学工作这个主系统进行工作的系统）和控制系统（管理、指挥、调节主系统和支持系统的系统）三个子系统组成，其中的控制系统即为教学管理系统，其特点（见表2.10）。教学管理本身是一个复杂的系统工程，由自己的主系统、控制系统和支持系统组成。教学管理系统是指在高职院校党委和主管校长的领导下，以教务处为主形成运转灵活、上通下达、有权威、高效率的管理体系。完善的教学管理系统由若干个子系统构成，如计划管理、课程管理、考务管理、学籍管理、成绩管理、管理信息控制体系等。

表2.10 教学管理系统特点

序号	特点分类	描述内容
1	输入	指刚刚进入大学的学生。这些学生通常是通过激烈的竞争考入大学的高才生，可视为优质的"原材料"
2	输出	指经过大学阶段的学习、生活、思想历练的学生。这些"学生"需要通过进一步的转化来实现其价值，包括知识和能力的输出
3	输出和输入的差异	教学管理系统的价值增益体现在学生综合素质的提升上。系统的目标是实现增益的最大化，这需要通过教学过程的目标、规划、实施和保障等环节的优化来实现
4	系统化管理	旨在提高教学质量和培养高素质人才。它通过合理组织教学过程中的各个环节和部门活动，确保系统之间的联系、协调和促进，形成一个有明确任务、职责和权限的整体系统
5	教学活动	教学活动涉及教师、学生和教学管理人员的多边参与。管理系统化应强化系统的协调功能，确保三方有效配合，及时了解教学效果和学生学习质量，推动教学和管理在更高水平上的持续发展和优化

总　　结

本章系统阐述了高等教育、职业教育及高等职业教育之间的关系和互动，展示了它们在满足社会和经济需求中的各自角色与贡献。首先对高等教育的广泛框架进行了介绍，明确了其包含广泛学科和专业教育的多样性。随后深入探讨职业教育的定义和目标，强调了其在为学生提供实用技能和促进就业方面的核心作用。本章详细探讨了高等职业教育如何作为连接高等教育和职业教育的桥梁，通过结合理论教育和实践技能的教学方法，既满足工业和商业的专业技能需求，也保持学术的深度和广度。此外，本章还通过对比国内外教育模式，进一步揭示了高等职业教育在全球教育体系中的重要性。

第三章 产教融合多元主体协同育人模式

第一节 产教融合

一、教育与产业的关系

教育是充满特殊性的产业，其特殊性在于它所涉及的经济活动能够促进教育资源在社会主义市场经济条件下的协调配置，因此教育具有产业的基本属性与主要特点。

（一）教育符合产业经济学以及教育经济学的基本特征

教育经济学和产业经济学的观点认为，产业是一系列具有某种共同特征的经济活动的集合体，是社会分工发展到一定阶段后诞生的必然产物。进一步分析可知，广义层面的社会分工发展能够产生一般产业，而特殊层面的社会分工发展则产生特殊产业，教育便是特殊产业的产物。教育原本就是国民经济体系中一个非常庞大的经济系统，它既具有独立性，又与其他产业或经济活动存在非常密切的联系。职业教育层面产学研用结合的改革背景下，教育已经与第一产业、第二产业和第三产业产生了密不可分的联系，而这一特点决定了它在社会主义市场经济条件下的经济活动之中占有非常重要的位置。

（二）教育具有产业所具备的一系列特征

教育行业具备传统产业的许多特性，其组织结构、政策环境、行业关联性以及政策支持展现了其作为一个成熟产业的特征。教育不仅在其内部结构上呈现出产业化的特点，而且其演变和调整过程也符合产业结构调整的一般规律。教育产业在社会经济体系中占据重要地位，它的发展对其他行业产生深远影响，能促进社会经济的整体进步。此外，教育的组织形式多样，涵盖了各类教育机构和管理部门，这些组织为教育服务提供了坚实的基础。自21世纪以来，政府部门一直积极推动教育行业的现代化和高效化，通过出台一系列政策和措施来优化教育资源的配置和提升教育质量，表3.1详细描述了教育产业的主要特征及相关细节。

表 3.1 教育产业的主要特征及相关细节

特征类别	详细描述
产业结构	教育行业具有明确的层次和分支，包括基础教育、高等教育和职业教育等，各层次教育相互衔接，形成完整的教育体系。结构随技术进步和市场需求不断调整
产业关联	教育产业与其他产业发展紧密相关，教育水平的提升能够促进人力资本质量的增加，从而推动整个社会经济的发展
产业组织	教育产业包括公私立学校、职业培训中心、在线教育平台等，涵盖从幼儿教育到成人教育的全年龄层次。教育管理部门如教育部、地方教育局负责政策制定和监管
产业政策	政策包括提升教育公平性、质量和效率的措施，例如教育投资增加、教师培训和职业发展支持、促进科技和教育的结合等。政府通过法规和资金支持，确保政策的实施和教育质量的提升

（三）教育具有产业的经济属性

教育所包含的一系列经济行为，反映了其具有产业的经济属性。从理论角度来看，经济是一种社会生产关系，是在特定条件下的社会实践活动。现代社会背景下，政府加强了对经济活动的监督和管控，因此各个环节的经济实践活动正在朝良性化方向发展，包括生产、分配、交换和消费等活动都实现了进一步的优化调整。教育作为国民经济的重要组成部分，不仅能够助力相关产业的转型和发展，还几乎涉及所有产业的经济问题。教育本身也是一个重要的经济领域。由于教育不直接参与社会生产活动，因此它实现了生产与再生产特征的有机融合。此外，教育所具有的商品属性和市场属性，进一步强化了其作为经济产业的角色。

由此可以明确的是，教育与产业之间存在非常密切的联系。教育领域涉及的产品生产、分配、资源交换及消费等活动能够提高劳动生产率，推动相关行业的转型和国民经济实力的提升，带来的经济效益进一步强化了教育与产业之间的联系。此外，教育具有商品属性和市场属性。在商品属性方面，教育通过特定的生产性经营活动实现资本增值，并在市场机制的引导下推动再生产实践，最终促进产业发展。然而，单靠这些理念无法准确理解教育的特殊性。教育的特殊性在于它有投入和产出，并且需要计算教育成本。教育产品的特殊性在于其显著的个性特征，是人类社会实践活动的结晶。教育产品的价值主要由教育时间和投入资源决定，最终的产品是经过系统培养的高素质劳动者。教育的市场属性体现在各类用人单位对高素质劳动者的需求和消费上，尽管教育提供的主要是知识及其服务，但在教育对象的作用下，这些知识能够实现价值增值。

二、产教融合模式的内涵

模式原是指某种事物的标准形式,即让人们照着去做的标准样式。近年来人们把形成一定方式,且有其内在规律性、规则性和相对体系性的运作方式叫作"模式"。本书即以此概念进行介绍。

育人模式,即人才培养模式,是指学校在一定的教育思想指导下,针对人才培养目标和质量标准,为学生设定知识、能力、素质结构和实现这种结构的模式。

高职产教结合人才培养模式,是高职院校与企业合作,以培养学生全面素质、应用能力和就业竞争力为重点,利用学校和企业两种不同的教育环境和教育资源,将课堂理论教学与参加企业实际工作有机结合,培养适应企业和用人单位需要的、具有全面素质和综合应用能力的人才教育模式。它的基本原则是产学合作、双向参与,工学结合、定岗实践。

三、产教融合的特征与实施

(一)产教融合的特征

高等职业教育的人才培养目标和层次具有明确的职业性特点,主要是为企业培养高素质的职业技术工人和初(中)级职业技术人才。学校的教育定位以专科教育为核心,同时向上向本科教育延伸,向下扩展到大专预科、中专等教育层次。这种定位是由当前市场对人才的需求、高等教育的结构现状,以及民办高校生源特点所决定的。学校的教学方式和学习管理方法旨在提高教学质量和学生的实际操作能力,例如,通过与企业合作设立实习基地,强化学生的实践训练,以及实行半封闭的军事化管理以提高学生的学习效率。表 3.2 详细描述了产教融合下学校人才培养的具体内容。

表 3.2 产教融合下学校人才培养的具体内容

类别	描述
人才培养目标与层次	主要目标是为企业培养具备实践能力的高素质职业技术工人和初(中)级职业技术人才。教育层次从专科为主,向上延伸至本科,向下扩展至大专预科和中专
教学方式	教学内容设计与企业需求紧密对接,选择教材时咨询行业专家,确保内容现代化且具实用性。教学方式结合理论讲授与现场实训,采用经验丰富的兼职教师及行业专家授课,定期开设专业讲座。与企业建立合作关系,为学生提供实习实训机会,使学生能够在真实工作环境中应用所学知识

续表

类别	描述
学习管理方法	学校采取半封闭的军事化管理模式，设置强制性的早晚自习，以提高学生的学习效率。此外，学校要求学生在完成规定课程并通过所有考核后，获得至少两个职业资格证书才能毕业，强化学生的职业技能。学校设有职业技术部负责管理职业资格证书的培训和考试，确保学生的技能水平满足市场需求。此举也是为了培养学生的自主学习能力，增强其对专业知识的掌握和应用能力，最终提升其就业竞争力

（二）产教融合的实施途径

1. 加快产教结合基地建设，改善实践教学条件

建设具有培养学生基本技能条件的实习场地和设施，并积极开发有较高技术含量和有市场的产品，通过产训结合，来提高学生的技能水平和实践能力。

（1）专业教学+校内示范基地。按照专业教学要求，建设校内示范基地。这种形式要求专业具有相对的稳定性，与之配套的设施具有先进性，此外还有效益的示范性、管理的规范性，以及与教学结合的紧密性。

（2）骨干专业+校办企业。这种形式围绕骨干专业，举办校办企业，并努力形成"围绕产业办专业，围绕专业办企业，办好企业促专业，办好专业促产业"的完整产教结合链条。

2. 校校联合

招收高职学生的高等院校，可以与条件较好的技工学校、职业学校联合，高等职业技术院校也可以与条件较好的技工学校、职业学校联合，利用技工学校与职业学校的实习条件进行产教结合，实现教育资源的优势互补。

3. 校企联合

高等职业教育要与相关产业、企业建立合作关系。建立固定的产教结合基地，既能培养学生的技能，又能培养学生的实践能力并使学校的办学与产业、企业的发展紧密结合。

产教合作教育运行机制的核心是寻求高校、企业、学生三方利益的共同点，因此，高校、企业、学生三方需求是建立产教合作教育运行机制的基础，其中，了解企业的需求并吸引企业参与产教合作教育是建立长期、稳定的运行机制的关键。

四、产教融合理论基础

（一）协同理论

"协同"是指事物在不断的联系和发展过程中与其他事物之间的有机结合和

良性互动,通过共同作用达成目的或效用的一致性。其伴随着人类社会的产生而产生,并在整个人类社会发展过程中起着极为重要的作用。20世纪70年代,德国科学家哈肯(Hermann Haken)首次系统完整地阐述了协同思想,创立协同理论,成为系统科学下的一门新兴学科,也称"协同学"或"协和学"。协同理论认为,在任何系统中,各子系统之间并不是孤立存在或被动发生关系的,各子系统能够在目的一致的基础上通过自身调节机制产生协同作用,从而形成新的稳定结构。各子系统之间如何发生协调作用,存在什么样的条件限制和发展特点,外部因素对子系统间的互动产生什么样的影响,都成为协同理论重点关注的方向。

随着经济社会的不断发展,学界对协同理论相关概念的研究也在不断深化。就国内而言,郭宏认为:"协同就是协调两个或两个以上的不同资源或个体,协同一致地完成某一目标的过程或能力,并且通过协同产生协同效应,使总体的绩效大于个体绩效的总和。"黄敏认为:"协同就是系统诸要素及各自子系统之间互相合作和共同作用。"从以上概念可以看出,不同学者对协同含义的具体理解和运用侧重点各不相同,是在其基本概念范畴的基础上进行的多维度的拓展。

(二)三元参与理论

三元参与理论是关于高科技园区的兴办、管理和发展的理论,是在世界科学工业园协会第九届大会上提出的,该理论认为,政府、学校、企业均存在许多通过自身无法解决的问题,需要各方共同参与、协调方能解决。学校通过和企业合作,在提升科研成果转化效率的同时能够取得一定经济效益,一定程度上弥补了办学资金和科研经费的不足;企业通过合作可以获得产品开发、产业升级所需的技术支持和人力资源,促进自身健康有序发展;政府通过促进和参与企业、学校合作,使社会资源得以优化配置,为区域经济社会发展和综合实力提升打下良好的基础。在合作过程中,政府、学校、企业三方的诉求和目的均得到满足。三元理论阐述了政府、学校、企业的合作共赢关系,但其在国内的实践中依然遇到了一些困境,整体还处于较低层次。从政府角度来看,往往还处于引导、牵线程度,对校企合作的参与度不够高;从企业角度来看,对校企合作的重视程度和参与积极性还不够高,为此进行的投入和取得的收益也相对有限;从学校角度来看,自身条件相对有限,对校企合作的认识和执行存在一定偏差,在技术研发能力和人才培养质量上还有较大提升空间。分析政府、学校、企业三方在合作过程中遇到的问题,寻求解决这些问题的路径,也正是本书的主要内容之一。

通过对理论的分析我们可以看出,对于高等职业院校来讲,要想提升人才培养质量,推动高职教育持续健康发展,人才培养主体的多元化是必由之路。高等职业院校必须发挥主导作用,积极推动多方主体共同参与教育育人,深入分析各参与主体的本质特性和影响因素,充分整合各方优势资源,推动与政府、行业企业、科研院所及社会组织等主体的协同创新，在协同育人过程中让不同的主体发挥其应有的作用，才能实现技术资源、物质资源、品牌资源的共享，实现高质量人才和高质量科技成果的共享，促进各主体间协同效应的最大化，最终实现各方主体的利益共赢。

（三）人力资源开发理论

1. 理论分析

人力资源开发理论是现代经济和教育领域中的一个重要概念，它关注通过教育、培训、管理和文化制度的建设等手段，对个体进行有效的开发和利用，以促进其技能、知识和能力的全面提升，进而支持特定经济发展目标的实现。这一理论的核心在于认识到人力资源是推动社会经济发展的关键因素，其发展和利用需要系统的规划和实施。

表3.3详细描述了各阶段人力资源的开发模式，横向和纵向地分析了这些模式的特点等。

表3.3 各阶段人力资源开发模式的特点

分析角度	时间阶段	开发模式	主要特征	现代实践的特点	适应变化的响应
纵向	早期社会	师徒制	主要通过实践学习，"做中学"和"做中教"，适应简单的手工艺生产需求	逐渐被现代教育体系所取代	工业化的到来要求更系统的教育形式
纵向	工业革命后	学校教育系统	引入批量化教育和班级制，满足工业化社会对标准化和系统化知识的需求	学校教育模式成为主流，强调理论知识与职业技能的结合	快速的社会和技术变革推动教育体系向职业教育和技术教育转变
横向	现代社会	校企合作模式	整合学校和企业资源，双方合作培养技术技能人才，更好地适应市场和技术需求	适用于技术迅速发展且市场导向明显的国家，如德国	响应市场对高技能劳动力的需求，强调实践与理论的结合
横向	现代社会	企业主导模式	企业在人才培养中发挥主导作用，重视实践技能的培养，快速适应市场需求	非常适合变化快的行业，如信息技术行业和服务业	促进企业直接参与教育，保证培养方案的即时更新和适应性
横向	现代社会	学校与企业双主体模式	政府支持下的校企合作模式，优化资源配置，高效培养适应现代产业需求的人才	欧洲一些国家如芬兰实践较多，强调制度支持和质量监控	旨在通过合作提高教育质量和适应性，实现教育资源的最优化

2. 国外的探索实践情况

无论是在发达国家还是发展中国家，人力资源教育开发的实践正日益向校企双主体合作模式靠拢。这种趋势反映出企业对人才培养改革重要性的认识提升，以及它们对参与这些改革的信心。随着产业的转型和工业化的深入，新的生产模式和工艺不断涌现，传统的社会分工模式逐渐让位于精益生产等现代生产理念。这些变革要求员工具备多样化的技能，以适应资本和技术密集型的生产格局。

特别是随着人工智能技术在工业生产中的应用，工作岗位的技术性特征显著增强，单一来源的人才培养模式已难以满足技术生产岗位的复杂需求。在这种背景下，终身教育和继续教育成为教育领域的新增长点，体现了学习型社会的特征。

基于这种现实需求，采用现代学徒制的产教融合人力资源开发模式已成为技术人才培养的重要途径。在这一模式下，学校与企业之间的联系日益紧密，双方合作培养既有理论知识又具备实际操作能力的技术型人才。学校层面，传统的技术培训模式正逐渐向双元制和实习顶岗式培训模式转变，而企业主导的培训也因学校的参与而在理论层面得到加强。这标志着职业教育和技术培训正向一体化方向发展。

观察近代以来的产业和经济变革历程，现代学徒制主要起源于英国、澳大利亚等自由市场经济国家。它的优势在于将传统学徒制的工作场所教学与专业化学校技术教育有效融合，体现了产教融合和校企合作的高级形态。这种模式不仅有助于学生掌握技能，还能促进学生理论知识的学习和应用，为社会培养出更加适应未来发展需求的高技能人才。

3. 我国的探索实践情况

我国随着改革开放的深入推进和经济结构的转型升级，对应用型人才的需求日益增长。这一背景下，国家相继出台了一系列政策，旨在推动职业教育的发展，特别是通过校企合作和工学结合的人才培养模式，更好地适应社会和经济发展的需要。

2005年和2014年国务院发布的相关决定，是我国职业教育改革的重要里程碑。这些政策的出台不仅强调了职业教育的社会性和实践性特征，还明确提出了企业在职业教育中的核心作用，倡导大中型企业应设置专门的培训岗位和部门，从而提高人才培养的针对性和效果。

这一政策方向的转变，反映了我国对企业在技术教育和人才培养中作用的深刻认识。在现代经济中，人力资源和人力资本的开发与利用成为企业乃至国家竞争力的关键。因此，投资人力资本，提高员工的技能和知识水平，已成为企业发展的重要战略之一。

将企业定位为职业教育的"办学主体",不仅能为企业带来竞争优势,还能推动职业教育体系和人才培养模式的改革和创新。这种模式有助于实现教育内容与企业需求的紧密对接,提高教育质量,同时为学生提供更多实践机会和就业途径。

综上所述,认识企业在职业教育中的重要角色,并将其作为办学主体,是促进职业教育发展、满足社会经济需求、推动国家产业升级的关键。未来,通过进一步深化校企合作,完善相应的政策和机制,我国职业教育质量和效率将得到持续提升,从而为社会培养出更多高素质、高技能的职业人才。

(四) 工作场所教育理论

长期以来,人们习惯用"人才培养目标"来定义职业教育,如职业教育是在普通教育的基础上,对社会所需的岗位人才进行必要的职业知识,以及专业技能的职前教育和职后培训,使其成长为专业过硬的熟练职业技能劳动者,更好地适应企业的岗位需要,推动社会的快速发展。然而上述定义并未从根本上体现类型教育的特点,从类型教育的特点来看,职业教育是在普通教育的基础上,以技能教育为主,基于工作场所开展的教育活动,因此,如何更好地理解工作场所教育是理解并推进职业教育的重要基础。

工作场所指的是将学习和工作联系在一起的学习场所,即在实践中学习、通过实践学习和依靠实践学习。

通常情况下,工作场所学习是在工作场所开展学习活动,学习者亲身参与并从中发展工作能力的学习方式。职业教育则在职业分析的基础上,引导学习者掌握专业知识、训练专业技能,培养其多样化的职业能力,因此必须基于工作场所来开展学习活动。

而在实际教学中,基于工作场所开展的教育活动具有多样性的特点,适合培养多种应用型人才,因此这并非职业教育的专利,像工程教育、技术教育等应用型人才也可加强工作场所学习,但要在学习时间、学习内容及教学方式上有所区别。

工程教育在工作场所的学习主要是开展工程实践教育。2010年我国教育部启动了卓越工程师教育培养计划,要求合作企业要建立工程实践教育中心,为学生们提供学习和实践的平台。当前,许多地方本科高校面临转型,也开始侧重产教融合和校企合作的方式,许多人误把工作场所学习认为是职业教育的专属,并产生了本科高校转型就是发展职业教育的错误思想。

目前,人们对工作场所教育缺乏正确的认识,许多人甚至还停留在传统学徒制教育功能的认识上。所谓的工作场所教育就是把所学理论知识应用到实践过程中，真正具备工作岗位所需的知识和技能。工作场所教育的特点如表3.4所示。

表3.4 工作场所教育的特点

特点描述	影响因素与细节分析
在真实的工作环境中开展学习活动	学生所掌握的技术先进性由工作环境的先进性决定，直接影响其职业技能水平
工作即学习，学习即工作	教育活动与日常工作融为一体，增强学习的实用性和相关性
学习内容与学校教育存在本质差别	主要关注程序化的理论知识，强调与工作直接相关的技能和知识，与传统学科教育方式有明显区别
学习程序不同，遵从工作过程开展教学活动	不依赖于传统学科体系，更注重实际工作流程中的技能培训，以任务驱动的学习方式进行
学习技术的先进性，受市场环境影响	为保持市场竞争力，企业不断更新技术和设备，这直接影响工作场所教育中技术的更新频率和先进程度
工作场所教育的学习成本更高，学院容纳率更低	高学习成本和低容纳率可能限制学生参与的广泛性，而教学环境直接影响学习效果
对具体指导者依存度高	学生在学习过程中对具体指导者的依赖性较强，可能影响自主学习能力的培养

（五）资源优化配置理论

资源优化配置指的是在市场经济体制下，通过市场机制实现对资源的优化配置，即市场通过自由竞争的方式，遵从价值规律来自动调节供给和需求双方的资源分布，用"看不见的手"来筛选优质资源，进而实现对社会资源的优化配置。

从技术技能人才市场来看，职业教育也存在人力资源优化配置的问题，但是从校企合作和产教融合的角度来看，资源配置指的是学校教育与企业教育、学校理论教学和企业实践教学、学校教学场所与企业工作场所等内容的优化配置，能够根据不同层级的人才培养目标，结合学校和企业的优势和特点进行科学分配，以最经济、最有效的方式达成人才培养目标。

学校教育和企业产业在属性上存在本质差别，导致双方价值取向和遵循的行为准则也各有侧重。一般来说，企业追求的是经济效益最大化，而学校追求的是社会效益最大化，企业遵循行为准则的最终目的是盈利，而学校遵循行为准则的最终目的是立德树人。正如市场调节具有盲目性、滞后性的弱点，很多时候需要国家进行宏观调控，学校教育和企业教育也需要借助外力进行资源优化配置。国家要从产教融合、校企合作的角度出发，为其提供必要的政策保障，特别是给予法律层面的援助和支持，如建立完善的校企合作促进法、职业教育法等法律法规，通过立法的方式来调节学校和企业之间的关系。

产业及教育、学校与企业都有各自的优势和劣势，因此双方必须形成正确的思想认识，发扬优势、弥补不足。学校教育具有知识性、理论性、基础性及普世性的特点，而企业教育具有技术性、实践性、应用性和专用性的特点，两者相互独立却又彼此依赖，只有充分发挥各自的优势，才能有效培养专业的技术技能型人才。

而在现实中，企业对人才教育培养的积极性不高，反而由学校承担了本该由企业承担的责任，甚至出现了学校办企业、企业办学校的极端现象，这都不利于技术技能型人才的培养。只有结合各自的优势、特色，履行各自的职责，才能够促进产业与教学、学校与企业教育的有效融合。此外，两者的结合方式需要跟随经济社会的发展及社会对人才的需求而不断变化、调整。

（六）人才供需适应论

人才供需适应论在教育领域的应用，反映了教育与经济之间深刻的内在联系。在这个理论框架下，学校（教育机构）作为人才的供给方，企业（劳动力市场）则作为人才的需求方，两者之间的互动决定了人才培养的方向和质量。

当劳动力市场对某类人才的需求增加时，企业愿意为这些人才提供更高的薪酬，这会刺激教育机构增加相关领域的教育和培训力度，以满足市场需求。随着教育机构对这类人才的培养增加，市场上的人才供给逐渐增多，最终可能导致该领域人才的供大于求，薪酬水平相应调整，直至市场达到新的平衡状态。

反之，如果某领域的人才在市场上处于供不应求的状态，企业需求旺盛而教育机构未能及时提供足够的人才，将推高该类人才的市场价值。在这种情况下，教育机构为了适应市场需求，可能会增加或创新相关专业的教育和培训项目，促进该领域人才的培养，直到市场需求得到满足。

在这一过程中，关键是教育机构和企业之间的信息沟通和反馈机制。教育机构需要准确掌握市场需求动态，及时调整人才培养计划和课程设置，确保培养的人才既有理论知识也有实践能力，能满足市场需求。同时，企业应积极参与到人才培养过程中，通过校企合作、提供实习实训机会等方式，帮助学生更好地理解行业需求，提升就业竞争力。

对企业来说，人才的需求不仅仅局限于数量上的满足，更加重视质量上的合格，即人才能够胜任特定岗位并完成具体的工作任务。在经济发展的不同阶段，社会对人才的需求标准也会有所不同，这种需求的变化直接影响到企业的人才培养方向和战略。

在计划经济体制下，人才供需具有较高的一致性和统一性，政府部门在这一体制下扮演着社会资源分配的核心角色。在这种情况下，企业的经营管理和人才需求往往受到政府规划和分配机制的强烈影响。政府部门根据国民经济的需求培养人才，实现"谁用人、谁培养人"的工作格局。在这一格局中，不仅政府部门参与教育实践，还形成了上级主管部门与地方政府共同办学的模式。尽管这种模式确保了教育资源的集中使用，但也导致教育发展的分散和不均衡。

随着计划经济体制的逐步深化，以企业为主导办学的技术学校渐渐淡出历史舞台，专业化学校开始担负起培养应用型人才的任务。在这一转变过程中，学校和企业均受地方政府的管理，这为政府部门通过政策、规章制度促进校企合作提供了条件。

这种背景下，校企合作成为人才培养的重要模式，旨在更好地适应市场经济下的人才需求，促进学校教育与企业实践的结合。校企合作不仅能够为学生提供实际工作经验，增强其职业技能和实践能力，也能使企业直接参与人才培养过程，实现人才培养的精准对接。在这种模式下，政府的角色逐渐从直接管理和分配转变为提供政策支持和服务，促进教育资源与市场需求之间的有效对接，推动教育与经济社会的深度融合。

1993年，国内正式开展社会主义市场经济体制的改革。自此，政府部门由过去的国民经济管理者变成国民经济转型发展的引导者。

在市场化的经营模式之下，企业开始自主经营、自主管理、自负盈亏。得益于上述变化，企业在用人方面也拥有了绝对的自主权，因此它们可以根据自己的实际需要自由选择员工。1998年开始，国内大中专学校的毕业生开始实施以"自主择业、双向选择"为主导的就业政策。

随着政策的进一步放宽，社会资本也被允许参与到教育行业之中，因此学校逐渐成为独立的办学法人并且在以市场为导向的用人模式之下开展了一系列非常有代表性的人才培养实践活动。

第二节 多元主体协同育人

多元主体协同育人是指职业院校通过合作研究、资源共享、共建机构等方式搭建多样化的教育平台，进而开展应用型人才培养实践的过程。多元主体协同育人实践中，企业与职业院校并不存在谁依附谁、谁领导谁的关系，而是通过一种双主体式的合作机制实现应用型人才的培养。

一、多元主体协同育人的内涵

多元主体协同育人的优势在于将各个行业对应用型人才的需求标准应用到相

关人才的教育培养活动之中，而且在企业的参与之下，相关环节的人才培养教育活动也能够全方位满足用人单位的实际人才需求。

这方面的改革实践是以改革职业教育模式和培养合格劳动者为出发点而开展的应用型人才培养体系创新，并且在职业院校和企业之间实现了资源的互通共享。在以多元主体协同育人为主导的应用型人才培养模式下，高职院校学生能够实现理论知识与实践技能的有机融合，因此有助于提高他们的专业素质及就业竞争力。

以此为起点，在国内经济产业结构转型发展不断深入的大环境之下，按照多元主体协同育人的思路完成应用型人才的培养，能够满足相关行业的转型发展需求且进一步推动企业的转型发展。促进职业教育资源与社会资源的有机融合是多元主体协同育人模式最值得关注的特点，而通过企业与高职院校之间的良性互动则能够营造出双赢的工作格局。产学结合、工学融合、双向参与是多元主体协同育人模式的核心理念，这一全新的职业教育模式能够增强高职院校办学工作的整体效益并提升职业学生的就业竞争力，最终能够形成全新的经济发展态势，所以必须要提高关注度。

二、多元主体协同育人的特征

实现多元主体协同育人的前提是企业的人才需求标准与高职院校的应用型人才培养目标紧密融合。如果能够实现高职院校学生就业需求与企业经营建设目标的有机融合，就能够实现职业技能人才培养与高职院校学生就业的完美融合，进而为相关行业领域内的企业输送高素质的应用型人才。具体来说，可以从以下层面着手理解多元主体协同育人的特征。

（一）在人才培养方案中渗透企业的用人标准

多元主体协同育人实践中，在人才培养方案中渗透企业的用人标准是保证效果的基本前提，其目的在于让各个环节的教学实践都能符合企业的用人标准，并帮助高职院校学生尽快适应新的工作形势。高职院校在制定人才培养方案时不能"闭门造车"，要注意加强与企业之间的沟通交流并根据企业的实际用人需求对各个环节的人才培养方案进行优化。要注意准确把控企业的用人标准，必要时应当邀请企业共同参与人才培养方案的制定工作，进而保证相关改革实践的针对性和有效性。条件允许的情况下，可以尝试将企业的个性化人才需求标准融入具体的人才培养方案中，从而帮助相关专业的高职院校学生更好地满足用人单位的人才需求标准并提高其就业竞争力。

（二）育人场所扩展到企业车间

校企双方的资源流通互补是践行多元主体协同育人模式的基本前提。实际工作中，高职院校的短板在于无法给每一位学生提供充足的实训场所。而企业方面的短板在于内部员工的理论素养不够扎实，无法适应全新的工作形势。

如果能够让企业帮助校方完成实训教学设备的更新换代，则能够为高职院校学生搭建起全新的学习平台。这一环节的改革实践中，企业能够给予学校的不仅是资金方面的支持，而且包括第一手的行业资讯以及贴近实际工作状态的工作环境，因此育人场所由原先的课堂扩展到企业车间。

（三）校园文化上升到企业文化的高度

多元主体协同育人实践中，校园文化与企业文化的有机融合同样是必须重点关注的问题。校园文化与企业文化有机融合能够为高职院校学生营造贴近实际工作状态的环境，能够以提高学生的职业道德素养为前提帮助其形成与职业发展路径和发展目标相匹配的人生观、世界观及价值观。引导企业员工、管理人员到学校宣讲是推进校园文化和企业文化有机融合的主要途径。鼓励学生与企业管理人员进行直接对话，帮助学生准确把控自己将要面对的工作环境、工作内容并增强学生对企业的归属感。

以高职院校物流类专业为例，在大多数人的认识中，高职院校物流专业的学生可选择的工作岗位只有快递员，这一错误观念影响到高职院校学生的学习积极性，因此必须提高关注度。在条件允许的情况下，可以尝试邀请物流快递公司的管理人员、基层员工的优秀代表来学校讲座，要让学生对职业的重要性建立起系统全面的认识，要转变其对于物流行业的刻板印象并鼓励其扎根基层工作岗位，用自己的实际行动描绘出属于自己的人生。这一系列活动不仅能够实现校园文化与企业文化的有机融合，还可以坚定高职院校学生的职业发展理想。

（四）招生计划体现企业的用人需求

多元主体协同育人的最终目的是实现学校人才的输出和企业人才的输入。在当前技术应用型人才紧缺的现实情况下，越来越多的企业开始与学校达成合作，并由学校根据企业的实际需求定向培养专业人才。所以，在这种校企合作模式的影响下，部分高职院校的招生计划已经能够体现出企业预定的"人才订单"倾向。不同于计划体制下的"定向委培""定向培养"基于市场对人才需求的实际状况，保证了学校、企业以及学生之间的平等性和自愿性。

（五）运作模式体现市场化运作机制

高职院校基于平等自愿原则建立起的多元主体协同育人模式，为应用型人才培养模式的创新改革带来了新思考。多元主体协同育人实践中，学校与企业之间实现了资源互补、协同合作，这类特征刚好顺应了社会主义市场经济的发展趋势。实际人才培养实践中，学校及企业发挥了各自的优势，保障了双方的既得利益。市场化的运作机制之下，校企双方的沟通协作会更加自由、灵活，因此更有助于高职院校学生的全面发展。

三、多元主体协同育人的内容

多元主体协同育人是一种全新的职业教育模式,主要涵盖机制、课程和教学三个方面。这种模式通过政府、企业和教育机构的协同合作,旨在构建一个高效的职业教育体系,实现教育内容与市场需求的紧密对接,培养适应现代经济发展的高素质技术技能型人才。

(一)机制方面

多元主体协同育人强调教育从非形式化到制度化的演变,政府与市场的互动,以及校企合作的深化。政府在其中起到桥梁和调节器的作用,确保职业教育体系与市场需求紧密对接,同时,企业和教育机构需共同参与整个教育过程,包括课程设计、实际操作等,确保教育内容的实用性和时效性。表3.5提供了具体的多元主体协同育人机制方面的内容。

表3.5 具体的多元主体协同育人机制方面的内容

主题	阶段	描述	实施细节和挑战
就业导向——市场驱动	教育形态的演变	教育从自然形式的师徒制,通过工业化的发展演变为制度化学校教育,并与现代学徒制结合,形成以就业为导向的教育模式	需要解决理论与实践脱节的问题,更新教学内容和方法以匹配快速变化的市场需求,确保教育内容与市场需求紧密对接
政府引导——校企主体	校企合作的制度建设和实施	政府通过制定支持性政策,促进学校与企业的合作,企业和学校共同参与教育培养过程,政府提供经济和政策支持	明确各方责任和义务,建立有效的合作机制,如合同、奖励和激励措施,以及教育质量的监管机制,确保合作双方权力与利益得到保障
多元整合——系统设计	复杂系统的建立与运行	建立涵盖政府、企业、教育机构等主体的职业教育系统,整合各方资源和优势,通过共享教育资源和信息实现协同效应	设计和实施包括学生选拔标准、培养目标、培养方式、资源共享等在内的多元主体协同育人体系,处理校企之间的协调与合作难题

(二)课程方面

职业教育中的课程发展正体现从过程导向到项目化学习的转变,注重实践,强调能力的培养。在教育形态上,从传统的师徒制逐渐演化到结合现代学徒制的教学模式,这种变革不仅是技术和知识传递方式的改变,也是对教育目标和内容组织方式的深刻调整。"能力本位"的教育强调在实际工作过程中学习和解决问题，倡导通过项目任务来进行教学，这使学习更贴近实际工作需求，更侧重于学生能力的实际应用。课程的开发不再仅仅依靠教科书，而是通过工作分析和市场需求来定义课程内容，这样的课程设计旨在培养学生解决实际问题的能力和适应市场的能力。表3.6详细描述了课程要素。

表3.6 课程要素

范畴	描述	实施方法	目标与成果
能力本位 （过程导向）	聚焦于工作中技能的实际应用，强调通过实际操作来学习	采用模拟真实工作环境的教学方法，例如案例分析、角色扮演和现场实操，确保学生在学习过程中能够体验到工作的真实情景	提升学生的实际操作能力，增强其问题解决和决策制定的能力
项目课程 （任务载体）	项目化学习，通过完成具体的生产或服务任务来进行学习	设计与实际工作密切相关的项目任务，例如创建一个市场营销计划或设计一个工程原型，使学生在完成任务的过程中学习必要的技能	加深学生对专业知识的理解，通过实际操作提升其职业技能和团队协作能力
工作分析 （课程开发）	系统地分析工作任务和过程，以确定课程开发的基础	开展详细的工作分析，识别关键的职业技能和知识点，并据此开发课程。这包括与行业专家合作，收集反馈意见，以优化课程结构	保证课程内容与职业实践紧密相关，满足行业对技能的具体要求，提高教育的适用性
整合理论与实践	理论教学与实践操作有机结合，确保学生能够理解并应用学到的知识	结合课堂讲解与实验室操作或现场实习，通过交替进行理论学习和实践应用来加深理解。案例研究和问题解决任务常用于此类课程，以提高学生的批判性思维和实际操作技能	使学生能够在实际工作中应用其学习成果，解决复杂和多变的工作挑战
评价与反馈	制定课程的持续评价和反馈机制，确保课程能够适应行业发展和技术进步的需要	实施定期的课程评估，包括学生反馈、同行评审和行业咨询。基于评价结果调整课程内容和教学方法，确保教育质量持续提高	适应快速变化的职业环境，确保学生技能的现代性和相关性

（三）教学方面

在高职教育中，教学方法的转变强调了更为动态和互动的学习体验，特别是通过行为导向和情境学习来促进学生的全面发展。这种教学方式强调学生主体性，通过实际操作和项目任务让学生在真实或模拟的工作环境中学习。教学目标不仅要求提高学生的专业技能，同时强调培养学生的自主学习能力、解决问题能力和团队协作能力。表3.7详细描述了这种教学模式的教学要素。

表3.7 教学要素

教学方面	详细描述	实施方法	目标与成果
学生主体（行为导向）	引导学生主动完成学习任务，培养独立思考和解决问题的能力。教学目标强调提升个性品质及专业能力	使用互动教学方法如翻转课堂、小组讨论，增加学生参与度	提升学生自主学习能力，增强其沟通和团队协作技能
做学合一（情境学习）	通过具体项目和任务将理论知识与实际操作相结合，使学习内容具体化、多样化	采用项目教学法，设计与工作任务相对应的学习项目	增强学生的实际操作能力和问题解决能力，使学习更加贴近实际工作需求
工学交替（完整体验）	结合双元制教学方法，让学生在企业和学校之间交替学习，实现理论与实践的完美结合	实施交替式培训，学生在企业实践与学校理论学习之间轮换	提供全面的职业教育体验，确保学生能够适应未来的职场环境

第三节 产教融合多元主体协同育人

一、产教融合多元主体协同育人的现状

产教融合与校企合作作为职业教育创新的核心，旨在通过教育系统与产业实践的紧密结合，提升教育质量并促进学生就业。在全球化与技术快速发展的今天，产教融合对于适应经济结构转型和满足市场需求具有重要意义。

（一）全球范围内的产教融合现状

1. 国际发展情况

多数国家通过政策支持和教育体制改革，推动高等教育与企业界的合作。例如，美国和澳大利亚通过激励政策鼓励企业参与职业教育的课程开发和学生实训，加强了教育内容与实际工作需求的对接。

2. 国际合作模式的探索

一些国家采用了灵活的合作模式，如项目合作、共建实验室和产学研联合体，以实现资源共享和优势互补。这些合作模式有效提高了教育的适应性和应用

性，增强了学生的就业竞争力。

（二）我国产教融合的具体实践与挑战

1. 政策推动与实施

我国政府高度重视产教融合和校企合作，通过《职业教育法》《国家职业教育改革实施方案》等政策文件，明确了产教融合的战略地位和发展方向。这些政策旨在通过校企合作，促进学生实际技能的培养和创新能力的提升。

2. 实践中的困境

尽管政策层面持续推进，但实际操作中存在诸如合作深度不足、企业参与热情不高、教育与产业需求对接不精准等问题。此外，校企合作的质量监控、风险管理及成果转化等方面也需进一步加强。

目前国内外关于产教融合、校企合作的研究文献十分丰富，但研究的内容主要集中在产教融合的概念与理论、机制与政策、模式与路径、问题与对策等方面，一些研究仅停留在做法介绍、经验总结层面，关于高职院校产教融合校企双主体合作机制的研究还不多，同时，在实践层面，高职院校产教融合校企双主体合作机制的构建还处于摸索阶段，学校与企业对产教融合概念与内涵的理解尚不到位，如何找到各自的利益平衡点，建立有效而紧密的合作关系，形成校企双主体合作机制还是一个难点。因此，探索并实践与企业形成共建共享共管共用的产教融合模式，是很有必要的。

二、深化产教融合多元主体协同育人

深化产教融合和多元主体协同育人能够推动国内职业教育体系的转型发展。新形势下，各个行业的用人单位形成了全新的人才需求标准，因此需要按照产教融合的思路推进职业教育的创新改革，进而通过全新的学习平台提高高职院校学生的综合素质，并且帮助其在瞬息万变的就业竞争之中立足。

（一）宏观层面

从宏观角度分析，多元主体协同育人同样是贯彻落实国家产教融合发展战略的内在需求。在政府部门的引导之下，多元主体协同育人已经上升到国家战略的高度。党的十九大报告中明确强调"要全面贯彻党的教育方针，落实立德树人的根本任务"，之后还提出要"深化产教融合、校企合作"。《国务院办公厅关于深化产教融合的若干意见》明确提出，应当提升行业企业参与职业教育的程度，并且逐步建立起多元化的办学体制，进而通过多元主体协同育人的方式搭建起全新的人才培养体系。按照产教融合和多元主体协同育人的思路，改革高职教育体系能够促进相关技术在实际生产领域中的应用并缩短相关科研成果的转化周期，能够促进相关行业的转型发展并促进产业结构的优化升级。

在此基础上，《国家职业教育改革实施方案》也强调需要深化产教融合、校企合作，进而通过育训结合的方式建立起多元化的办学机构。以此为起点，需要推动企业全方位参与多元主体协同育人，并鼓励有条件的企业利用自己所掌握的资源参与职业教育实践。

综上所述，产教融合、多元主体协同育人已经成为未来一段时期内职业教育的发展趋势，并且属于职业教育体系贯彻落实产教融合理念以及开展多样化校企合作的着力点。新形势下，应当由此着手，丰富新时代职业教育的发展内涵，进而以规范企业与学校双方的责权归属为前提制定全新的职业教育体系，最终培养出各个行业转型发展必不可少的高素质技能人才。从实践角度分析，深化产教融合视角下的多元主体协同育人是改革职业人才培养模式的内在需求，并且能够为国内经济的转型发展储备人力资源。

（二）微观层面

在现代社会，职业教育成为国内高等教育体系的重要组成部分，并且承担起为各个行业提供应用型人才的职责与使命。结合相关行业的发展现状分析，国内职业技术型人才的供给以及社会需求呈现出非常显著的差距，而这方面的差距也成为限制职业教育高质量发展的主要因素。

就职业教育而言，其实不需要学生具备过于高超的专业技能、过于优秀的理论素养，重点在于根据用人单位的相关人才需求标准帮助高职院校学生获得一技之长，进而让其用自己的实际行动推动国家的经济发展与社会进步。

因此应当立足于社会生产力的发展水平及社会分工情况推进职业教育模式的优化调整。其间，政府部门及企业等社会团体要注意立足于自身所掌握的资源和优势，推进相关改革措施的落地实施。

新形势下，多元主体协同育人成为职业教育领域贯彻产教融合理念的新趋势，对相关人才培养模式的优化改革产生了直接影响。我们需要将改革重点放在建立多元主体协同育人模式上，吸引多元主体参与相关方面的改革实践，逐步构建起全新的职业技能人才培养模式，真正将上级领导部门赋予职业教育体系的教育理念和教育使命落实到位。

以物流专业为例，可以让物流快递公司或电商企业参与相关应用型人才的培养实践，重点在于利用企业的经验引导物流专业的学生对自己将要面对的工作环境和需要负责的工作内容建立起系统全面的认识，进而引导其了解相关工作岗位必须要掌握的劳动技能并端正其学习态度。

此外，深化产教融合视角下的多元主体协同育人改革也是建设"双师型"教师队伍的重要体现。高职学校内的教师大都有两种来源，即外界引进和内部培养。然而结合实际工作现状分析，无论是"双师型"教师的外部引进还是内部培养都存在问题。

外部引进方面的问题大都是由于职业院校给出的薪资福利待遇难以满足高技能人才的需求，因此他们不愿意进入。

内部培养方面，虽说在岗职业院校教师大都经过了系统培养，但却缺少足够的行业经验，因此没有办法胜任产教融合视角下的多元主体协同育人工作。

总体来说，缺少高素质和具备实践技能的"双师型"教师已经成为限制职业教育改革有序推进的瓶颈。鉴于上述情况，需要积极推进多元主体协同育人方面的改革实践，要为学校与企业搭建起高效稳定的合作交流平台并促进师资力量在学校和企业之间的双向流动，进而为相关教学工作的有序推进打好基础。以上改革实践既能够进一步提升职业院校教师的专业素质，又可以拓宽职业院校"双师型"教师的培训引进渠道，进而营造出全新的职业教育格局。

三、职业教育产教融合、校企合作人才培养

简单来说，职业教育的产教融合主要指将生产与教育有机结合起来，进而实现理论知识点讲解与知识传授有机融合的过程，目的在于提高受教育者的动手实践能力并提高其综合素质。以产教融合为主导的校企合作人才培养能够为学生提供充足的动手实践机会，进而让其在特定教学情境和理论知识点的引导下加深对相关知识点的印象，最终提高学生的综合素质。产教融合的优势在于对政府、学校、企业、社会组织等主体掌握的教育资源进行有机整合，因此能够获取取长补短和优势互补的效果，依托于产教融合开展的校企合作人才培养实践能够提高任课教师的专业素质，进而促进学生的全面发展。需要强调的是，其实产教融合改革也对高职院校教师的专业素质和教学技能提出了一系列新要求，因此基层教师只有不断加强自我学习、提高自身的专业素质才能够适应产教融合的改革需求。由此可以看出，产教融合改革还有助于推动国内职业教育体系的转型发展，并帮助教师实现自身的职业发展。

产教融合是推进高职教育创新改革的新媒介、新思路，而由此开展的校企合作人才培养实践进一步丰富了国内职业教育体系的内涵。综合各个方面的情况分析，若想要将产教融合理念落到实处，就必须要对高职院校的课程教育模式、教学内容以及授课评价方式进行全方位改革调整，继而营造出全新的职业教育模式。其实产教融合改革的根本任务在于，立足教育形式的创新改革，做好各环节教育资源的优化整合，进而提升职业教育水平，并使相关专业的高职院校学生都能够掌握一技之长。此外，产教融合还能够进一步推动企业生产效率以及经营管理模式的优化革新，从而推动企业的转型发展，因此需要提高对于这类问题的关注度，并积极把控好相关环节的细节问题。

(一) 优化专业定位和专业建设

企业与高职院校的密切合作能够帮助校方做好人才培养标准的优化改革，并且指导其优化专业定位和专业建设。正常状态下，企业可以在第一时间感受到宏观经济环境的变化，之后如果能够将这方面的变化及时传递给校方，校方便可以在第一时间对人才培养模式进行优化调整，进而提高各环节教育实践工作的针对性。近几年，国内职业教育呈现出全新的发展态势，虽说在各个细节层面的改革实践之中取得了令人瞩目的成绩，但其实仍存在诸多问题和挑战，由职业院校所主导的职业教育实践活动也无法全方位满足用人单位的人才需求。从职业人才培养教育的出发点分析，企业的优势在于拥有丰富完备的技术资源和行业资讯，并且对特定行业所需要的人才技能定位形成了系统全面的认识，因此可以站在专业化的角度对各个环节的人才培养实践活动以及整体人才培养目标进行优化调整。

从宏观角度分析，西方各国已经认识到以产教融合和校企合作为主导的技能型人才培养模式的重要性，并且已经针对该人才培养模式的推广应用制定了一系列切实可行的计划。在国内经济产业结构转型发展的大环境之下，相关行业对于技能型人才的需求产生了一系列新标准，因此相关方面的改革实践已经刻不容缓。

单从经济角度分析，我国正在步入工业化进程的中期阶段。虽说在政府部门的引导之下，我们已经建立起相对完备的现代产业体系，但其实很多行业存在青黄不接的问题。站在用人单位的角度分析，处在产业转型的大背景下，自身经营发展需要的是理论丰富、解决实际问题能力强的应用型人才，但高职院校毕业生的专业素质很难满足用人单位的实际需求，于是指导职业院校开展专业定位建设方面的改革实践成为企业无可奈何的选择。如果能够积极参与这方面的改革实践，就能够为自身储备优秀的人力资源，因此具有重大的实践意义。

教育一直是国家治理体系和治理能力现代化改革的重要议题。鉴于当前职业教育体系中存在的教育机制不畅、主体责任缺失、管理制度不完善、政策不匹配及发展动力不足等问题，未来应当按照主次矛盾齐头并进的思路推进各个环节的改革实践，进而推进国家治理体系和治理能力的现代化改革，真正为老百姓营造富足安康的新生活。职业教育的特殊性在于它与每个人都息息相关并且会对个体发展产生深远影响，因此需要依托社会资源改革职业教育体系，并让企业参与应用型人才的培养实践。

"十一五"以来，我们将订单式、校企合作互动式等全新的应用型人才培养模式落到了实处，进而营造出以"合作办学、合作育人、合作就业、合作发展"为核心的职业教育格局。然而相关环节的职业教育实践遇到了一系列新问题、新挑战。虽说其中很大一部分问题是由政策不完善以及对相关细节问题缺少统筹规划造成的，但也能够反映出实际面对的改革局面其实并不乐观。专业定位和建设是产教融合改革中首要关注的问题，需要立足于有关产业的发展现状明确应用型人才的培养方向，进而通过完善的职业教育治理体系推动职业教育治理能力的全方位提升。

由此着手，要引导国内职业教育体系摆脱目前遇到的困难与发展瓶颈，强化职业教育服务产业结构优化调整、经济转型发展的实效性。积极推进上述改革之余，还需要做好职业教育治理体系完善以及治理能力现代化改革的研究实践，切实满足人民群众不同层次的学习需求。将这一环节的改革实践落实到位，也可以发挥出职业教育在提高国民素质方面的作用，进而以提高民众的就业满意度为前提提升其幸福指数。同时，要注意加强与企业的互动交流，根据企业反馈的信息资料调整高职院校内部的专业设置与建设工作，真正让培养的学生能满足用人单位的实际人才需求，实现高职院校学生的全方位发展。重点在于引导教师转变旧有的授课教育理念，指导其用科学的方法把控好各个环节的细节工作。

（二）加强职业教育课程建设

课程建设是学科转型发展的基本前提。在职业教育视角下，企业内相关岗位所具备的劳动技能也必须通过完善的课程体系加以保障。站在职业教育的角度分析，依托相应的课程体系完成相关环节的职业教育工作有助于强化应用型人才的劳动技能，进而帮助其适应瞬息万变的就业形势，所以应当在全新的经济形势下提高对职业教育工作的关注度。

有关学者曾经就职业教育实践中涉及的校企合作问题进行全国范围内的参与主体政策诉求调研。结论证实，近些年国内职业教育行业进入了转型发展的新阶段，但实际校企合作育人中仍旧存在诸多问题。面对上述局面，教育主管部门需要针对各个方面的细节问题做好统筹规划，进而将高职院校以及企业所掌握的资源集中在可以把控的范围之内，最终营造出全新的应用型人才培养体系。

企业对相关工作岗位所负责的工作内容以及任职标准有非常全面的了解，能够针对各个环节的工作任务作出详细规划。企业如果能够将这部分素材转换成课程标准、教育内容，便能够赋予职业教育新内涵并帮助高职院校学生获得一技之长。立足于各个环节的实践经验可知，当前国内职业教育校企合作人才培养实践中存在的问题主要体现在政府、行业、企业、院校以及学生五大方面。而这些问题成为培养应用型人才的新阻力。以物流产业为例，当前基层物流网点需要的是抗压能力强、思维灵活、服务意识良好的物流配送人员。

对大中型物流企业而言，在国内快递和物流行业转型发展的影响下，它们需要的是熟悉物流行业发展动态并且具有良好战略意识的综合性管理人才。对高职院校学生而言，他们的就业岗位以基层快递物流网点的业务员和负责人为主。虽说不需要直接参与公司的经营管理决策，却同样需要具备一定的大局意识、战略管理意识，需要对国内物流行业的发展态势有系统全面的了解。以此为基础，他们才能够在全新的工作形式之下占据主导地位，并从点滴细节处着手提高物流或快递配送服务质量。

如果高职院校物流专业再继续沿用旧有的课程体系、教育教学模式，将难以让物流类专业的毕业生满足相关用人单位的人才需求标准。因此需要在产教融合的视角下按照多元主体协同育人的工作思路加强课程建设，要教给学生最需要、对他们今后参加工作最有帮助的工作技能，以增强其就业竞争力。

（三）提升教师的社会服务能力

在多元主体协同育人的模式下，校企双方可以通过互派人员轮岗的方式实现资源共享。企业方面，派员工到高职院校内讲课，提高校内师生的实践操作技能，引导其对相关环节的知识点建立起系统全面的认识。

高职院校方面，选派教师到企业下放锻炼，帮助教师对相关环节的理论知识点建立起系统全面的认识，进而帮助其通过全新的工作方法完成各个环节的教学工作。实际工作中，需要以研究分析整合相关环节的促进管理政策为前提开展各个环节的改革实践，之后全方位分析把控实际工作中存在的问题并且明确原因，制定相应的引导干预措施。

从宏观角度着手思考相关问题的解决措施，确保各个环节的改革实践都能够取得事半功倍的效果。现阶段，虽说高职院校已经与有关行业领域内的企业开展了一系列非常有代表性的多元主体协同育人实践活动，但双方的沟通交流协作却仍旧存在诸多问题。其中最值得关注的是高职院校难以与企业建立科学严谨的协调联动机制，这类问题也在很大程度上影响了校企合作的整体质量。

2018年，教育部等六部门联合印发的《职业学校校企合作促进办法》，针对校企合作的形式以及对应的促进措施进行了非常详细的阐释，并进一步明确了职业院校校企合作的监督检查措施。虽说在此之前各地先后出台实施过多部关于地方性职业教育校企合作促进的文件，但《职业学校校企合作促进办法》的颁布还是标志着国内职业教育层面的校企合作实践进入了新阶段。

《职业学校校企合作办法》有助于引导学校和企业正确认识自身在校企合作实践中的工作职责，进而保证学生人身安全，为学生营造稳定可靠的学习平台。各地先后出台的促进法规、管理制度为职业院校与企业之间的应用型人才联合培养实践打下了坚实的基础，并且进一步推动了国内职业教育体系的转型发展。从宏观角度分析，产教融合视角下以多元主体协同育人为主导的应用型人才培养模式改革不仅提高了高职院校相关专业学生的综合素质，而且真正将教育同生产劳动相结合，将培养全面发展的人才的教育方针落到了实处。

为了进一步推进高职院校多元主体协同育人方面的改革，要进一步放宽政策条件限制，并鼓励职业院校立足于自身已经掌握的先进经验，与企业开展多样化的协同育人合作。对高职院校教师而言，这方面的改革实践能够提高其实践能力，可以帮助其对各个环节的理论知识点建立起系统全面的认识。在此基础上，相关环节的改革实践还有助于提高高职院校教师的社会服务能力，进而让其明确应该通过何种方式利用自己所掌握的专业知识、教育教学经验推动相关行业以及整体社会的转型发展。对企业而言，引导高职院校教师立足于已经掌握的理论知识为企业的经营发展提出建议，能够帮助企业解决经营管理中存在的问题，最终推动企业的转型发展。这也是高职院校教师社会服务能力的重要体现。

今后一段时期内，政府主管部门需要做好高职院校多元主体协同育人的统筹规划设计。建议从教育、经济以及劳动三个方面着手完善相关环节的法律法规。现阶段，劳动法、教育法以及职业教育法所构成的法律框架已经为高职院校与企业之间的校企合作育人提供了良好的开端。然而其中涉及的法律法规大都集中在宏观层面，对于校企双方究竟该如何合作、高职院校教师或企业教师需要承担什么样的职责等问题，仍需要进一步界定。

建立起全新的法律监管框架，进而为产教融合视角下的多元主体协同育人打好基础。参照有关学者的调查结论可知，高职院校教师大都愿意参与到多元主体协同育人方面的改革实践之中，也愿意利用掌握的理论知识推进企业的转型发展，但他们所提出的建议并不能被企业所接受，因此职业教育领域内产教融合视角下的多元主体协同育人改革依旧任重而道远。

（四）促进学生就业

企业参与人才培养的实际过程，既能够根据企业的人才定位进行定向培养，也方便学生第一时间掌握行业的最新资讯和技术设备，有效提升学生的就业率和就业产教融合的实际水平。

职业教育校企合作分类是根据校企双方的共同点及差异性，依托一定的方法和原则，对其进行科学系统的分类。我们依据参与主体、企业依赖的人力资本类型、企业采用的生产方式以及校企合作涉及的专业类别进行科学分类，并由此研究各类小企业合作的特点和差异，以寻求校企合作的更多政策诉求。从实际情况来看，并非所有类型的企业都愿意参与到校企合作当中，以手工生产和知识依赖型企业为例，他们对校企双方的合作意愿较低，形式单一且合作面较窄。面对这部分企业，政府部门应该加强引导宣传，不过分鼓励，也不强制实施，选择合适的方式来达成校企合作。

对于手工生产方式下的校企合作，可以从长周期、师徒制的角度入手，在政策上予以支持和帮扶。体力依赖型企业多是从事单一重复的体力劳动，用人不分专业，多采用计件工资制，与职业院校技术技能人才培养目标背道而驰。尽管该部分企业为职业院校的学生提供了充足的实习机会，但从长远角度来看，该部分企业不利于促进学生的全面发展，因此应该减少或避免与该类企业的校企合作。

四、研究的价值和意义

基于"双高计划"视角，在建设高水平专业群过程中，以高等职业院校技术技能创新服务平台为研究对象，分析人才培养与技术创新平台、体现学校特色的产教融合平台、校企深度合作的技术技能平台建设的新形态、新方法和新趋势，进而为推动复合型、创新型技术人才培养，地方产业发展提供技术支持和人才支撑；为推动科学研究、技术研发、管理与制度创新提供新思路和新途径；为最终推动我国职业教育变革提供理论依据和实证支持。

职业教育深化产教融合对我国的人才培养、高等教育分层分类发展和产业优化升级意义重大，但是，职业教育产教融合的内外部主体高校、企业、行业、政府等组织及其人员，不一定有足够的动力深化产教融合。职业教育产教融合的主体往往追求自身利益的最大化，会根据自身的理念、利益、资源以及外在的制度约束，确定自己参与产教融合的努力水平，而这些努力水平的集合决定着产教融合的动力。

其中，理念是产教融合动力的先导，利益是产教融合动力的根源，资源是产教融合动力的基础，制度是产教融合动力的关键。教育理念的困惑、利益的激励不够与分配的不合理、资源的匮乏和制度的不完善，共同造成了职业教育产教融合动力不足。增强职业教育产教融合动力的关键在于，树立职业教育产教融合的教育理念，依靠制度变革调整职业教育产教融合主体的利益关系和资源分配。

（一）研究内容

（1）对接科技发展趋势，以技术技能积累为纽带，建设集人才培养、团队建设、技术服务于一体，资源共享、机制灵活、产出高效的人才培养与技术创新平台，促进创新成果与核心技术产业化，重点服务企业的技术研发和产品升级、员工培训，学生实习实训。

（2）加强与地方政府、产业园区、行业深度合作，建设兼具科技攻关、智库咨询、英才培养、创新创业功能，体现学校特色的产教融合平台，服务区域发展和产业转型升级。

（3）进一步提高专业群集聚度和配套供给服务能力，与行业领先企业深度合作，建设兼具产品研发、工艺开发、技术推广、大师培育功能的技术技能平台，服务重点行业和支柱产业。

（二）研究价值

（1）有利于深化产教融合制度模式的顶层设计，通过推进高职院校产教融合双主体合作机制的研究，明晰校企双方在产教融合中的责任、权利和义务，有助于高职院校和企业双主体明确在产教融合过程中实现自身主体性的路径，为校企双方高定位、高目标、高效能开展产教融合提供参考。

（2）有利于提高校企双主体开展产教融合的自觉性、积极性和创造性，从根本上解决当前产教融合实施过程中的主体性难以发挥的问题，使校企双方有顶层设计制度模式可以依循，提高校企双方开展产教融合的自觉性、积极性和创造性，顺利通畅地开展深度产教融合

（3）有利于提高产教融合的实施成效。产教融合的最大优势就是提高了教育和企业两者沟通和协调之间的维度，高职院校和企业作为教育和产业的两大实施主体，在高等教育产教融合中拓展双重主导位置，能够提高和完善高职院校和企业沟通的水平、深入性和推动力度。双主体合作机制决定了产教融合的实施成效。

第四节　典型的高等职业教育产教融合育人模式

一、典型的产教融合主要合作模式

近年来，随着经济社会的不断发展，高职多元主体协同育人模式也在不断开拓创新，政府、企业、学校和其他社会组织均开展了多种多样的合作，国内学者也对这些模式进行了深入研究，本书在此基础上将多元协调育人模式归纳为以下几类。

（一）引导型模式

引导型模式是由政府机构酝酿计划、筹集资金，通过设立开发基金、专项课题等方式对协同育人的各参与主体进行投资、引导，目的在于促进科学技术进步和区域经济发展等，主要支持符合地区社会、经济发展需要的高风险、高投入的公益性、尖端型项目。政府通过项目的研发实施，统筹利用各参与主体的优势资源，在解决实际问题的同时，让各参与主体获得长久的社会效益和经济效益，同时培养与之相适应的专业性技术性高端人才。

（二）主建型模式

主建型模式是指以一方主体为主导，其他各方辅助的合作模式。在实践过程

中，这一模式主要分为两大类。一是学校主建型模式。该模式是以学校为主导，政府、企业等组织辅助的一种合作模式。学校制定人才培养目标并承担主要培养任务，其他参与主体提供一定资源支持或承担部分培养任务，主要体现为校办科技产业和科技园、创业园等形式。这种模式具有多向性和灵活性，在有效促进学校科研成果转化为实际生产力的同时，也能够进一步促进学生就业创业一体化，但其仍然存在一定的局限性，如校外主体参与程度不够、参与积极性不高，合作基础不够稳定等。二是企业主建型模式。该模式是以企业为主导，政府、学校等其他组织辅助的一种人才培养模式。企业全方位参与学校的管理工作，全面参与对人才的培养，以人、财、物、技术等多种形式入股学校，承担教育职能、参与教育过程、分享教育收益。在这种模式下，人才培养更为强调理论联系实际，有针对性地进行人才培养，但需要企业、学校都拥有较强的基础实力、较好的前瞻意识、较好的大局意识，能够在实际运作过程中坚持人才培养的根本目标。从目前实践来看，学校主建型还牢牢占据着主流地位。

（三）联建型模式

联建型模式是指合作各方相对独立、优势互补，在人才培养、科技转化等方面以契约形式形成的联合建设体。这是一种多方联合办学、多方共同参与的人才培养模式。

校外主体不仅参与研究确定培养目标、教学计划、教学内容和培养方式，还要参与教学过程和学生培养的管理工作。这种模式的特点是各方责任明确、机制保障到位、资源有效共享、利益相对一致。在这种情况下，各方主体有更为明确、具体的责任和义务，在人才培养全过程中处于一种相对平等的地位，有效提升了校外主体的参与积极性，让合作关系稳定渗透教育教学的全过程。

（四）共建型模式

共建型模式是指政府、企业、学校、社会团体等主体按照现代企业制度和市场经济制度，建立起目标明确、产权明晰、机制灵活、适应市场的一体化经济利益共同体的合作模式。这种模式能够充分利用各方的科技、人才、资金、市场优势，实现社会效益、经济利益、人才培养、成果转化的效用最大化，真正实现个体诉求与群体诉求的有机统一。虽然这种模式目前较为少见，但它是今后高职院校发展的趋势。

（五）共同体模式

共同体模式是在总结和借鉴其他几种模式的基础上，通过取长补短、开拓创新形成的一种合作模式。合作各主体在签署协议的基础上，明确各方权利和义务，确定满足各方诉求的目标，开展紧密型合作。在合作各方中，企业可以获得科研支撑和人才储备，学校可以得到实践、师资、资金、设备的支持，政府可以看到区域经济发展的成效，社会专业团体可以得到宣传展示的平台，各方共同协作形成一种组织完善、运转高效、目标统一的利益共同体。与其他模式相比，共同体模式在参与主体、组织架构、运行机制、利益分配、培养方式等方面都进行了较大的优化和完善。培养对象在此模式下，能够切实掌握理论知识和实践技能，做到入学同入职的最大统一。

二、典型的产教融合主要育人模式

（一）工学交替式

工学交替式又称半工半读式，是一种学校和企业共同制订人才培养方案，学用紧密结合的培养形式。整个培养过程分为若干阶段，各阶段相互交织，校内学习和工作实践交替进行，理论知识和实践经验相互印证。在这种形式下，企业部分参与学校人才培养，对参与各方的要求都比较高，企业生产经营和学校教育教学都要适应人员的频繁变动，成熟严谨的管理制度和保障机制也不可或缺。

（二）顶岗实习式

顶岗实习式又称"2+1"结合式，是在高职院校深入进行教育教学改革过程中形成的一种人才培养形式，即整个培养阶段分成两部分，前两年在学校学习基础课程，最后一年到企业实习。在这种形式下，学校和企业可紧密结合，充分发挥双方主体作用，但在实际操作中，对学生在企业实习过程中的有效管理存在较大难度，企业经营状况也直接影响人才培养效果。

（三）订单培养式

订单培养式是产学合作的一种重要表现形式，即学校和用人单位根据自身需要，签订培养协议，双方共同确定人才培养目标和教育教学计划，发挥各自资源优势共同培养学生，学生毕业后直接到企业工作的一种培养形式。在此形式下，招生与招工同步，教学与生产同步，所学即所用，从根本上解决了学生就业基本问题并有效减少了学生步入工作后的岗位适应期，也在一定程度上直接降低了企业的人力成本。

（四）项目驱动式

项目驱动式是指学校与企业双方因发展需要通过具体项目进行合作的一种形式。在这种形式下，项目是双方合作的基础，具体项目内容由双方协商确定，根据项目运营的需要来调整相关专业定位和培养目标，制定和完善理论教学体系和实践教学体系。这种形式具有较强的针对性和可操作性，风险相对较低，但在实践过程中寻找适宜的合作项目存在较大难度。

（五）产学研结合式

产学研结合式从20世纪80年代兴起，是借鉴德国"双元制"形式发展而来的一种应用型人才培养形式。学校和企业互有分工，学校主要负责理论教学，企业主要负责技能培训和实践教学，二者优势互补、协同发展，让人才培养具有较强的适应性和竞争力。但在此形式下，双方合作关系不稳定，保障制度不够健全，产学研合作实际效应相对较低。

（六）现代学徒制

现代学徒制是近年来出现的一种校企合作模式。2014 年教育部颁布了《教育部关于开展现代学徒制试点工作的意见》，2016 年教育部又公布了全国实行现代学徒制试点单位。现代学徒制是在学校和企业紧密合作的基础上，通过学校教师、企业师傅的共同传授，着重突出实践技能培养的现代人才培养模式。现代学徒制的推行对促进行业、企业参与职业教育人才培养全过程，实现专业设置与产业需求对接有推动作用。

总　　结

本章探讨了如何通过产教融合实现高等职业教育的创新和优化，详细分析了教育与产业的互动关系、产教融合的各种模式及其具体实施特征，并提出了产教融合的理论基础。随后，深入讨论了多元主体协同育人的概念、特点及其具体内容，阐述了校企合作在现代职业教育中的实践及其对人才培养的重要性。通过案例分析和理论探讨，本章为读者提供了一系列具体的策略和方法，旨在推动高职院校在新时代的教育改革。

第四章

教育教学

第一节 人才培养模式创新

一、产教融合背景下的人才培养模式

(一) 产教融合对人才培养模式的影响

在当今社会，随着全球经济的快速发展和技术的进步，产业结构和劳动市场的需求正在发生深刻变化，这些变化对人才的质量和结构提出了新的要求。传统的教育模式已难以满足现代产业发展对高技能、高素质人才的迫切需求。因此，产教融合成为教育改革和发展的关键方向之一，旨在通过教育与产业的深度融合，实现教育内容与产业需求、教学方法与实践技能、人才培养与岗位要求的无缝连接。产教融合对人才培养模式产生了根本性的影响，推动了教育理念、教育结构、教育内容及教学方法的全面创新，以培养出更加适应社会和经济发展需要的应用技术型人才。

1. 需求导向的培养目标

在产教融合的背景下，需求导向的培养目标成为高等职业教育的核心。这种模式下，教育的内容和目标紧密围绕产业的实际需求设计，确保学生毕业后能够迅速适应职场，具备同岗位所需的技能和知识。这不仅提升了学生的就业竞争力，也极大增加了企业对毕业生的满意度和接受度。

需求导向意味着教育机构必须持续追踪产业技术进步和市场变化，将这些变化反映到教育培养方案中。这种做法要求教师团队不仅有深厚的专业理论知识，还要具备实时更新的行业知识和技能。同时，课程设计要足够灵活，能够快速整合新兴技术、新兴职业的培训需求，以及企业最迫切的技能要求。

通过与企业和行业紧密合作，教育机构能够获得第一手的行业需求信息，这些信息成为调整教学内容、优化培养方案的重要依据。此外，企业还可以提供实习实训机会，使学生在真实的工作环境中学习和应用知识，这种"学以致用"的教学模式极大地增强了教育的实用性和有效性。

总之，需求导向的培养目标在产教融合模式下，强调教育内容和目标必须紧密结合市场和企业的实际需求。这种模式的实施，旨在缩短学生从学校到职场的过渡时间，提高其就业质量，同时为企业输送更加匹配的人才，实现教育与产业的共赢。

2. 校企合作的深化

在产教融合的推动下，校企合作演变成一个多维度、深层次的合作关系。这种深化的合作关系不仅对教育机构和企业产生影响，也对学生的学习和未来职业发展具有重大影响。

企业参与到教育的各个环节，包括课程开发、教学实施、学生评价等，为教育机构提供了宝贵的行业知识和实践经验。这确保教育内容能够及时反映行业最新的技术标准、工作流程和职业要求，使学校教育更加贴合实际工作需求，大大提升了教育的适应性和前瞻性。

通过校企合作，教育机构能够根据企业的具体需求，开发出定制化的培养方案，这不仅能够为企业解决技术人才短缺的问题，也为学生提供了更加明确的职业发展方向和更多的就业机会。此外，企业对学生的评价反馈成为教学改进的重要依据，有助于教育机构持续优化教学内容和方法，提高教育质量。

校企合作的深化还促进了学生的实践能力和创新能力培养。通过参与真实的工作项目，学生能够在实际工作环境中应用所学知识，解决实际问题，这种经验对于学生理论知识的巩固和技能的提升至关重要。同时，紧密的校企联系也为学生提供了丰富的创新资源和平台，激发了学生的创新潜能。

总的来说，产教融合下的校企合作的深化，为教育机构和企业创造了共赢的局面：教育机构通过合作提升了教育质量和学生的就业率，企业获得了更加匹配的人才资源，学生则通过实践获得了宝贵的工作经验和广阔的职业发展前景。

3. 灵活多样的教学模式

产教融合在推动教学模式的创新中发挥了关键作用，将传统以课堂授课为主的模式转变为更加灵活多样的教学方式。这种变革突破了时间和空间的限制，通过线上线下结合、工作中学习、学习中工作等多样化模式，为学生提供了个性化和定制化的学习体验。在这种创新的教学模式下，学生可以根据自己的时间、地点选择最合适的学习方式，无论是通过线上平台随时随地接入课程资源，还是在真实的工作环境中直接应用所学知识解决问题，都大大增强了学习的实践性和有效性。

此外，项目驱动学习的引入，让学生在解决实际问题的过程中得到锻炼，不仅促进了理论知识与实践技能的结合，还培养了学生的团队协作和创新思维能力。这种以解决问题为中心的学习模式，使教学内容和方法更加紧密地贴合产业实际，提升了学习的针对性和效率。

灵活多样的教学方式也意味着教育更加注重适应不同学生的个性化需求，允许学生根据自己的兴趣和职业规划选择不同的学习路径。这种教学模式的创新不仅满足了学生多样化的学习需求，也提高了教育的整体质量和学生的学习满意度。

总之，产教融合下的教学模式创新，为高等职业教育注入了新的活力和动力，不仅使教育内容和形式更加丰富多彩，也为学生提供了更加广阔的学习和发展空间。

4. 持续更新的课程内容

在产教融合模式下，课程内容的持续更新变得尤为重要。随着产业技术的迅速进步和岗位需求的持续演变，教育内容需要不断地调整和刷新，以确保学生所学能够紧贴市场脉搏，满足企业的实际需求。这一过程要求教育机构与企业形成高效的协作机制，共同参与到课程设计、教材开发和教学计划的更新中来。

教育机构需要利用其在教学和科研方面的专业优势，结合企业提供的最新行业动态和技术需求，对现有的教学内容进行定期评估和必要的调整。这不仅包括更新理论知识，更重要的是加强实践技能的培训，如引入新的工具、新技术的操作训练，以及最新的管理理念和工作方法等。

企业在这一过程中扮演着信息提供者和需求方的角色。通过与教育机构的合作，企业可以直接参与教学内容的设计和实施，提供实时的产业需求信息，分享先进的技术知识和工作经验，甚至参与教材编写和教学活动，确保课程内容能够快速响应产业变化，提升学生的就业竞争力。

为了实现课程内容的持续更新，我们还需要建立有效的反馈机制，定期收集来自企业、学生和教师的反馈信息，及时了解教学内容与市场需求之间的匹配程度，以及教学方法和材料的适用性，进而进行针对性的调整和优化。

总之，产教融合模式下课程内容的持续更新是一个动态的、互动的过程，它要求教育机构和企业之间建立起持续的合作关系，共同努力，确保职业教育内容的先进性、实用性和针对性，从而更好地服务于学生的成长和企业的发展。

产教融合不仅对人才培养模式产生了深刻影响，也对高等职业教育的整体发展方向提出了新的要求。这种模式的实施，旨在建立一个更加紧密连接教育与产业的桥梁，为社会培养出更多高素质、高技能的应用型人才。

（二）人才培养模式中多元主体的角色定位与合作机制

在高等职业教育的人才培养模式创新中，多元主体的角色定位与合作机制尤为重要。这些主体包括教育机构、企业、政府和社会组织等，它们各自承担着不同的职责，通过有效的合作机制共同推进人才培养模式的创新。

教育机构是人才培养的直接执行者，其角色定位于教授专业知识，进行技能训练。在人才培养模式创新中，教育机构不仅需要关注传统的教学内容和方法，还应积极探索与企业合作的实践教学、项目驱动学习等新模式，以提高学生的实际操作能力和创新能力。

企业作为人才的直接使用者，其角色主要体现在参与教学内容的制定，提供实习实训平台和参与学生评价等方面。企业的参与能够确保教育培养的人才更贴合市场需求，同时企业也能通过这种方式培养出符合自己需求的定制化人才。

政府的角色在于制定有利于人才培养模式创新的政策和标准，提供资金支持，搭建校企合作的平台，并进行质量监督。政府通过这些措施为人才培养模式创新提供外部环境和条件的支持。

社会组织和行业协会等可以在人才培养模式创新中发挥桥梁和纽带的作用，它们通过收集行业需求、提供行业标准和认证服务，促进教育内容与行业实际需求的紧密结合。

为了促进这些多元主体的有效合作，需要建立健全合作机制，包括但不限于合作协议、信息共享平台、联合课程开发小组、实习实训基地等内容。这些机制可以明确各方的职责和利益，确保资源的有效整合和利用，促进人才培养模式的持续创新和优化。

总的来说，人才培养模式中多元主体的角色定位与合作机制对于推动高等职业教育的创新和发展至关重要。建立有效的合作关系和机制，可以更好地整合资源，创新人才培养模式，以适应快速变化的社会和经济需求。

二、创新人才培养模式的措施

在产教融合的前沿实践中，创新人才培养模式致力于构建一个多元主体协同育人的教育生态，这不仅包括学校和企业，还涵盖了行业协会、政府部门等多方利益相关者，通过基于项目的学习模式（Project Based Learning，PBL）、工学结合的培养模式以及企业深度参与的育人模式，紧密结合实际产业需求，为学生提供富有挑战性的学习环境和实践机会。这种教育模式的核心价值在于，它能够有效地将学生的学习过程与企业实际工作和行业发展趋势相对接，从而培养出既具备理论知识又拥有实际操作能力、创新思维和团队协作能力的高素质技术技能人才。

（一）基于项目的学习模式（PBL）

在产教融合及多元主体协同育人的大背景下，基于项目的学习模式（PBL）体现了其在创新人才培养机制中的核心价值。此模式遵循将学习与实际工作环境紧密结合的原则，旨在通过参与真实或模拟的项目任务，全面提升学生的专业技能、团队协作能力及解决实际问题的能力。下面详细阐释 PBL 模式在产教融合框架下的实施策略与成效。

1. 产业驱动的项目选题

在产教融合的前提下，项目的选题紧密跟随行业最新趋势和技术革新，确保教育内容的前瞻性和应用价值。企业与教育机构共同参与项目选题的过程，使学习内容不局限于理论探讨，更加重视解决实际产业问题。

2. 学生的主体地位转换

学生在 PBL 模式中从传统的知识接受者转变为问题解决者和创新实践者，通过主动探索和团队合作来完成项目任务。这种学习方式极大地激发了学生的学习兴趣和主动性，同时锻炼了学生的独立思考能力和实际操作技能。

3. 多元协同的实践平台

教育机构、企业、行业协会及政府等多元主体在 PBL 模式中形成了高效的合作机制。企业和行业专家不仅提供项目实施的场景、工具和指导，还参与项目评估和反馈的环节，为学生的成长提供了全方位的支持和指导。

4. 实践成效与反馈机制

项目完成后，各方主体综合评估学生在项目中的表现，包括技术应用、团队协作、问题解决等多维度的能力。多元主体的参与确保了评估的全面性和客观性，学生能够从中获得宝贵的经验和专业的反馈，为其个人能力的提升和职业发展奠定坚实的基础。

基于项目的学习模式，不仅为学生提供了一个接近真实工作环境的学习平台，而且通过多元主体的紧密合作，有效将教育内容与产业需求对接，实现了教育资源的最大化利用和人才培养质量的显著提升。这种模式的成功实践，为高等职业教育提供了创新人才培养的有效路径，也为产教融合和校企合作提供了可持续发展的典范。

（二）工学结合的培养模式

在产教融合及多元主体协同育人的策略中，工学结合的培养模式以其卓越的实践性和应用性，成为高等职业教育创新人才培养机制的另一重要支柱。该模式旨在通过将学术学习与职业实践紧密结合，实现学生技能与知识的全面发展，从而更好地适应快速变化的产业需求和技术进步。

1. 深度校企合作的框架设定

工学结合的培养模式强调教育机构与企业之间的深度合作。通过共同设计课程体系、共建实训基地、共享教学资源等方式，企业不仅作为教学资源的提供者，更成为教育过程的参与者和推动者，确保了教学内容的实时更新和实践价值。

2. 实训环节的系统融入

该模式下,实训环节不再是教学计划中孤立的部分,而是与理论学习相互渗透、相互支撑的系统组成部分。通过在校内外设立多功能实训基地、模拟工作环境、实施项目驱动的实践活动等,学生能够在真实或模拟的职业环境中应用所学知识,解决实际问题。

3. "双师型"教师队伍的建设

工学结合的培养模式,注重"双师型"教师队伍的建设。这类教师既有扎实的理论知识,又具备丰富的行业经验,能够为学生提供接地气的学习指导和职业规划。通过企业专家定期进校授课、教师到企业实践等方式,学校增强了教学的实战性和针对性。

4. 持续评估与动态调整

工学结合培养模式下,学校一般都设立了一套以能力为导向的持续评估机制,不仅关注学生的知识掌握程度,更加重视学生实际操作能力和创新思维的培养。通过与企业的紧密合作,根据行业发展和技术变革的需要,动态调整教育内容和教学方法,确保教育质量的持续优化。

通过实施工学结合的培养模式,高等职业教育能够更加有效地满足社会和经济发展的需求,培养出既具备扎实专业理论知识,又拥有良好职业素养和实践能力的高素质技术技能人才,为学生的职业发展和社会适应打下基础。

(三) 企业深度参与的育人模式

在产教融合及多元主体协同育人的教育体系内,企业深度参与的育人模式显示了其在连接学校教育与实际产业需求之间的独特价值。该模式深化了企业在人才培养过程中的角色,从而更加精准地对接学生的职业技能培养与行业需求。

1. 共同构建教育内容

不同于传统教学内容的设计,企业在此模式下参与课程的构思和实施阶段,确保课程所教授的知识和技能能够直接反映行业最新的技术标准和职业要求。这种合作促使教学内容不断更新,保持与产业发展的同步。

2. 定制化实践项目

企业针对教学目标提供定制化的实践项目,使学生在解决实际工作问题的过程中增强理论知识的应用能力,强化实践技能的培养。这些项目通常涉及企业的真实需求,为学生提供了接触行业前沿的机会。

3. 双向互动评估体系

在企业深度参与的教育模式中,评估体系同样呈现出双向互动的特性。企业不仅参与学生实习实训的成效评估,还根据学生在项目中的表现提出具体的改进建议,促进学生能力的全面提升。

4. 职业道德与软技能的塑造

除了专业技能的培养，企业在此模式下还重视学生职业道德和软技能的塑造。通过模拟企业环境的培训、企业文化的介绍以及与企业员工的直接互动，学生能够提前适应未来的职场环境，培养良好的职业行为习惯和沟通协作能力。

通过企业深度参与的育人模式，学生能够在学习过程中获得与实际工作紧密相关的知识与技能。同时，企业通过参与人才培养过程，能够培育出更加符合自身需求的高质量人才，从而实现教育与产业的双赢。

三、案例分析

通过国内外成功案例的深入分析，我们可以得到关于产教融合及多元主体协同育人模式成功实施的宝贵经验和教训。这些案例不仅证实了创新人才培养策略的有效性，还指出了在实践过程中需要注意的挑战与难题，为未来的教育改革提供了启示和方向。

（一）国内外成功案例

在探索产教融合及多元主体协同育人模式的成功实践中，各国根据自身的教育和产业特点，出台了一系列创新人才培养策略。除了德国的双元制教育之外，新加坡、瑞士等国的职业教育系统也很成功，展示了教育与产业深度融合的效果。

1. 瑞士的职业教育体系

瑞士的职业教育体系以其高度的灵活性和与产业紧密结合的特点而著称。在这一体系中，大约三分之二的学生选择通过职业教育路径进入职场。学生在完成初级教育后，可以选择进入全日制职业学校或参与职业教育与培训（Vocational Education and Training，VET）计划，后者允许学生在企业进行为期三到四年的学徒培训，同时在职业学校学习理论知识。企业不仅提供实习岗位，还参与课程设计、学习成果评估等环节，确保教育内容与职场需求高度一致。

2. 新加坡的职业教育体系

新加坡技术与设计学院是新加坡职业教育的代表，通过与行业领先企业的紧密合作，推行了一系列基于项目的学习（PBL）课程和实习项目。这些项目设计紧贴企业真实需求，让学生在解决实际工程问题的过程中应用所学知识，同时培养其跨学科思维和创新能力，成功地将教育内容与产业需求对接，为学生提供了宝贵的实践机会和就业渠道。

3. 我国的职业教育体系

基于传统学徒制的精神，我国部分地区和高职院校实施了"现代学徒制"试点项目。这一模式强化了企业在人才培养全过程中的参与度，学生在企业导师的指导下参与真实的工作任务，同时在学校完成理论学习。这种模式有效地提高了学生的职业技能和工作适应能力，为他们顺利进入职场打下了坚实的基础。

这些案例从不同角度展现了产教融合模式，强调了教育与产业紧密结合的重要性。借鉴和学习这些成功的经验和做法，可以进一步优化和创新人才培养模式，为学生提供更加丰富、实用的学习和成长机会。

（二）经验与启示

在探讨产教融合及多元主体协同育人背景下人才培养模式创新的过程中，我们通过对国内外教育教学实践的深入分析，获得了一系列富有启发性的经验，并识别出值得关注的挑战。这些经验与启示对于指导当前和未来的教育改革具有重要意义，尤其是在高等职业教育领域，为优化人才培养方案提供了重要参考。

1. 经验

（1）紧密的产教融合是关键。成功案例展示了教育内容与产业需求紧密对接的重要性。通过企业深度参与课程开发、项目设计及实习安排，学生能够直接接触最新的行业动态和技术发展，从而确保所学知识和技能的时效性和实用性。

（2）多元主体合作模式的创新。教育机构、企业及其他社会组织协同合作，为学生提供了丰富多样的学习与实践平台。特别是在教学资源共享、实训基地共建等方面的合作，有效开阔了学生的视野，加强了学习的针对性和有效性。

（3）灵活多样的教学方法。基于项目的学习（PBL）、工学结合等创新教学方法的应用，强化了学生的实践操作能力和解决问题的能力。这些方法的成功实施，为理论与实践相结合的教育模式提供了有力证明。

2. 启示

（1）持续优化校企合作机制。案例分析强调了建立长效、稳定的校企合作机制的必要性。为此，需要进一步完善政策支持、激励机制及合作平台，以确保合作的可持续性和互利共赢。

（2）注重教育质量与实效的双重保障。在推进教育教学改革的同时，必须建立严格的教育质量评价体系，确保教育教学活动的质量与实效，确保培养的人才能满足社会和产业对高素质技术技能人才的需求。

（3）加强师资队伍建设与专业发展。教师是教育教学活动的主体，其专业能力直接关系教育质量和效果。因此，加强师资队伍的专业培训和发展，特别是提升教师的产业实践经验和创新教学能力，是提高教育教学水平的关键。

以上经验与启示，说明在产教融合及多元主体协同育人的大背景下，不断创新人才培养模式，优化教育教学实践，对于培养符合时代需求的高素质技术技能人才具有至关重要的作用。

四、面临的挑战与对策

在产教融合及多元主体协同育人的环境下，虽然人才培养模式创新已取得一定进展，但依然面临多方面的挑战。这些挑战包括合作机制不成熟、资源配置不均衡、师资力量不足等。要应对这些挑战，我们需要采取有效的策略，包括完善校企合作机制、优化教育资源配置、加强师资队伍建设等（见表4.1）。

表 4.1　面临的挑战与对策

面临的挑战	详细描述	对策	实施方法
校企合作机制不成熟	许多校企合作关系短暂且目标不明确，缺乏长期、系统的合作意向和实施计划	建立持久且具体的合作框架，详细规定合作双方的责任、角色及利益划分。政府通过提供政策支持和激励措施（如税收减免、财政补贴）来促进稳定的校企关系建立	增加行业参与度，设立行业指导委员会参与课程开发和实习项目
教育资源配置不均衡	优质教育资源（如资金、设施、高水平教师）在地区间、校际间分布极不平衡	实施政策和资金倾斜，特别是向农村和欠发达地区的学校，提供必要的教育资源和支持。发展在线教育资源和远程学习平台，以数字化方式推动教育资源的平等化	利用现代信息技术，如在线教育平台和虚拟实验室，改善教育资源分配，增强资源访问的公平性
师资队伍能力不足	教师普遍缺乏与当前产业相关的实际经验；教学方法和内容更新缓慢	加强师资培训，特别是在现代教育技术和行业实践方面的培训。鼓励教师与企业进行交流和实习，以增强其行业相关知识和经验	建立教师与行业专家的定期研讨机制，开设工作坊，确保教学内容的时效性和实用性

通过系统性的策略和措施改进现有的职业教育体系，确保教育资源的有效配置，提升教师的教育质量，促进校企合作的深化，并刷新教育评价标准，以更好地适应快速变化的产业需求，最终培养出具有实际操作能力和创新精神的技术技能型人才。

第二节　教学资源建设

在高等职业教育领域，教学资源建设已成为关键因素，它直接影响到教育质量的提升和学生技能的发展。当前，随着技术进步和产业需求的迅速变化，教育系统亟须更新和扩充教学资源以适应新的教育需求。这不仅包括传统的知识和技能，还涉及新兴技术的应用和教学方法的创新。有效的教学资源建设可以显著提高学生的实践和创新能力，为他们的职业生涯打下更牢固的基础。

然而，教学资源建设在实施过程中面临多种挑战，如资源更新的速度跟不上产业技术的发展速度，校企合作机制不够成熟等。这些挑战要求教育机构、企业与政府等多方面的深入合作，共同探索和实施有效的资源建设策略。通过整合最新的行业知识、技术设备、实训基地及企业专家资源，教育机构可以更好地满足产业的实际需求，同时，利用现代信息技术优化资源分配和利用，为学生提供更丰富和高效的学习资源。

一、教学资源的产教融合特性

教学资源的产教融合特性是指在教学资源建设过程中，将产业需求与教育教学紧密结合，通过有效整合校内外资源，使教学内容更贴合实际产业需求，学习过程更具实践性和针对性。这种特性不仅能够提升教学资源的实用性和适用性，还能促进学生实践能力和创新能力的培养，实现教育与产业的良性互动和双赢发展。

（一）产业导向的教学资源更新

在高等职业教育中，更新与优化教学资源，尤其是有关产业技术发展和需求方面的资源，是构建高质量教育体系不可或缺的一环。以产业为导向更新和优化教学资源的过程，不仅要求高职院校实时把握产业技术的最新动态，还要求将这些动态高效地融入教学内容和方法。

1. 建构产业技术跟踪体系

高等职业院校应当构建一个涵盖行业企业、专业协会及研究机构的全方位产业技术跟踪体系。该体系旨在通过定期获取和分析产业技术报告、行业标准变化及前沿技术动态，为教学内容的及时更新提供依据。同时，通过组织师生参与行业论坛、企业研讨以及技术展览活动，增强学校与产业实际的连接性，确保教学内容的实时性和前瞻性。

2. 整合更新教学材料

随着产业技术的迅速迭代，教材和教学资源的更新显得尤为重要。高职院校须定期修订教材，整合最新技术和行业规范，同时开发与之相适应的教学案例和模拟项目。此外，引入行业专家参与教学材料的编写和课程的授课，不仅可以保证教学内容的实用性和先进性，还能为学生提供与行业实际相接轨的学习体验。

3. 强化实践导向的教育模式

面对快速变化的产业需求，传统的以理论授课为主的教学模式已难以满足学生的学习需求。高职院校应通过案例教学、项目驱动学习等方式，增强教学的实践导向性。通过模拟实际工作场景的项目开发，让学生在解决实际问题的过程中，掌握最新技术应用，提升其实际操作能力和创新思维。

4. 加快实训基地和实验室的现代化建设步伐

为了更好地适应产业技术的发展，高职院校应加快实训基地和实验室的现代化建设步伐。通过与企业合作建立校外实训基地，引进最新的工业设备和技术，为学生提供与实际生产紧密相连的实训机会。同时，更新实验室的硬件设施和软件系统，确保学生能够在校内实验室中进行高水平的技术实践和研究。

通过上述措施，高等职业教育能够更好地适应产业发展的需求，培养出既具有理论基础又能够迅速适应产业技术变化的技术技能型人才。

（二）多元主体合作的资源共建共享

当前，高等职业教育要实现教学资源的共建与共享，需要教育机构、企业、政府及其他相关机构之间的紧密合作，以促进资源的有效利用和合理分配。这一过程不仅涉及多方面的资源整合，还需要形成一套可持续发展的合作机制。以下是具体的操作方案和建议。

1. 教育机构与企业的合作模式

（1）双向参与机制。鼓励企业参与到教学资源的开发与更新中，例如，企业可提供实际工作场景下的案例、最新技术设备以及技术人员参与教学，同时，教育机构可以将教研成果和先进的教育理念带入企业，促进企业培训体系的优化。

（2）校企共建实训基地。教育机构和企业共同投入资源，建设校内外实训基地，为学生提供实际操作的平台，同时为企业储备人才。

2. 政府的支持与引导作用

（1）政策制定与资金支持。政府通过出台相关政策和提供资金支持，鼓励和引导教育机构、企业及其他机构参与到教学资源的共建与共享中来。比如，提供税收减免、资金补贴等优惠政策，鼓励企业参与教学资源的共建共享。

（2）平台搭建与服务提供。政府可以搭建教学资源共享平台，提供技术和管理支持，保障资源共享的高效进行。同时，组织各类教育论坛、研讨会，促进不同主体之间的信息交流和资源共享。

3. 其他相关机构的角色

（1）行业协会与研究机构。行业协会和研究机构可以通过组织行业技术交流活动、发布行业研究报告等方式，为教育机构和企业提供有关行业发展趋势的最新信息，促进教育内容的及时更新。

（2）公益组织与社会力量。鼓励公益组织和社会力量参与教学资源的共建与共享，通过捐赠、志愿服务等形式，支持教学资源的丰富和教学质量的提高。

4. 建立长效合作机制

(1) 合作协议与机制建设。各参与方签订合作协议,明确各方的权利、责任和义务,建立长效的合作机制,保证资源共建共享的可持续性。

(2) 效果评估与反馈机制。定期对教学资源共建共享的效果进行评估,及时收集反馈信息,对存在的问题进行调整和优化,确保资源共享机制的高效运行。

实施上述方案,可以实现教育资源的有效整合和优化分配,提高教学资源的利用率,促进高等职业教育质量的整体提升,为学生提供更加丰富多元、实践性强的学习资源和环境。

二、教学资源建设的创新实践

在高等职业教育领域,面对快速变化的产业技术和多样化的教育需求,教学资源建设的创新实践成为推动教育质量提升和教育模式变革的重要手段。通过融入新技术、采用新模式、探索新方法,教育机构能够更有效地面对产业发展的挑战,培养适应未来社会需要的高素质技术技能人才。创新实践不仅涉及教学内容和教材的更新,还包含教学方法和手段的革新,以及教学评价和管理模式的优化。这一过程要求教育机构、企业、政府及社会各界密切合作,共同构建开放、互动、共享的教育生态系统,为学生提供更加丰富、实用、前沿的学习资源和体验。这些创新实践,不仅可以提高教育的适应性和灵活性,还能促进学生创新能力和实践技能的全面发展。

(一) 校企合作模式下的资源建设

在校企合作框架下,教学资源的共建和共享模式,企业与教育机构的合作不仅涉及知识的传递和技能的培养,还包括学生职业素养和创新能力的提升。

1. 共同开发与更新课程内容

企业与教育机构共同参与课程内容的开发与更新,将行业的最新发展动态、技术革新及实际工作中的挑战纳入教学大纲。这种合作确保了教学内容的实时性和适应性,使学生学习到的是最前沿的知识和技能,满足未来就业市场的需求。

2. 行业专家参与教学

企业派遣行业专家直接参与教育教学活动,包括讲座、研讨会、课程指导等,提供独到的行业洞察和职业规划指导。这种直接的知识和经验传递,有助于提高学生的职业认知,增强实际解决问题的能力,同时激发学生的创新思维。

3. 提供实际案例与项目挑战

企业提供真实的业务案例和项目挑战给学生,使学生在分析和解决问题的过程中,将理论知识与实际工作紧密结合,这不仅有利于增强学生的实践操作能力，还有利于提升学生解决问题的能力。

4. 企业文化和职业素养的培养

通过分享企业文化、价值观和成功案例，企业帮助学生建立正确的职业观念，提升个人的职业素养和团队合作能力。这种文化层面的交流，对于培养学生全面的职业能力和适应多变职场环境至关重要。

5. 促进教育与产业的深度融合

校企合作促进了教育内容与产业需求之间的紧密结合，通过不断地反馈和调整，保证了教育服务于产业发展，同时为企业培养了符合需求的人才。

6. 加速学生职业发展与就业

企业参与教学资源的建设，不仅为学生提供了了解行业和企业运作的机会，还通过实习、就业指导等活动，为学生的职业发展和就业搭建了桥梁，增加了学生就业的竞争力。

综合来看，在校企合作模式下，企业对软性教学资源的建设和支持，不仅丰富了教育资源，更重要的是提升了教育的针对性和实效性，促进了学生综合能力的提升，实现了教育与产业的互利共赢。

（二）数字化教学资源的开发与利用

在产教融合及多元主体协同育人的背景下，数字化教学资源的开发与利用成为连接教育与产业的桥梁，其核心在于如何更好地满足行业需求，同时提高教育效率和质量。

1. 构建与产业紧密相关的在线课程

通过与企业合作，教育机构可以开发出紧贴产业最新技术和工作需求的在线课程。这些课程通过实时更新保持课程内容的前沿性，能够为学生提供最新的行业知识。

2. 利用虚拟实验室模拟真实工作场景

虚拟实验室能够模拟产业中的实际工作环境，让学生在学习过程中仿真操作，增强学习的实践性和应用性。这种方式为学生提供了一个风险低、成本效率高的学习平台，让他们能够在进入真实工作环境前就具备一定的操作经验和技能。

3. 开发数字化教材，促进资源共享

数字化教材和资源库的建设，使教学资源可以在校内外，甚至跨地域共享。这种共享不仅提高了教学资源的利用率，也使教育内容更加丰富多元。

4. 采用智能学习系统进行个性化教学

智能学习系统可以根据学生的学习情况提供个性化的学习建议和路径，这种个性化的学习方式能够提高学生的学习效率，同时帮助教师更好地掌握学生的学习状态，并进行针对性的教学设计。

这些实践方法不仅提升了教育质量，更重要的是，它们强化了教育与产业之间的联系，使教育内容和形式更加符合行业的实际需求，从而为学生的就业和职业发展奠定坚实的基础。这种方式实现了教育资源的高效配置和利用，进一步促进了产教融合和多元主体之间的协同育人。

（三）行业导向的教学资源库建设

在产教融合及多元主体协同育人的背景下，构建行业导向的教学资源库特别强调实践能力的提升和深化产业认知。针对这一核心目标，教学资源库的建设应当采取以下策略，从而确保其内容和形式与行业需求紧密对接，有效服务于教育与产业的无缝连接。

1. 行业需求驱动的资源更新机制

建立由行业需求驱动的资源更新机制，定期邀请行业代表和企业家参与教学资源库的更新。这一机制旨在确保教学内容紧跟行业变化和技术进步，通过实时反馈调整教材和案例，使其始终保持行业的最新状态。

2. 项目式学习资源的集成

重点集成项目式学习资源，如行业项目、设计挑战和创新竞赛等，进入教学资源库。这类资源侧重于解决实际问题，强调团队合作和跨学科知识的应用，能够显著提升学生的工程思维、创新能力和项目管理技能。

3. 模拟实践平台的构建

开发和整合模拟实践平台，给学生提供虚拟的行业环境体验。这些模拟平台可以让学生在无风险的环境中尝试各种决策和操作，从而加深对行业工作流程和市场运作规律的理解。

4. 跨界合作资源的融入

鼓励和促进与其他教育机构、研究所以及国际合作伙伴的资源共享和交流，特别是在行业前沿技术和创新管理方法上。跨界资源的融入可以拓宽学生视野，提供更广泛的学习资源和国际化的学习体验。

5. 反馈循环和持续评估体系

建立包含学生、教师和行业合作伙伴的反馈循环和持续评估体系，对教学资源库的有效性和适用性进行定期评估。收集使用反馈，可以不断优化资源库内容，确保其满足学生学习和行业发展的双重需求。

采取以上策略，教学资源库将成为产教融合和多元主体协同育人的重要支撑，通过提供和行业相关的学习资源，加速学生从课堂到职场的转变，同时促进他们对行业发展趋势的深入理解和对未来职业生涯的主动规划。

三、教学资源建设的案例分析

在全球化和技术革新的驱动下，教学资源的建设日益成为高等职业教育领域重要的发展方向。成功的教学资源建设案例不仅提升了教育质量，还强化了学生的实践和创新能力。以下是几个国内外的成功案例。

（一）国内外成功案例分析

1. 德国的虚拟仿真实验室

德国在高等职业教育中广泛应用虚拟仿真实验室，这些实验室利用高级计算机模拟技术，为学生提供接近真实的工作环境。通过这种方式，学生可以在无风险的情境中学习复杂的工程和技术，从而在实际进入工作岗位前获得充分的准备。

2. 美国的在线开放课程资源

美国的许多高等教育机构采用在线开放课程资源（Open Educational Resources，OER），为学生提供免费访问的教学材料和课程。这些资源包括全套课程、教科书、实验室笔记、考试和作业。通过OER，教育机构成功地扩大了教学资源的覆盖范围，并提高了教育的可获取性和质量。

3. 新加坡的集成数字教育资源

新加坡的高职教育机构整合了多种数字化教学资源，包括交互式视频、模拟软件和在线协作工具，以支持基于项目的学习。这些资源使学生能够进行跨学科学习，并实时解决工程和设计问题，极大地增强了教育的互动性和实用性。

4. 我国的云教育资源平台

我国推动建设云教育资源平台，该平台集成了视频讲座、教程、互动课堂和评估工具，旨在支持远程教育和自主学习。通过这个平台，学生能够获取最新的行业知识和技能培训资源，满足快速变化的职场需求。

（二）成效与影响

在探讨全球教学资源建设的成功案例后，我们可以看到，这些创新措施对高等职业教育的成效与影响是显著的。以下是这些案例在教学质量、学生能力培养和教育公平性方面所产生的具体影响。

1. 提升教学质量和学生满意度

德国的虚拟仿真实验室使学生能够在风险较低的环境中进行实践操作，提高了操作技能的精确度和安全性。这种实践经验直接提高了学生对专业学习内容的理解与掌握，从而增强了教学的效果和学生的学习满意度。新加坡的集成数字教育资源通过实时交互和跨学科项目，培养了学生的批判性思维和解决问题的能力，提高了教育质量，使学生能够在真实的工作环境中更好地应用所学知识。

2. 强化学生的实践能力和创新能力

在美国，开放课程资源的广泛应用使学生能够自主获取和学习最新的学术和技术内容，这种灵活的学习方式不仅增强了学生对学习的控制，也促进了学生实践能力和自我导向学习能力的提升。中国的云教育资源平台提供的多样化学习工具和资源，使学生可以在多种学习情境中应用理论知识，促进了学生实践和创新能力的发展。

3. 促进教育公平和资源共享

教育资源的数字化和在线化使地理位置偏远的学生也能够获取高质量的教育资源，一定程度解决了城乡之间以及不同区域之间教育资源不均的问题。新加坡和中国通过数字平台实现的资源共享极大地提高了教育公平性。高等教育机构与企业的合作，如德国的学徒制和中国的现代学徒制，不仅为学生提供了实际工作中的学习机会，还通过企业参与教育过程确保了教育内容的时效性和实用性，这些都是提高教育质量和教育公平的有效策略。

通过这些国内外的案例分析，我们可以清楚地看到，教学资源的创新建设在提高教育质量、增强学生的职业能力及实现教育公平等方面发挥了重要作用。在产教融合和多元主体协同育人的背景下，教学资源建设的成功实践为全球职业教育领域提供了宝贵的经验和启示。

四、面临的挑战与对策

在推进教学资源建设及实现产教融合的背景下，教育机构面临多方面的挑战，这些挑战包括教学资源更新滞后、校企合作机制不完善、教学资源质量不一等问题。针对这些挑战，需要实施有效的策略，如强化政策支持、改进合作机制、利用现代信息技术等，以确保教学内容能够紧跟产业发展的步伐，并提升学生的实践能力和就业竞争力。表4.2详细地展示了面临的各种挑战及应对策略和具体实施方法。

表 4.2 面临的各种挑战及应对策略和具体实施方法

面临的挑战	详细描述	应对策略	具体实施方法
教学资源更新滞后	教育内容跟不上行业的快速发展，导致教学与行业需求脱节	加强政策引导与支持	制定和实施针对性政策，如税收优惠、财政补贴，鼓励企业参与教育资源的更新与开发
校企合作机制不健全	合作目标不明确，缺乏长期稳定的合作协议，导致合作效果不理想	优化校企合作框架	建立持续的合作关系，如设立行业指导委员会，确保企业和教育机构的合作目标和利益一致

续表

面临的挑战	详细描述	应对策略	具体实施方法
教学资源质量不一	资源在不同机构间分布不均,缺乏统一的质量控制标准	标准化教学资源与质量控制	开发统一的教学资源标准,实施质量审核机制,确保教学内容的适用性和有效性
教学资源分配不均	优质资源主要集中在大城市或顶尖学校,农村和偏远地区难以获取	改善教学资源的分配机制	利用数字化工具,如在线学习平台和云计算,提高资源共享的可行性和范围,使资源分布更加均衡
技术更新速度快	教学设备和工具更新换代迅速,学校购置和维护成本高	采用灵活的技术更新策略	引入租赁或按需服务模式,与技术供应商合作,确保教学设备和工具能及时更新,减轻学校财务压力
师资力量不足	教师实践经验与产业最新发展不同步,缺乏必要的更新培训	强化师资培训与职业发展	定期组织教师培训,特别是与行业专家合作的研讨会和实习项目,增强教师的行业相关知识和技能
学生实践机会有限	学生缺乏足够的实际操作机会,影响其技能的实际应用	扩大实践教学的范围与深度	增加与企业的合作项目,扩展实训基地,为学生提供更多实际操作的机会,如实习、项目合作等

实施这些策略不仅可以提升教学效果,还能更好地满足行业需求,促进学生全面发展。

第三节 教材与教法改革

教材与教法改革是职业教育发展中的关键环节,特别是在产教融合及多元主体协同育人的背景下,这一改革对于提升教育质量、满足行业需求、增强学生实践能力具有重要意义。随着技术进步和行业发展,传统的教学内容和方法已难以满足教育目标。因此,教材和教法的更新改革成为推动教育进步、培养适应未来社会发展需要的高素质技术技能人才的必由之路。这一过程不仅要求紧跟技术和产业趋势更新教学内容,还要求采用更加灵活、互动性强和实践导向的教学方法,以促进学生全面发展。

一、概述

在产教融合及多元主体协同育人的大背景下,教材与教法改革显得尤为重要和紧迫。随着技术进步和行业需求的快速变化,传统教学内容和方法已难以让学生满足未来社会和职场的需求。因此，针对性的改革旨在更好地对接产业发展，通过更新教材内容、采用新型教学方法，全面提升学生的实际操作能力、创新思维和综合职业素质。这一过程不仅需要教育机构的积极参与，还需企业、政府及其他社会力量的共同努力，以实现教育内容与产业需求的紧密结合，培养出能够迎接未来挑战的高素质技术技能人才。

（一）教材与教法改革的必要性与背景

在当前的产教融合以及多元主体协同育人背景下，教材和教法改革的必要性和紧迫性更为突出。随着技术的快速发展和行业需求的不断变化，传统的教学内容和方法已经无法满足学生适应未来职场的需求。教育机构面临着急切的需求，即更新教材内容，引入更加灵活和具有实践导向的教学方法，以培养学生的实际操作能力和创新思维。此外，多元主体协同育人的模式要求教育不仅仅是学校的事，还需要企业、政府及其他社会组织的参与，共同为学生提供多样化的学习资源和实践机会。因此，教材与教法的改革变得尤为重要。它是连接学校教育与行业实践，实现人才培养目标和社会需求对接的关键一环。

（二）改革目标与指导思想

教材与教法改革的根本目标在于更好地适应产业发展的需求，全面提升学生的实际操作能力、创新能力和综合职业素养。为实现这一目标，改革的指导思想应当遵循以下几个原则：首先，紧密跟随产业技术发展的步伐，确保教材内容的前瞻性和实用性；其次，强调以学生为中心，采用项目驱动、问题导向的教学方法，增强学生的学习兴趣和实践参与感；再次，推动校企合作，整合校内外资源，为学生提供真实的工作环境和项目经验；最后，鼓励教师队伍的专业发展和创新教学，不断提升教育教学的质量和效果。通过这样的改革，培养出既有扎实专业知识，又具备良好职业技能和创新能力的高素质技术技能人才，满足社会和经济发展的需要。

二、产教融合对教材内容的影响

产教融合对教材内容的影响深远，它不仅促使教材内容更加贴近实际工作需求和行业发展趋势，还推动了教育内容的多样化和实践化。在产教融合的框架下，教材内容更新变得更加频繁和灵活，以适应技术进步和产业变革的快速节奏。同时，企业的直接参与为教材提供了丰富的实际案例和前沿技术信息，这不仅增加了教材的实用性，也提高了学生学习的兴趣和动力。此外，产教融合还促进了跨学科知识的融合，使教材内容跨越传统学科界限，更好地服务于综合技能和创新能力的培养。总之，产教融合为教材内容的创新和发展提供了新的方向和动力，对提升职业教育的质量和适应性具有重要意义。

（一）实时更新教材内容

在产教融合的背景下，实时更新教材内容是确保教育质量和使学生满足行业需求的关键步骤。这一过程侧重于紧密跟随行业发展和技术进步，及时将最新的行业知识、技术标准、工作方法及实际案例融入教材中，确保教材内容与实际工作需求高度一致。实现这一目标的方法包括以下几种。

1. 建立行业咨询委员会

组建由行业领先企业的专家、学者和教育工作者组成的咨询委员会，定期评估和审查教材内容，确保其反映最新的行业趋势和技术发展状况。

2. 校企合作更新教材

与行业内企业建立合作伙伴关系，利用企业的资源和经验直接参与教材的编写和更新。企业可以提供最新的技术资料、工作流程、项目案例等，使教材内容更加实用，更加具有前瞻性。

3. 利用开放资源和在线平台

积极利用互联网和开放教育资源，如在线课程、开放讲座、行业报告等，为教材更新提供即时的信息和资源。在线平台的灵活性也便于教材内容的快速更新和分享。

4. 实施动态更新机制

建立一套动态的教材更新机制，包括定期的内容审核、学生和教师的反馈循环，以及快速响应行业的变化，确保教材内容能够及时反映技术进步和行业需求的变化。

通过上述方法，教材内容实时更新，不仅有助于提升教学的实用性和针对性，还能增强学生的学习兴趣和未来就业的竞争力，为学生提供与实际工作环境一致的学习体验。

（二）增强教材的实践性和互动性

在教材改革方面，产教融合及多元主体协同育人的理念贯穿其中，着重增强教材的实践性和互动性，使之更好地适应行业需求和培养学生的综合能力。

1. 引入真实的行业案例和项目

教材内容应引入真实案例，如企业面临的挑战、成功案例以及技术创新。这些案例将帮助学生将理论知识与实际工作联系起来，增强他们的应用能力和解决问题的能力。

2. 项目驱动的学习模式

设计项目驱动的教学模块，要求学生参与实际项目，从需求分析到解决方案实施的整个过程。这种学习方式能够促进学生的主动学习，培养学生的团队合作能力。

3. 互动式教学平台

建立互动式教学平台，提供虚拟实验、在线讨论和团队合作的环境。学生可以在这个平台上进行实践操作和交流讨论，增强学习的互动性和趣味性。

4. 开展行业交流活动

组织学生参与行业交流活动，如行业研讨会、企业参观等。这些活动能为学生提供与行业专家和从业者交流的机会，加深他们对行业的了解，促进其实践能力和职业素养的培养。

5. 教材内容的定期更新

将教材内容设计为灵活的结构，以便于定期更新和扩展，随时反映行业发展的新技术、新标准和新趋势。建立动态的更新机制，确保教材内容与行业需求一致。

通过以上措施，教材改革能够更好地满足产业需求，培养学生的实践能力和创新思维，为他们未来的职业发展提供支持。

三、多元主体参与的教法创新

多元主体参与的教法创新是以产业需求为导向、以学生为中心的教学模式，旨在培养学生的实践能力、创新思维和团队合作精神。在这种教法创新中，教育机构、企业、政府以及其他相关机构共同参与，共建共享教学资源，通过协同合作、创新教学方法和形成灵活的教学环境，推动职业教育的改革与发展。

（一）行动导向

在产教融合和多元主体协同育人的背景下，教法改革的思路需要紧密结合行动导向的理念，以培养学生的实践能力和团队协作精神。

1. 实践导向的教学设计

教学内容应以实际行动为核心，通过真实的行业案例、项目实践等方式，让学生在解决实际问题的过程中学习相关知识和技能。教师需要设计具有挑战性和实用性的教学任务，鼓励学生主动探索、实践和反思。

2. 学生参与决策与执行

教育机构和企业可以共同组织学生参与真实项目的决策和执行过程。让学生参与项目的不同阶段，如需求分析、方案设计、实施执行等，培养学生的问题解决能力和团队协作精神。

3. 反馈与评估机制的优化

教学过程中应建立及时有效的反馈与评估机制，以便学生及时调整学习方向，提升能力。对学生在实践项目中的表现进行综合评价，鼓励他们不断探索和改进，从而提高他们实践能力和团队合作能力。

4. 跨界合作与资源共享

教育机构、企业和其他相关机构应加强跨界合作与资源共享，共同构建教学资源和实践平台。通过跨界合作，将行业实践融入教学内容，为学生提供更丰富的实践机会和资源支持。

5. 培养创新思维和解决问题的能力

教法改革应重视培养学生的创新思维和解决问题能力。鼓励学生在实践项目中提出创新性的解决方案、面对挑战并寻求解决办法，培养其创新意识和实践能力。

（二）企业导师制度

在深化产教融合、多元主体协同育人的背景下，企业导师制度成为连接高等职业教育与企业实践的重要桥梁，体现了教学方法改革的核心要求。此制度不仅促进了学生专业技能的提升，也为教学内容和方法的更新提供了实践基础。

1. 实践教学内容的更新

企业导师直接参与课程设计，将企业的最新技术、工艺流程及职业标准融入教学大纲，使教材内容与行业实际紧密结合。这种由实践高手引领的课程设置，确保了教学内容的前沿性和应用性。

2. 教学方法的革新

企业导师制度推动了从传统的课堂讲授模式向项目驱动、案例分析、模拟实训等互动式和体验式教学的转变。企业导师以其丰富的实践经验，引导学生解决实际工作中的问题，学习并掌握专业知识与技能，这种"学以致用"的教学方法有效提升了学生的学习兴趣和动手能力。

3. 评价机制的改进

结合企业导师的专业视角，改革传统的理论考试主导的评价体系，引入项目完成质量、工作态度、团队协作等多维度评价标准，更加全面地衡量学生的职业能力和综合素质。这种评价机制的改革，鼓励学生注重实践应用，提高解决实际问题的能力。

4. 学习路径的个性化设计

企业导师根据每位学生的特点和职业发展规划，提供个性化的指导和建议，设计符合个人职业成长的学习路径。这种个性化的教学方案，帮助学生更加明确自己的学习目标和方向，提高了教育的针对性和有效性。

高等职业教育应继续深化企业导师制度与教法改革，通过建立更加紧密的校企合作关系，不断探索和优化教学内容、方法和评价体系，确保教学活动能够更好地适应经济社会发展的需要，培养出更多具有高技能、高素质的职业人才，推动产教融合、多元主体协同育人模式的持续深化和创新发展。

（三）实训基地与工作坊

实训基地与工作坊的建设和运用成为教学改革的又一重要支点。这不仅是因为它们为学生提供了模拟真实工作环境的学习场所，更重要的是，它们实现了学校教育与企业实践的无缝对接，有效地促进了学生专业技能和综合素质的全面提升。在高等职业教育中，构建实训基地与工作坊，并结合教法改革，为产教融合、多元主体协同育人模式提供了实质性的支撑。这些平台不仅为学生提供了接触实际工作环境的机会，还促进了学习方法和教学内容的革新。

1. 项目驱动教学

实训基地和工作坊提供了丰富的项目资源，使教学可以围绕真实的工程项目进行。学生在完成具体项目任务的过程中，既能学习专业知识，又能锻炼解决问题的能力。

2. 模拟实际工作流程

通过模拟企业的实际工作流程，学生可以在接近真实的工作环境中进行学习。这种教学方法有助于学生更好地将理论知识应用于实践，提高其职业技能。

3. 跨学科综合能力培养

实训基地和工作坊的设置鼓励跨学科学习，学生可以在实践活动中应用不同领域的知识，培养其综合应用能力。这对于培养学生的创新意识和团队协作能力具有重要意义。

4. 反馈与迭代学习

在实训基地和工作坊中，学生的学习成果可以及时得到反馈，教师和企业导师可以根据学生的表现提供个性化的指导，帮助学生不断优化和改进工作方法，实现迭代学习。

5. 学习评价多元化

结合实训基地和工作坊的特点，评价方法也应更加多元化。除了传统的笔试和口试，还应包括学生在项目实施中的表现、团队合作能力、创新能力等多维度的评价，以更全面地反映学生的学习成果。

实训基地与工作坊不仅作为物理空间的支持，更重要的是促进了教育教学方式的创新与改革，为高等职业教育的发展注入了新的活力。

四、教材与教法改革的案例分析

在高等职业教育的产教融合与多元主体协同育人模式中，教材与教法改革是实现教学目标、提高教学质量的关键。这种改革通过引入实际工作场景、更新教学内容和采用互动式学习方法，不仅加深了学生对专业知识的理解，还提升了他们的实践技能和创新能力。案例分析能够直观展示教改的成效，为教育实践提供了有价值的参考和启示。

(一) 成功案例分享

案例名称：智能制造技术课程的教改实践。

1. 背景介绍

在高等职业教育领域，智能制造技术课程因其紧跟产业发展趋势而受到广泛关注。一所位于东部发达地区的职业技术学院便成功实施了教材与教法改革，该改革以产教融合、多元主体协同育人为指导思想，通过与本地知名智能制造企业合作，更新教学内容，引入先进的教学方法，为学生提供了与实际工作环境紧密相关的学习体验。

2. 改革实施

（1）教材更新。学校与企业共同开发教材，将最新的智能制造技术和案例引入课程，确保教学内容贴近行业前沿。

（2）项目驱动教学。课程采用项目驱动方式，让学生围绕实际的生产任务进行学习，通过完成项目任务，掌握智能制造的关键技术和流程。

（3）工作坊与实训基地。依托企业合作，建立了智能制造工作坊和实训基地，为学生提供了高度模拟的工作环境，使学生能够在实际操作中学习和解决问题。

（4）企业导师参与。邀请企业技术专家担任课程导师，他们不仅参与教学，还提供职业生涯指导，从而帮助学生更好地理解行业需求和未来发展趋势。

3. 成效分析

学生的实践技能和解决问题的能力显著提升，课程满意度和就业率均有显著提高。企业参与教育教学过程，不仅提高了教学的实践性和针对性，还为企业培养了大量即时可用的技术人才，实现了校企双赢。该课程改革实践受到了教育主管部门的高度评价，被多家职业院校借鉴和推广。

4. 结论

通过这一成功案例，我们可以看到，教材与教法改革通过深化校企合作、更新教学内容和方法，能够有效地提升职业教育的教学质量和学生的实践能力，为学生顺利步入职场打下坚实的基础。

(二) 经验与启示

从智能制造技术课程的成功改革案例中，我们可以获得一系列经验与启示，这些不仅对高等职业教育的发展具有重要的指导意义，也为其他课程和专业的教改提供了宝贵的参考。

1. 经验

成功的教材与教法改革案例，如智能制造技术课程的教改实践，展示了校企合作的重要性。实时更新教材内容以反映最新的技术和行业动态，采用项目驱动的教学模式，提供实训基地和工作坊，引入企业导师参与教学等措施，共同提升了学生的实践技能和就业竞争力。

2. 启示

为了实现教育的持续改进和优化，需要构建稳定而长效的校企合作关系，确保教育内容与行业需求紧密对接。持续更新教材和教学方法以适应技术进步和行业变化，同时培养学生的终身学习能力，实行个性化教育，以满足不同学生的学习需求，帮助他们更好地面对未来职业生涯的挑战。

五、面临的挑战与对策

在高等职业教育的教材与教法改革中，尤其是在实施产教融合策略时，我们面临多元复杂的挑战。这些挑战会影响教学资源的有效更新和利用，进而影响教育质量和学生的职业技能培养。为了应对这些挑战，教育机构、企业以及政府等多方主体需要共同探索有效的应对策略，比如加强政策支持、优化合作机制、利用现代信息技术等，共同推动教学资源建设的持续优化，确保教学内容紧跟产业发展的步伐，提升学生的实践能力和就业竞争力。表 4.3 详细描述了教学资源建设中面临的主要挑战及应对策略。

表 4.3 面临的主要挑战及应对策略

面临的挑战	详细描述	应对策略与建议	实施方法
教材更新与行业需求脱节	现有的教材内容往往无法及时反映最新的行业技术和工作方法，导致教学内容与实际工作需求存在差距	建立与行业密切联络的教材更新机制，通过校企合作定期审查和更新教材内容，确保教学内容紧跟技术发展和市场需求	组织定期的校企研讨会，更新教材内容，确保教材与实际产业需求高度一致
教师实践经验不足	部分教育工作者缺乏与教学内容相关的实际工作经验，这限制了他们在进行产教融合和多元主体协同育人时的有效性	加强师资培训，特别是在现代教育技术和行业实践方面的培训。鼓励教师与企业进行交流和实习，以增强其行业相关知识和经验	设立教师实习计划，与行业企业合作开展教师实践能力提升项目
校企合作模式不成熟	尽管校企合作被广泛认为是职业教育的重要组成部分，但现实中许多合作仍处于较为表面的阶段，缺乏深度合作和持续合作	深化校企合作模式，构建多层次、长期稳定的校企合作关系，通过共建实训基地、共研教材、共聘企业导师等方式，实现资源共享和互利共赢	建立校企合作长效机制，如合作项目长期合约，共同投资实训基地等

续表

面临的挑战	详细描述	应对策略与建议	实施方法
企业参与度不高	由于缺乏足够的激励机制和政策支持，部分企业对参与职业教育的积极性不高，这直接影响了产教融合的质量和效果	激励企业参与，政府和教育主管部门应出台更多激励政策，如税收优惠、财政补贴、人才培养奖励等，鼓励企业积极参与职业教育和人才培养	制定具体的政策措施，例如税收减免计划和财政资助方案，以提高企业的参与度和投入
多元主体协同不足	在多元主体协同育人模式下，教育管理部门、行业组织、企业和教育机构需要形成有效的协同机制。然而，实际操作中，各方往往因沟通不畅、利益协调不足等原因，难以形成有效的协同局面	构建有效的多元协同机制，通过明确各方责任、建立沟通平台、制定共赢策略等措施，促进教育管理部门、行业组织、企业和教育机构之间的有效沟通与协同	设立行业教育联盟，定期召开协调会议，共同讨论和解决教育资源建设中遇到的问题，促进各方协同合作

通过这些措施，职业教育能更好地适应快速变化的工作环境，培养符合行业需求的高技能人才，同时促进教育质量的持续提升和教育体系的健康发展。

总　　结

本章深入探讨了教育教学在高等职业教育中的重要性和实践方法，在产教融合和多元主体协同育人的背景下，从人才培养模式的创新入手，详细分析了产教融合背景下的人才培养模式及其对教育质量和学生能力发展的影响。通过案例分析和经验总结，揭示创新人才培养模式的具体实施步骤和成效，探讨教学资源建设、教材与教法改革等方面的新趋势和挑战。此外，本章还重点讨论了通过改进教学管理和资源配置，优化教育实践，以适应快速变化的教育需求和市场条件。通过这些讨论，我们期望为推动高等职业教育的质量提升和教学创新提供有价值的见解。

第五章 教师队伍

第一节 "双师型"教师队伍建设

在当前快速发展的社会经济和产业结构转型升级背景下，高等职业教育面临新的挑战。特别是 2019 年国务院发布的《国家职业教育改革实施方案》（即"职教二十条"），明确提出构建"双师型"教师队伍的目标，这一政策具有里程碑意义。该政策中特别强调，从 2019 年起，职业院校、应用型本科高校相关专业教师应优先从具有 3 年以上企业经验的高职以上学历人员中公开招聘，特殊高技能人才（含具有高级工以上职业资格人员）的学历要求可适当放宽。此外，自 2020 年起，基本不再从应届毕业生中招聘教师。政策还提倡通过校企合作、技术服务、社会培训等方式，增加教师的实践经验，并建立 100 个"双师型"教师培养培训基地，确保教师能够定期在企业或实训基地进行实际训练。2022 年教育部下发了《关于做好职业教育"双师型"教师认定工作的通知》，并出台了《职业教育"双师型"教师基本标准（试行）》。这些措施旨在强化教师的实践能力和教学水平，更好地适应产业发展和社会需求，为提升教育质量和满足社会需求提供有力支撑。

一、高等职业教育"双师型"教师队伍建设现状

在高等职业教育领域，构建高效的"双师型"教师队伍已成为重要任务。当前，多行业联动推动区域化产业集群的形成，同时对技术人才的培养提出了新的更高要求。应对这一挑战，职业教育系统正在加强教师队伍的专业化与实践性，通过增强职业技术师范院校的建设、优化教师结构，并积极通过校企合作与技术服务丰富教师的实践经验。政策还鼓励建立"双师型"教师培养培训基地，确保教师能定期接受企业实训，以及通过兼职教师机制，加强教师与企业技术人员的双向流动，从而提升教师的专业水平和教学能力，确保教学内容与产业需求

的紧密对接。这些措施体现了"双师型"教师队伍在未来职业教育中的重要地位和深远影响。

（一）"双师型"教师的质量标准制定现状

自1995年首次提出"双师型"教师概念后，我国对此类教师的质量标准不断演进与细化。2004年，国家首次对"双师型"教师的质量进行了明确界定，然而随着产教融合深入发展，这一标准不完全适应新的教育环境需求。2019年，教育部等四部门出台了《深化新时代职业教育"双师型"教师队伍建设改革实施方案》（教师〔2019〕6号），这标志着"双师型"教师质量标准制定进入新阶段。该方案强调，现代"双师型"教师不仅要具备理论和实践教学能力，还应紧跟产业发展趋势，具有与教学相关的工作经验，能够将新技术、新工艺融入教学中。

此外，2022年教育部发布的《关于做好职业教育"教师型"教师认定工作的通知》（教师厅〔2022〕2号），进一步明确了"双师型"教师的认定流程和标准。根据这一通知，各级教育部门需在教师的师德师风、专业技能和理论知识等方面设立明确的标准。此外，该通知强调了校企合作的重要性，指出教师应具备企业工作经历或实践经验，以保证教学内容的实时性和实用性。

各省和高职院校依据这些国家政策，结合地方实际需求，制定自己的"双师型"教师质量标准。这些标准不仅要求教师具备相应的技术职称，还必须通过参与专业竞赛、指导竞赛等方式证明其专业技能。通过这一系列标准和政策的实施，我国逐渐形成了一套较为完善的"双师型"教师队伍质量保障体系，显著提升了教师的专业水平和教学质量，更好地满足了社会和产业发展的需求。

表5.1结合2022年《关于做好职业教育"双师型"教师认定工作的通知》，呈现了高等职业教育"双师型"教师的基本标准。

表5.1 高等职业教育"双师型"教师的基本标准

层次	师德师风	专业知识	实践技能	产教融合
初级"双师型"教师	热爱职业教育，具有良好的政治素养和师德，自觉践行社会主义核心价值观，关爱学生	掌握所教课程的标准和教学原理，具备丰富的教学经验，能够有效使用现代信息技术开展教学	具有相关的工作经验，能在教育和技术技能培养中实施工学结合，知行合一	积极参与校企合作，理解所教专业与产业的关系，了解产业和职业岗位的变化，将新技术、新工艺融入教学
中级"双师型"教师	遵守职业道德，具备较强的师德师风建设能力，能在教学中体现立德树人的要求	深入了解本专业的发展趋势，掌握先进的教育理念和教学方法，具有明显的教学特色	具有丰富的行业实践经验，能在教学中有效整合理论与实践，指导学生解决实际问题	在校企合作中发挥桥梁作用，促进学生与行业的有效对接，增强教育的应用性和针对性

续表

层次	师德师风	专业知识	实践技能	产教融合
高级"双师型"教师	规范执行教育方针，具有高尚的师德和卓越的政治素质，能起到表率作用	掌握本领域的前沿知识，能独立进行课程开发和教学改革，教学成果显著	拥有深厚的企业实践背景和高超的技术技能，能够进行高水平的技术指导和创新研发	深度参与产教融合，领导校企合作项目，对行业和教育改革有显著贡献

（二）"双师型"教师队伍建设现状

在高等职业教育领域，建设"双师型"教师队伍已成为提升人才培养质量的关键。自"双师型"教师概念提出以来，国家对这一教师队伍的制度建设越来越重视，这不仅体现在教师建设目标的持续精细化上，也反映在对其专业发展的具体措施上，如加强教师培训、提升教师的实践经验及专业能力，同时增强理论知识与科研能力。这些措施旨在促进高职教师的全面发展，提高整体素质和教学能力。然而，这一建设过程中存在的挑战和问题也需要得到关注和解决，以确保教师队伍建设的效果。

1. "双师型"教师的质量认证标准不清晰

"双师型"教师的质量认证标准不清晰是高职教育中的一个主要问题。虽然政府颁布了一系列政策来提升高职院校教师队伍的整体水平，但各地区和高职院校在"双师型"教师的定义和标准上存在差异。部分学校制定了自己的标准，而有的学校仍沿用旧的"双师素质"教师标准，各省有的出台过标准，有的沿用教育部标准，标准不统一，有的时间较久，而且与现代高职教育的要求存在偏差。

此外，"双师型"教师的准入程序在不同高职院校中也各不相同，特别是企业单位调入的教师，面临着复杂的转入制度和漫长的时间线，影响了教师队伍的有效补充。同时，高职院校的激励机制效果参差不齐，以奖金为主，但在考核标准和内容上各校差异显著，从科研到竞赛，从书籍编撰到专业实践能力，考核的范围广泛，导致激励效果大相径庭。

这些问题表明，为了更有效地发展"双师型"教师队伍，需要清晰统一的认证标准和合理的激励机制，以确保高职院校能够培养出符合现代教育需求的优秀教师。

2. "双师型"教师专业发展保障不力

当前高职院校在"双师型"教师队伍的专业发展保障方面面临挑战。由于生师比普遍偏低，且专任教师人数较少，教师难以获得充足的时间从事实践工作。这种状况使以专任教师为主的"双师型"教师队伍难以充分满足日益增长的专业教学需求。教师们不仅承担着繁重的教学任务，还需要参与各种非教学活动，在专业实践和自我发展上感到力不从心。此外，由于缺乏有效的激励和支持机制，教师在假期中难以进行有效的专业实践提升活动，从而影响了教学质量和学生的学习效果。教师的实践能力不足进一步制约了教学改革的进展，导致理论与实践之间的脱节，使学生难以将所学知识应用于实际工作中。为此，需要建立更加有力的专业发展支持系统，减轻教师的教学负担，提供更多实践机会，以确保"双师型"教师队伍能够有效地促进学生的全面发展。

3. "双师型"教师队伍的专业技能偏弱

高职院校的"双师型"教师队伍普遍存在专业技能方面的不足。这一问题涵盖了多个层面，包括教师的专业经验、实践培训，以及专业水平的提升。

在过去，高职院校的"双师型"教师队伍主要由两类人员构成：一是从高校毕业生中招聘的专任教师；二是转型升级前的学校已有教师。然而，这两类人员在专业工作经验方面都存在一定不足。毕业生缺乏实际工作经验，而学校已有教师的经验也相对较弱。这导致"双师型"教师队伍在专业知识的实际应用和操作方面显得薄弱。尽管一些教师可能已获得相关专业技能证书，但整体而言，"双师型"教师队伍的专业技能仍呈现出需进一步提升的趋势。

随着学校的转型升级，原有的教师队伍逐渐提升了专业能力和知识，但由于缺乏实践经验，他们的教学仍然面临挑战。实践经验在职业教育中尤为重要，因为它不仅关乎理论知识的传授，还涉及技能的实际应用。在这种背景下，引入企业人员担任专业教师变得至关重要。这些来自企业界的专业人士能够带来最新的行业知识和实战经验，从而在一定程度上弥补了现有教师队伍在专业技能方面的不足。

近年来，国家开始重视"双师型"教师队伍的制度建设。根据新的政策，教师每年需在企业中进行至少一个月的实践，并参加实践培训和企业访问等活动。这不仅表明对教师专业技能提升提出了更高的要求，而且强调了理论与实践相结合的重要性。为了更有效地实施这一政策，学校和企业之间的合作变得尤为重要。例如，可以通过建立校企合作框架，让教师在企业中参与实际项目，或者邀请企业专家参与课程设计和教学。

此外，还需要进一步加强教师的专业技能培养，以满足高职院校教育的实际需求。这包括定期组织教师参加行业相关的研讨会和工作坊，以及鼓励教师进行职业技能的持续学习。通过这些方式，教师不仅能够保持与行业发展同步，还能够更好地理解和传授新兴技术和方法。

未来，随着技术的快速发展和行业需求的不断变化，教师的专业发展也需要不断适应。例如，数字化教学工具和在线学习平台的使用将成为教师专业发展的重要组成部分。通过这些平台，教师可以更有效地获取新知识，也能利用这些工具来丰富和创新他们的教学方法。

总的来说，加强与企业的合作、提升教师的专业技能，以及利用现代教学技术，可以有效提升职业教育的质量。这些措施不仅有助于教师个人的专业成长，也有助于培养出更加适应未来职场挑战的毕业生。

（三）"双师型"教师队伍建设的意义

教师在高职院校扮演着至关重要的育人角色。随着产教融合的发展，这种角色不仅要求教师具备扎实的理论知识，还要求他们拥有丰富的行业实践经验。这种对教师的新要求促使"双师型"教师成为一种刚需，这不仅是为了改革原有的教学模式，更是为了培养能够适应产业需求的技术人才。

在产教融合的背景下，"双师型"教师队伍的建设变得尤为重要。这种模式不仅意味着教师需要具备专业的技术技能，还意味着他们需要拥有实际的行业经验。这样的教师能够将理论知识与实际操作紧密结合，为学生提供更加贴近实际工作环境的学习体验。此外，"双师型"教师还能够为学生提供关于行业最新发展趋势的第一手信息，从而保证教育内容的时效性和相关性。

产教融合是经济社会转型升级的关键选择，对于促进产业企业的国际化发展起着重要作用。高职院校作为培养技术人才的重要基地，其教育质量直接影响毕业生的就业竞争力和产业发展。因此，国家推进高职院校发展的重要政策之一就是加强"以教兴产、以产促教"的发展布局。这要求高职院校不仅关注教学内容的更新，还关注教学方法的创新。

为了有效实施和优化"双师型"教师制度，高职院校需要从教师选拔、培训、职业发展等多个方面进行考虑。例如，学校可以与企业合作，为教师提供实践环境，以此提升教师的实践能力。同时，可以通过激励机制鼓励教师参与行业相关的研究和项目，以便不断更新他们的专业知识和技能。

总之，"双师型"教师队伍的建设对于实现高职院校教育的质量提升和产教融合具有重大意义。通过培养具有丰富理论知识和实践经验的教师，高职院校能够更好地培养适应未来产业发展需求的技术人才。

《国务院办公厅关于深化产教融合的若干意见》强调了教育和产业融合上升式发展的重要性，并明确将"双师型"教师队伍的建设作为政策的核心内容。这一政策不仅是产教融合发展建设的重要组成部分，而且是推动高等职业教育发展的基石。通过将产业引入学校，将校园引入企业，以及建立产业园等措施，高职院校正经历一场深刻的变革，其中最显著的变化之一就是教师角色的重塑。

实施这一政策的关键在于确保"双师型"教师队伍的高质量和持续性发展。为此，高职院校需要采取一系列措施，例如，加强教师与企业的合作，为教师提供行业实践的机会，以及鼓励教师参与继续教育和专业发展计划。此外，还可以通过搭建平台，促进教师与企业专家的交流与合作，从而让教师及时了解并传授最新的行业知识和技能。表 5.2 概括了不同利益相关者对"双师型"教师队伍的影响。

表 5.2　不同利益相关者对"双师型"教师队伍的影响

利益相关者	影响
学校	"双师型"教师是提升教学质量和学校声誉的核心。为教师提供持续的职业发展支持和培训是确保学校长期稳定发展的关键
学生	接受由"双师型"教师提供的结合理论与实践的教育，有助于深入理解专业知识，提高将知识应用于实际工作的能力，为职业生涯打下坚实的基础
教师	参与"双师型"教师队伍的建设有助于教师强化理论知识和实践技能，提高职业满足感和成就感，增强教学动力和投入度，促进个人成长
企业	参与"双师型"教师的培训和课程设计，促进与高职教育的有效对接，实现教育与产业的共赢，提升毕业生的就业竞争力
政府	构建"双师型"教师队伍是推动职业教育发展的战略，有利于适应社会需求变化，提高学生适应能力和实践能力，解决人才短缺和就业难问题

总的来说，建设"双师型"教师队伍，可以实现教育和产业的高效融合，从而提升高职院校教育质量，满足社会、学校、学生、教师、政府和企业的多元需求。

二、产教融合背景下"双师型"教师队伍的建设理念

近年来，政策层面多次强调推进多元化办学和深化产教融合，以促进校企之间的协同育人。产教融合和校企合作，不仅推动了多元化办学格局，也丰富了教育形式与内容，并促使人才培养观念由传统的学校主导型教育转向更加注重校企共同参与的模式。在此背景下，"双师型"教师的教育内容和方式需更好地适应企业和地区经济的需求。这不仅要求课程内容与行业实际紧密结合，还要求教育过程中更多地关注实践和应用，强调教师的实践能力和行业经验，鼓励教师参与企业项目和与企业专家合作。同时，教师队伍建设还需要注重跨学科和创新能力的培养，以适应技术发展和行业变化，最终使"双师型"教师队伍的发展成为高职院校育人模式的核心，培养出适应未来需求的高技能人才。

（一）建设目标的转变

随着产教融合的深入发展，高职院校的"双师型"教师队伍建设经历了重要的理念转变。自 2017 年以来，我国对这一队伍的功能要求日益明确，推动了从单一"双师"个体到专兼结合的团队模式的转变。这种新的教育格局强调教

师的个体能力与团队合作的重要性，教师不仅需要具备专业知识和实践技能，还要能跨学科协作和创新。高职院校在育人功能上的滞后性，要求其加强与企业的合作，提供实践和创新机会，鼓励教师团队在课程教学、科研、社会服务中发挥专长，共同解决教育和实践中的复杂问题，以构建一个能适应快速变化的行业环境和技术的多元化教师团队。

（二）建设结构的转变

在产教融合的背景下，高职院校的"双师型"教师队伍和学术组织结构正经历深刻变革。传统以学科为核心的结构已向围绕专业群的综合性组织转变，强调教学、科研与社会服务的整合。这种结构变革要求"双师型"教师队伍调整为能覆盖教学、科研和社会服务的矩阵式模式，支持项目间的合作与自主管理。同时，高职院校加强科技研发和社会服务功能，让教师参与协同创新中心和技术孵化平台，提升研发合作和技术支持能力。这些改变旨在适应经济社会需求，增强教师的综合能力，推动高职院校的全面发展。

（三）内涵和外延的转变

1. 内涵的转变

在产教融合的大环境下，高职院校的"双师型"教师团队正经历一场关于其内涵的重要转变。这种转变不仅反映在教师个人能力的提升上，更体现在教师团队作为一个整体在教育系统中的作用和价值上。作为国家职业教育师资队伍的一部分，"双师型"教师团队的形成和发展，已经成为实现高素质人才培养的关键环节。

从管理学的视角来看，"双师型"教师团队是由具有专业理论和技能的独立教师共同构成的正式群体。在这个群体中，每个成员都拥有独特的知识、文化、经验和技能，他们在共同的教学目标和规范指导下，相互影响、协同合作。这种团队合作不仅增强了教学行为的有效性，也促进了成员之间的专业成长和个人发展。

在产教融合的背景下，形成的"双师型"教师团队需要适应高职院校在新时代的发展需求。这要求教师团队不仅能够在课程教学方面发挥作用，还要在创新科研、社会服务等多方面展示其价值。通过成员间的相互合作与融合，这个专兼结构的教师团队能够更有效地结合专业理论教师的知识和专业实践教师的经验，创造出更加丰富、实用的教育内容和方法。

总的来说，高职院校"双师型"教师团队的内涵转变是对其在教学、科研和社会服务等多方面功能的重新定义。在产教融合的环境中，这种教师团队不仅是传授知识的载体，更是连接学校、社会和产业的桥梁，对于培养适应现代社会和经济需求的高素质人才具有不可替代的作用。

2. 外延的转变

目前,许多高职院校仍将"双师型"教师队伍看作教师个体的简单相加,这存在明显的局限性。一方面,单纯将"双师型"教师个体简单组合成的师资队伍,虽然满足了基本的队伍构成条件,但却缺乏深层次的协同和合力。另一方面,即便引入兼职教师以改进师资队伍结构,仍然难以超越"专职与兼职教师"组合的表面层次,形成真正意义上的合作团队。

这种状态导致的结果是,教师队伍虽然具备"双师型"教师队伍的"形",却缺乏团队精神和协同效应,即"双师型"教师队伍的"魂"。在这种情况下,教师之间的相互作用和集体效能未能充分发挥,限制了教育质量的提升和教师个人的职业发展。

因此,高职院校"双师型"教师队伍的外延转变至关重要。这种转变不仅意味着从简单的个体组合转向更加有机的团队合作,还意味着建立基于不同专业领域的多功能团队。这些团队应包括基于专业教学的新型育人团队、基于科技创新的新型创新团队、基于社会服务的新型创业团队以及基于企业实践活动的新型实践团队,"双师型"教师团队示意如图 5.1 所示。

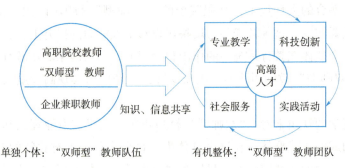

图 5.1 "双师型"教师团队示意

在这种新的组织结构下,"双师型"教师团队能够更有效地结合各自的专业知识和实践经验,形成一个多元化、互补的教育集体。这样的团队不仅能够提高教学和科研的质量,还能够更好地服务于社会和经济的需要,从而实现高职院校教育的深层次转型和升级。

在传统的高职院校"双师型"教师队伍构建中,教师往往作为独立个体进行发展,他们的认定、考核和培养主要侧重于个人的理论知识和实践能力。然而,这种模式下的教师队伍往往缺乏协同合作的机制,导致教师之间的互动和团队合力未能得到充分发挥。特别是在理论知识和实践能力的平衡上,教师面临着挑战。

因此,转向以团队为基础的"双师型"教师队伍构建变得尤为重要。在这种新模式下,"双师型"教师团队不再单纯追求每位教师的全能化,而是鼓励教师根据自身优势参与不同类型的子团队,如专业教学团队、实践团队、科技创新团队和社会服务团队。这种多元化的团队结构使教师能够更加专注于自己的强项,同时在团队合作中实现互补。

专业教学团队聚焦于传授理论知识和提升学生的学习兴趣。实践团队侧重于将学生引入真实的工作环境,让他们将理论知识应用于实践中。科技创新团队致力于通过研究和发明推动行业发展。而社会服务团队通过各种社区活动和培训项目回馈社会,增进经济和社会福祉。

这种团队的构建不仅仅是教师个体的组合,而是让所有教师形成一个有机整体,具有共同的目标、愿景、规章制度和文化。在这样的团队中,教师可以根据自己的能力和兴趣参与一个或多个子团队,而团队的管理侧重于整体的协调和发展。

综上所述,"双师型"教师团队的外延转变强调团队合作和多功能性的重要性,这种转变对于提升教师的专业能力、促进学生的全面发展以及满足社会和经济需求至关重要。

三、案例分析

(一)"双师型"教师队伍建设案例

1. "双师型"教师认定:标准化的认定流程

我国对"双师型"教师的认定采取标准化流程,以确保教师队伍既具备必要的专业理论知识,又拥有实践经验和技能。我国设立了严格的评审标准,对教师从教育背景、工作经验、教学成果和行业贡献等多个维度进行综合考量。这一过程旨在鼓励教师深入产业实践,提升教学与实践相结合的能力,从而更好地满足职业教育的需求。

2. "双师型"教师培训基地:聚焦实践能力提升

为了加强"双师型"教师的实践能力,我国在全国范围内建设了多个"双师型"教师培训基地。这些基地通常与行业领先企业合作,提供先进的培训设施和实训环境,使教师能够直接接触到最新的行业技术,学到管理经验。培训内容涵盖行业最新动态、技术技能、教学方法等,旨在帮助教师从传统教育角色向具有实践经验的行业专家转变。

3. 教师创新团队:促进教育教学创新

教师创新团队的建设是"双师型"教师队伍建设的又一亮点。它通过组建跨专业、跨领域的教师团队,聚焦于教育教学方法、课程内容以及技术应用的创新。这些团队通常由经验丰富的"双师型"教师带头,不仅开展教育研究和课程开发，还积极参与到行业项目中，将实践经验和创新成果与教学内容相结合。教师创新团队的建设有效地推动了教育内容与教学方式的更新，提高了教育的适应性和前瞻性。

4. 结论

通过上述案例分析，我们可以看到我国在"双师型"教师队伍建设方面的积极探索和实践。从教师的认定、培训到创新团队的建设，每一步都体现了对职业教育质量提升的执着追求。这些举措不仅为职业教育培养出了一批具有专业理论知识和丰富实践经验的"双师型"教师，也为持续推进教育创新和提升教育服务产业发展的能力提供了有力支撑。

（二）探讨案例对当前"双师型"教师队伍建设的启示和借鉴

从上述案例分析中，我们可以得出几个关键的启示和借鉴，这些对于进一步推进我国"双师型"教师队伍的建设具有重要意义。

1. 明确认定标准，提升教师专业素质

通过建立和实施一套明确的"双师型"教师认定标准，可以有效地保证教师队伍的质量。这要求教师不仅拥有深厚的专业理论知识，还必须具备实际工作经验和技能。因此，教育管理部门和职业院校需要继续探索和完善认定流程，提供持续的专业发展机会，鼓励教师参与行业实践，不断提升自身的专业素质和教学能力。

2. 强化实践培训，促进教师职业成长

"双师型"教师培训基地的建设为教师提供了接触最新行业技术和管理经验的平台，这对于提升教师的实践技能至关重要。未来，职业院校应加大与行业企业的合作力度，充分利用企业资源，为教师提供更多实训机会。同时，职业院校也应探索更多元化的培训方式，如在线课程、工作坊、短期实习等，以满足不同教师的职业发展需求。

3. 促进创新团队建设，提高教育教学创新能力

教师创新团队的成功案例表明，跨学科、跨领域合作是促进教育教学创新的有效途径。职业院校应鼓励教师建立创新团队，开展教学方法和技术应用的研究，同时为团队提供必要的支持，如研究资金、实验设备、项目平台等。再次，院校还应建立健全激励机制，奖励和表彰在教学创新和行业项目中取得优异成绩的团队和个人。

4. 构建开放合作的教育生态

案例展示了开放合作的教育生态对于"双师型"教师队伍建设的重要性。教育管理部门、职业院校、行业企业及其他社会资源应加强合作，形成共建共享

的教育生态系统。通过资源整合和优势互补，共同推动"双师型"教师队伍的建设和职业教育的高质量发展。

通过案例分析，我们不仅看到了"双师型"教师队伍建设的成功经验，也为未来的发展提供了宝贵的启示和借鉴。这要求我们持续深化产教融合，优化教师发展环境，激发教师的创新活力，从而为职业教育培养出更多高素质技术技能人才。

四、面临的挑战与对策

在高职院校中，"双师型"教师队伍建设面临多重挑战，特别是在产教融合背景下。首先，教师实践能力与行业需求脱节是一个突出问题，教师的行业实践经验未能跟上快速变化的技术发展，这直接影响了教学内容的实时性和有效性。为了应对这一挑战，高职院校需与行业企业建立更紧密的合作关系，定期为教师提供行业实践培训，以更新其专业知识和技能。其次，校企合作的深度不足也是一个问题，合作往往停留在表面，缺乏深入的项目合作和长期战略规划。深化校企合作，通过共同研发项目和双向师资流动来提高合作质量，是提升教育质量和适应性的关键。再次，现有的教育评价体系未能充分反映行业实际需求，需要与行业标准更紧密地对接，增加实践性评价指标。最后，尽管产教融合策略得到政策推动，但在实际执行中仍存在资源配置和协调上的难题。加强顶层设计，提供充分的政策和资源支持，是确保产教融合顺利进行的关键。通过这些措施，高职院校可以有效地推动"双师型"教师队伍的建设，以适应快速变化的教育需求和行业发展。面临的挑战与对策如表5.3所示。

表5.3 面临的挑战与对策

面临的挑战	详细描述	应对策略与建议	实施方法
教师实践能力与行业需求脱节	许多"双师型"教师未能及时跟上行业的快速变化，导致教学内容与行业技术发展不同步	加强与行业的合作，系统地为教师提供实践培训和技能更新，强化教师的行业感知能力	与主要行业企业建立战略伙伴关系，定期组织教师参与企业的短期培训和实习，更新教师的行业技能和知识库
校企合作深度不足	校企合作常常限于表面的互动，如简单的设施共享或讲座，缺乏深层次的项目合作和长期战略规划	深化校企合作关系，通过共同研发项目、定制课程和双向师资流动来提高合作的质量和效果	建立长期稳定的校企合作机制，如共同设立研究中心，企业参与课程设计，定期举行交流会议，以及双方共享资源

续表

面临的挑战	详细描述	应对策略与建议	实施方法
教育评价体系与产业标准不符	现有的教育评价体系往往以理论考核为主，未能充分反映行业的实际需求和技能要求	重构教育评价体系，使其更符合行业标准，增加实践性评价指标，促进学生的实际操作能力提升	与行业专家合作，重新设计评价体系，包括实习评价和项目评审等实践性强的评价方式，确保评价结果的行业相关性
产教融合执行不足	尽管产教融合已成为政策导向，但在执行层面仍面临资源、认知和协调上的困难	加强顶层设计，明确政策导向，为产教融合提供更多的政策支持，配置更多资源	制订具体的产教融合实施方案，包括政府支持措施、财政资助和税收优惠政策，确保各方一致推进产教融合

为提高职业教育质量与学生就业竞争力，有必要通过强化校企合作、更新教育评价体系及优化产教融合策略，确保教育适应产业需求。

第二节 教师创新团队

教师创新团队是现代职业教育中的核心组成部分，它们扮演着引领教育革新和满足行业需求的关键角色。这些团队通过集结具有不同背景的教师，利用其专业技能和实际经验，推动教学方法和课程内容的创新。在职业教育领域中，教师创新团队的作用尤为重要，因为它们不仅提高了教育的适应性和灵活性，还确保了教育输出与劳动市场的需求紧密对接，从而提升学生的就业竞争力。

一、教师创新团队的构成与功能

（一）定义和角色

1. 定义及其内涵

教师创新团队指的是一群具有前瞻性的教育工作者，在职业教育领域内，通过团队合作来集中力量进行教学方法和课程内容的革新。这些团队由教师、教研人员、行业专家组成；他们共同致力于开发符合行业最新需求的创新教育方案，以提高教育的实效性和适应性。

教师创新团队的核心在于它的多功能性和跨学科合作性，它不仅限于改良传统的教学方法，更包括探索和实施各种新的教育技术和学习工具，以及开发与当前及未来职场密切相关的课程内容。工作类别对应的课程内容如表 5.4 所示。

表 5.4　工作类别对应的课程内容

工作类别	详细描述
教学方法创新	探索基于项目的学习、情景模拟、互动技术等先进教学手段，增强学生的实际操作能力和问题解决能力
课程内容更新	与行业专家合作，更新优化课程内容以匹配行业最新标准和技术，提升学生就业竞争力
专业发展支持	提供持续的专业发展机会，如研讨会、工作坊、学术会议等，促进教师的知识更新和技能提升
跨界协作的推动	鼓励与其他学科的专家合作，打破学科壁垒，实现知识和技能的综合利用，解决教育实践中的复杂问题

2. 角色

教师创新团队在职业教育中扮演着多重角色，能通过教育创新促进教学质量的提升，以及与行业需求的精准对接。这些团队不仅是新教学方法和课程设计的开发者，也是教育改革的先行者。它们通过实践验证和推广有效的教育策略，极大地影响了学生的学习体验和成果。教师创新团队各角色职责如表 5.5 所示。

表 5.5　教师创新团队各角色职责

角色分类	具体职责描述
教学创新的推动者	开发和实施新的教学策略和工具，以提升学习效果和教育适应性
连结行业的桥梁	强化与行业的联系，确保教育内容与实际工作要求一致，促进学生更好地满足市场需求
专业发展的促进者	组织和推广教师专业发展活动，支持教师继续教育，提升教学和研究能力
跨学科合作的协调者	促进不同专业领域之间的合作，以创新解决教育和行业中的复杂问题

（二）教师创新团队在促进职业教育创新中的作用

教师创新团队在促进职业教育创新中发挥着至关重要的作用，具体可以从以下几个方面进行阐述。

1. 促进课程发展与更新

教师创新团队负责设计和更新职业教育课程，确保课程内容反映最新的行业标准和技术进展。这些团队通过引入新技术、新方法和新理念，使课程更具市场相关性，更好地满足企业的需求。

2. 革新教学方法

这些团队致力于开发和实施创新的教学方法，如基于项目的学习、翻转课堂和模拟实训等。这些教学方法有利于提高学生的参与度和实践技能，通过实际操作来增强理论知识的理解和应用。

例如，教师创新团队在教学过程中整合先进技术，如虚拟现实（VR）、增强现实（AR）和人工智能（AI），增强教学的互动性和趣味性，提高教学的效率和质量。

3. 促进跨界合作

教师创新团队通过与行业企业和其他教育机构合作，促进资源共享和知识交流。这种跨界合作有助于学生获得真实的行业经验，同时为企业提供接触到最新教育资源和人才的机会。

4. 促进教师专业成长

教师创新团队支持成员的专业成长和继续教育，常组织定期的研讨会、工作坊和讲座。这些活动不仅能提升教师的教学和研究技能，还有助于鼓励他们在教育领域进行创新和实验。

5. 评估与反馈机制

教师创新团队还负责开发和实施评估机制，以监控和评估教学创新的效果。通过持续的反馈和调整，团队确保教育创新活动能够收到预期的成效。

通过这些活动，教师创新团队不仅提升了职业教育的教学质量和学生的学习体验，还加强了教育与行业需求之间的联系，为职业教育的长期发展和持续创新提供了坚实的基础。

（三）团队成员的组成

在职业教育中，教师创新团队的构成旨在整合多样化的专业知识和技能，以创新和优化教育过程。这种多元化团队的设置使每个成员都能在其专长领域内发挥重要作用，共同推进教育质量和效果的提升。

1. 专业专家

角色贡献：专业专家在团队中扮演理论与实践桥梁的角色。他们不仅传授高深的行业知识，还将最新的行业发展趋势和案例引入课堂，确保教育内容的实时性和前瞻性。

团队协作：与课程设计师合作，确保教程设计紧密贴合行业标准和最新技术，同时与教学评估专家合作，对教学成果进行评估，确保教学活动的有效性和实际应用价值。

2. 行业专家

角色贡献：行业专家利用其丰富的实际操作经验，为学生提供实战演练的机会。他们的教学常常围绕实际工作中的问题，使学生能够直观地理解理论在实际工作中的应用。

团队协作：他们经常与技术教练和教育技术专家协作，引入先进的教学工具和模拟技术，使教学更加生动和实际。

3. 教育技术专家

角色贡献：教育技术专家通过引入和利用最新的教育技术工具，提升教学的互动性和吸引力，使复杂的概念更易于为学生理解和掌握。

团队协作：与所有团队成员合作，将技术融入课程设计和教学评估中，确保技术应用的实际效果与教学目标相匹配。

4. 课程设计师

角色贡献：课程设计师根据行业最新需求设计教学大纲和教学活动，确保所有课程内容都能紧跟行业发展，并满足学生的职业发展需求。

团队协作：密切与专业专家和行业专家合作，整合理论知识和实际技能，同时与教学评估专家一同评估课程的有效性，确保持续优化教育内容。

5. 教学评估专家

角色贡献：教学评估专家专注于通过数据驱动的分析方法评估教学策略的有效性，能帮助团队了解哪些教学方法最有效、哪些需要改进。

团队协作：与其他团队成员紧密合作，提供反馈和建议，帮助持续提升教学质量，并确保教育活动与学生的实际表现和职业发展目标密切相关。团队成员背景及技能表如表5.6所示。

表5.6 团队成员背景及技能表

成员角色	教育背景	专业技能
专业专家	行业相关的高等学位	深入了解特定行业的理论与实践
行业专家	行业认证与长期实践经验	利用在实际工作环境中的实践经验，将实际问题带入教学中
教育技术专家	教育技术或信息技术学位	熟悉最新教育技术，如 VR、AR，用以增强教学的互动性和实用性
课程设计师	教育学或课程设计背景	设计符合行业需求的课程内容，确保教学活动的相关性和有效性
教学评估专家	教育评估或相关领域的学位	擅长使用数据分析和评估方法来测量教学效果，提出改进方案

这样的团队配置不仅优化了教育资源，还通过跨专业的合作加速了职业教育创新的步伐，从而培养出更多具备实际操作能力和创新思维的专业人才。

二、创新团队的培养

(一) 培养策略和方法

为了确保教师创新团队在职业教育中能持续推动创新,必须实施有效的团队建设和培训策略。这些策略包括定期的工作坊、研讨会以及专业发展会议。这些活动都旨在提升团队成员的教学和创新能力。

1. 工作坊和研讨会

通过举办主题明确的工作坊和研讨会,教师可以学习最新的教学法和创新技术。例如,组织关于互动技术如虚拟现实(VR)和增强现实(AR)在教育中应用的工作坊,或者关于如何有效整合行业最新需求进教学大纲的研讨会。

2. 专业发展会议

参加国内外的教育技术会议和职业教育创新论坛,不仅可以使团队成员了解教育领域的最新趋势,还可以与其他教育专家交流心得,从而开阔视野,增进理解。

3. 项目基础合作

启动跨学科项目,鼓励不同专业的教师共同开发新课程或教学工具。例如,机械工程与信息技术教师可以结合两个领域的知识和技能,共同开发一门关于智能制造的课程。

4. 共享资源和设施

通过共享实验室、工作室和其他教学资源,团队成员可以更容易地访问和利用校内外的各种设施和资源,促进创新想法的验证和实现。

5. 跨专业研究小组

定期组织跨专业的研究小组会议,讨论教学和研究中遇到的问题及解决策略。这种交流可以激发新的教学创意和解决方案,加深团队成员在教学和学术研究方面的合作。

通过这些策略,教师创新团队不仅能够提升个人的教育实践技能,还能通过团队合作促进知识的综合运用,从而在职业教育中实现更大的创新和进步。

(二) 专业发展和持续学习

在职业教育中,专业发展和持续学习能确保教师适应教育领域的新挑战和技术变革,对教师创新团队至关重要。

1. 终身学习在教师职业发展中的重要性

在职业教育领域,教师的专业发展是一个持续的过程。终身学习对教师而言不仅是职业成长的需求,更是适应教育变革和技术进步的必要条件。教师通过终身学习能够不断更新自己的知识库，掌握新的教学方法和技术，这对于他们在不断变化的教育环境中保持教学质量和专业竞争力至关重要。

终身学习的实现方式多样，可以通过参加专业发展课程、在线学习、同行评审和自我反思等多种形式进行。这些活动不仅帮助教师更新专业知识，还激发其创新思维，增强他们解决复杂问题的能力。

2. 持续教育和职业培训提升团队成员的教学和创新技能

持续教育和职业培训是教师创新团队专业发展不可或缺的组成部分，它能确保每位成员都跟上教育领域的快速变化和技术创新。通过这些活动，教师能够不断地更新教学技能和专业知识，从而有效地推动课程内容和教学方法的创新。表5.7总结了持续教育和职业培训主要的实施方式及其详细内容。

表5.7 持续教育和职业培训主要的实施方式及其详细内容

实施方式	详细内容
结构化的培训计划	设计包含最新教育技术、教学方法和行业趋势的培训计划，定期更新，以保持课程的现代性和相关性
跨学科合作项目	通过与其他学科的教师合作，共同参与项目、研究或团队教学，从中获取新的教学策略和视角
在线和远程学习资源	利用在线课程、研讨会、专业发展网站等资源，使教师更新自己的专业知识和技能
反馈和评估机制	建立包括同行评审、学生反馈和专业发展反馈在内的多元化评估系统，帮助教师持续改进教学方法

三、支持系统和资源

（一）支持系统

在职业教育领域，教师创新团队的有效运作依赖于强大的支持系统。这些系统通常由教育机构和政府部门共同提供，目的是提供必要的资源和环境，以促进教学创新和专业发展。以下是一些关键的支持系统，它们对教师创新团队至关重要。

1. 教育机构支持系统

教育机构支持系统旨在直接响应教师团队的需求，促进其教学和研发活动的开展，通常包括资金援助、专业发展机会以及创新研究的平台。教育机构支持系统如表5.8所示。

表 5.8　教育机构支持系统

支持类型	描述
创新基金	设立专项基金支持教师开展特定的创新教学项目,如新课程开发、教学方法创新等
专业发展中心	持续提供教育机会,如在线与面对面的研修课程、专题讲座,以及教学能力提升训练,帮助教师提升教学技能
研发中心	建设设施完备的实验室和研究设施,支持教师在教育技术、课程设计和学生评估方法等方面进行科研活动
教学资源访问	提供先进的教学资源库,包括数字教学工具、学术期刊和教育软件,以支持教师的教学和研究

2. 政府支持系统

政府通过制定相关政策和提供资金支持等,为教师创新团队创造一个有利的外部环境,使其能够有效地开展创新活动。政府支持系统如表 5.9 所示。

表 5.9　政府支持系统

支持类型	描述
政策支持	制定并实施旨在提升教师专业能力和创新教学的政策,例如教师培训政策、教育创新奖励政策等
资金和补助	为教师创新项目提供直接资金支持,如补助教育创新实验、研究项目和跨学科团队活动的经费
合作网络和平台	建立支持教育机构与企业、其他教育机构和国际伙伴合作的平台,以促进知识共享和技术转移
教育改革倡议	通过教育改革倡议和试点项目,测试和推广新的教育模式和教学方法,为教师创新团队提供实验场所

(二) 技术和资金支持

在现代职业教育中,技术和资金支持是推动教师创新团队发展的关键因素。这些支持不仅提供了必要的资源,还为教师实现教学方法和课程内容的革新创造了条件。

1. 技术支持

现代技术,尤其是互联网和人工智能（AI）,为教师创新提供了强大的工具。互联网使知识和信息的获取及共享变得更加便捷和广泛,教师可以通过在线平台和社区与全球同行交流教学经验和创新思路,也可以利用丰富的在线资源来丰富课程内容和提升教学质量。人工智能技术如智能教学系统和自适应学习平台,则能够根据学生的学习习惯和进度调整教学内容,实现个性化教学,这不仅有助于提高学生的学习效率,也有利于优化教师的教学策略。

2. 资金支持

资金支持对于教师创新活动同样至关重要。充足的资金可以帮助教师创新团队购买先进的教学工具,开展必要的研发活动,举办各种专业发展工作坊和研讨会,以及实施创新项目,资金的投入直接影响创新项目的可实行性和持续性。例如,通过资金支持,高职院校可以建立专门的创新实验室,购买和维护高科技教学设备,或者支持教师参与国内外的教育创新会议,获取最新的教育理念和技术。

技术和资金支持的具体实例如表 5.10 所示。

表 5.10 技术和资金支持的具体实例

支持类型	具体实例
技术支持	1. AI 教学平台:使用人工智能技术,提供个性化的学生学习计划 2. VR 和 AR 设备:用于模拟实际工作环境的技能培训 3. 在线协作工具:促进教师和学生之间的即时沟通和资源共享 4. 大数据分析工具:评估学生表现,优化课程设计
资金支持	1. 创新研究基金:资助教师开展教育方法和技术的研究 2. 教育技术购置补助:购买先进教育硬件和软件 3. 教师培训和发展补助:支持教师参加国内外研讨会和培训课程 4. 学生创新项目资助:鼓励学生参与课程相关的创新实践

通过这些支持,教师创新团队能够不断探索和实施新的教学理念和方法,进一步推动职业教育的发展。

四、实践案例与经验总结

(一)实践案例

1. 中国职业教育教师教学创新团队建设

(1)背景与目标。自 2010 年起,中国职业教育领域着手推进教师教学创新团队的建设,旨在通过集中优秀教师力量,提升职业教育的教学质量和创新能力。建设中,特别强调通过团队的引领和示范作用,促进全国职业教育质量的整体提升。

(2)措施和活动。中国职业教育教师教学创新团队建设,涵盖了从组织结构到资源支持、专业发展和技术应用的多方面措施,有效推动了教育的现代化和国际竞争力提升。中国职业教育教师教学创新团队基本情况如表 5.11 所示,概述了不同批次团队的构成、支持系统、培训活动以及技术和推广措施。

表 5.11　中国职业教育教师教学创新团队基本情况

序号	内容分类	详细描述
1	团队的规模与构成	第一批教育部确定了 111 个国家级团队 第二批批准 240 个单位为国家级建设单位，2 个单位为培育单位 第三批确认 125 个单位为建设单位，22 个为培育单位 除此之外，各省确定若干省级团队
2	支持体系和资源	教育部和地方政府提供资金支持和政策优惠，如启动资金、研究经费和设备支持。与行业企业合作，提供实际操作平台和技术资源，促进教育与产业结合
3	培训和专业发展	组织工作坊、研讨会等活动，提升教学和研究能力。通过跨学科合作项目，加强团队协作，探索新教学模式和技术应用
4	技术整合与教育创新	积极采用 VR、AR 和 AI 等先进教育技术，增强教学互动性和实用性
5	成果共享与推广	定期举办研讨会和工作坊，分享教学创新成果和经验，推广成功教育模式

这些措施共同构成了一个强有力的框架，不仅提升了教师的专业能力，也优化了职业教育的教学内容和方法，进一步增强了学生的实际操作能力和就业竞争力。通过这种系统的支持和创新，教师创新团队能够持续推动职业教育向前发展，实现教育的持续改进和优化。

（3）成效与影响。通过这些措施，中国职业教育教师教学创新团队计划成为推动教育质量提升的核心力量。这些团队不仅提高了教师的教学和研究能力，而且通过教育创新有效提升了学生的就业竞争力。这一计划的实施，显著提高了职业教育的现代化和国际化水平，为中国职业教育的持续发展和国际竞争力打下了坚实基础。

2. 芬兰赫尔辛基大学教师团队

（1）背景与目标。赫尔辛基大学的教师团队旨在通过高度协作和持续创新来提升教学质量和学生学习体验。该团队专注于整合多学科资源，推动教学方法的现代化，以适应全球教育趋势和市场需求的变化。

（2）措施和活动。赫尔辛基大学教师团队的建设和运作通过一系列结构化的措施和活动来实现，涵盖了团队构成、资源支持、专业发展和技术应用等多个方面，旨在不断推动教育的现代化和提升国际竞争力。赫尔辛基大学教师团队运作的相关内容和措施如表 5.12 所示。

表 5.12　赫尔辛基大学教师团队运作的相关内容和措施

序号	内容分类	详细描述
1	团队的规模与构成	教师团队包括来自不同学科的教师，促进跨学科交流和协作
2	支持体系和资源	大学提供必要的资金支持和技术设施，支持教师的研究和教学活动
3	培训和专业发展	定期举办研讨会、工作坊和国际会议，促进教师专业技能和教学方法的提升
4	技术整合与教育创新	引入最新的教育技术，如在线学习平台和虚拟现实，提高教学互动性和学习效果
5	成果共享与推广	通过开放课程和在线资源，共享教学创新成果，增加全球影响力

这些措施共同构成了一个强有力的框架，不仅提升了教师的专业能力，也优化了教学内容和方法，增强了学生的实际操作能力和国际视野。

（3）成效与影响。赫尔辛基大学教师团队通过这些措施，提升了教学质量和学生满意度。通过这一系列的创新教育措施，学生的批判性思维、创新能力和国际合作能力得到了增强。此外，这些教学团队也通过分享他们的研究和教学成果，为全球教育创新作出了贡献，进一步提升了赫尔辛基大学的国际声誉。

（二）经验总结

首先，明确的目标设定与系统的规划是成功构建教师创新团队的基石。通过设定清晰的教育改革目标和综合规划资源与活动，这些团队能够确保其工作严密对接当前和未来的教育需求。

其次，持续的专业发展对于教师个人和团队整体的成长至关重要。教育机构需要为教师提供持续学习的机会，如参与工作坊、研讨会，以及跨学科合作项目，这些都是提升教师专业能力和推动教育创新的有效方式。

再次，技术的整合使用在教育创新中发挥着重要作用。现代教育技术，如虚拟现实（VR）、增强现实（AR）和人工智能（AI），能显著提高教学的互动性和实用性，从而提升学生学习体验和教育质量。支持体系的建立同样是不可忽视的一环。教育主管部门和政府通过提供资金、设施和政策优惠，为创新团队的稳定运作和发展提供了资金支持和重要保障。

最后，成果的共享与推广是实现教育创新广泛影响的关键。定期举办研讨会和工作坊，以及利用网络平台广泛分享教学成果，不仅可以提升团队的知名度，还能推广成功的教育模式，激励更广泛的教育改革与创新。

综上所述，这些经验教训为全球教育实践者提供了重要的参考与借鉴，以推动教育质量的持续提升和教育系统的创新发展。

五、面临的挑战与对策

在教师创新团队的发展过程中,教师面临诸多挑战,如资源限制、制度障碍、技术适应问题以及人员协同合作等,这些因素均可能阻碍教学方法的创新和推广。为了克服这些挑战,我们需要从增强资源支持、改革制度与政策、提供技术培训和支持,以及促进团队协作与沟通等多个方面入手,通过具体的策略和实施方法来确保教师创新团队有效地发挥其功能并推动职业教育的创新发展。表 5.13 详细描述了面临的挑战、应对策略与建议和具体的实施方法。

表 5.13 面临的挑战、应对策略与建议和具体的实施方法

面临的挑战	详细描述	应对策略与建议	实施方法
资源限制	教师创新团队常面临资金短缺、教学设施不足和高级技术工具缺乏的困境	增强资源支持,包括教育部门和政府提供的财政支持、设施和技术的升级	提供必要的启动资金、研究经费和持续的项目资助,建设和升级现代化教学设施
制度障碍	传统的教育评价体系可能不支持教师的创新行为,缺乏鼓励措施	改革教育评价体系,将创新活动和成果纳入职称评审和晋升的考核指标中	制定支持教师创新的政策,改革职称评审标准,为教师的创新行为提供明确的激励政策
技术适应性问题	教师和学生对新技术的适应过程可能比较缓慢,缺乏足够的技术培训	提供定期的技术培训,建立技术支持团队帮助教师掌握新技术	组织技术培训和研讨会,提升教师的技术应用能力,确保技术工具得到有效利用
人员协同合作的挑战	创新团队成员背景多样,协同合作和沟通存在障碍	促进团队协作与沟通,通过团队建设活动和跨专业合作平台增强协作能力	定期举办团队建设和沟通技能培训,建立跨专业合作平台,促进不同背景教师的协同工作

通过分析教师创新团队面临的多样挑战,寻找具体策略和实施方法,能有效增强教师的创新能力和团队的协作效率,进而促进教育创新和质量的提升。

总　　结

本章深入探讨了高等职业教育中"双师型"教师队伍建设及教师创新团队的发展。在第一节中,我们详细分析了"双师型"教师的重要性、当前的建设现状、面临的挑战以及未来的发展策略,强调了产教融合策略在培养具有实际操

作能力和理论知识的技术技能人才中的关键作用。第二节则聚焦于教师创新团队的构建，探讨了如何通过团队合作、跨学科协作以及与行业的深入合作，推动教育内容与教学方法的革新，提升教师的专业成长和教育质量。整章结合了政策支持、实践案例与理论分析，旨在为读者提供关于如何有效建设和利用教师资源以应对快速变化的教育需求的一些见解。

第六章

实习实训

第一节 实践教学基地

实践教学基地作为高等职业教育不可或缺的组成部分,承担着将理论知识与实际操作技能相结合,培养学生职业素养和实践能力的重要任务。随着产教融合、多元主体协同育人的深入推进,实践教学基地的建设与发展不仅直接关系到职业教育质量的提升,更成为实现教育内容与产业实际需求紧密对接的关键环节。然而,面对快速变化的产业技术进步和日益多样化的人才需求,实践教学基地建设亟须创新思维与改革措施,以更好地适应新时代高等职业教育的发展要求,充分发挥其在培养具有创新精神和实践能力的人才中的作用。

随着经济全球化和技术的快速发展,各产业对人才的需求日趋多元化和专业化,高等职业教育作为培养应用型、技能型人才的重要基地,其核心使命越发凸显。实习实训作为连接理论学习与职业实践的桥梁,对于学生掌握实际操作技能、提高职业适应能力和创新创业能力具有不可替代的作用。在产教融合、校企合作的背景下,实践教学基地的建设与完善,成为衡量高等职业教育质量的关键指标,也是推动教育改革、满足产业发展需求的重要途径。然而,实践教学基地在发挥其应有作用的过程中,面临着一系列挑战。首先,经费投入不足和分配不合理导致实训基地设施老旧、技术落后,难以满足现代产业技术发展的需求。其次,缺乏高质量的实训教师,教师队伍中实际工作经验丰富的"双师型"教师比例偏低,影响了实训教学的效果。最后,实训内容与产业实际脱节,专业设置陈旧,难以适应快速变化的产业技能需求。此外,实训时间不足、实训方式单一等问题也阻碍了学生技能的全面发展。

一、实践教学基地的建设现状

实习实训是指把毕业生在企业等用人单位内的内训模式转化为教育的模式。它开发针对大学生的课程,引入有丰富实践经验的实训教师,从企业对人才的需求出发,实施案例教学,从而培养具有职业道德素质和领域知识的实用型、技能型人才。尽管职业教育更注重实用性,但是现阶段重理论教学、轻技能实训的现象仍然普遍存在。当前职业教育实训存在以下问题。

(一) 经费紧张

职业教育和普通教育的最大区别就是实训基地建设。要想建设实训基地,需要投入大量的经费。无论是政策支持还是基金扶持,公办职业学校都领先于民办职业学校,政府投入的资金大多支持公办职业院校发展,民办院校则不占优势。银行为了降低贷款资金的风险,较少给民办职业院校贷款。民办院校发展缺乏资金,就更不必说建设实训基地了。

(二) 师资力量与指导质量不足

近几年,虽然职业院校的师资力量不断发展,但仍跟不上时代的需求,师资数量依旧短缺。职业院校里的大多数老师是之前中等职业学校的任课老师或本科院校的毕业生,虽然他们有丰富的教学经验,掌握了专业的理论知识,但是实践操作能力较低,达不到职业教育对技能培训的要求。教师不能专业地指导学生进行一系列实践操作,学生无法拥有专业的技能和本领。实训师资力量的短缺,严重制约了职业教育的发展,影响了教学的质量,导致实训效果不佳。

(三) 设备老化与技术更新滞后

大多数实训基地的建设较为落后,现有的仪器设备不能满足高等职业院校学生的需求。大多数有实习基地的学校,设备不足,学生进行实训的时间较短,且无法进行专业实训,实训效果较差。对于一些对实训设备要求较高的专业,无法满足学生的技能培养需求。

(四) 专业实习实训设置较为陈旧

目前我国大部分高等职业学校源于中专学校,专业设置较为陈旧,仍按照中等职业学校的模式进行实训,不符合高等职业教育发展的要求,没有按照高等职业教育的培养目标培养学生。

二、实践教学基地建设的创新措施

面对实践教学基地建设中的种种挑战,采取创新措施势在必行。这要求我们跳出传统的教育模式和管理思维,通过政策创新、资金投入、校企合作及技术应用等策略,全面提升实践教学基地的功能和效能。创新措施不仅能有效解决资源配置不均、设施落后、师资不足等问题,还能促进教学内容与产业需求的紧密对接,进而为学生提供更加丰富和真实的实训体验。通过这些努力,实践教学基地将成为高等职业教育培养具有创新精神和实践能力的人才的重要平台,为学生的职业发展和产业的进步贡献力量。

(一)优化政策支持与资金投入

1. 明确政策指导

制定并实施专门针对实践教学基地的发展政策,包括设立行业标准、提供运营指南等,以确保其发展方向与产教融合、多元主体协同育人的目标一致。

2. 政策优惠措施

政府应出台相关优惠政策,如税收减免、资金补贴等,鼓励和支持学校和企业共同参与实践教学基地的建设与运营,降低其财务负担。

3. 加大财政支持

政府需要加大对实践教学基地的直接投入,包括设备购置、基础设施建设、实训材料费用等,确保基地的硬件设施能满足高质量教学的需求。

4. 校企合作机制

鼓励企业通过提供实训设备、共建实训平台、派遣技术人员参与教学等方式,参与实践教学基地的建设和日常运营,形成校企共赢的合作模式。

5. 多渠道资金筹措

除了政府和企业投入外,还可以探索通过社会捐赠、国际合作项目、教育基金等多元化途径筹措资金,拓宽实践教学基地的资金来源。

6. 效益与回报机制

建立一套明确的效益与回报机制,对企业和个人的投入给予一定的回报或荣誉,引发社会各界对实践教学基地的支持与关注。

实施这些具体措施,能够为实践教学基地的建设提供政策与资金支持,进一步促进高等职业教育与产业深度融合,有效培养适应社会需求的高素质技术技能型人才。

(二)深化校企合作模式

为进一步深化校企合作模式,强化产教融合和多元主体协同育人的实施,为实践教学基地的建设和发展带来新的动力,可采取以下措施。

1. 搭建共创平台

促进校企间的深度合作,共同建立一个多元化协同的创新平台。该平台不仅聚焦于技术研发和实训,还涵盖产业趋势研究、创新创业指导等多方面内容。通过共创平台,引入行业专家、企业家进校园,为学生提供实时的产业知识和前沿技术分享,增强教育的实时性和前瞻性。

2. 实施产业导师制度

企业高级技术人员和管理人员作为产业导师,参与学生的专业学习和职业规划指导。产业导师制度能够让学生在专业学习中直接接触到产业实践,了解行业需求,提前适应未来职场环境。

3. 打造实训生态圈

通过校企合作,共同打造涵盖教育、研究、实训、创新等多个环节的实训生态圈。在这一生态圈内,学生可以从事与企业真实项目相关的实训活动,同时,企业可以利用这一平台进行人才早期发现和培养,形成闭环的人才培养和输送机制。

4. 构建多元化合作网络

除了传统的校企合作之外,还应当吸引政府机构、行业协会、国际组织等多元主体参与合作。这种多元化合作网络能够提供更广阔的资源和视角,为实践教学基地的建设和学生的多方位发展提供更多的支持。

5. 推进项目化学习

根据企业实际项目的需要,设计与之相对应的项目化学习内容,让学生在解决实际问题的过程中学习和成长。这种学习方式能够更好地将学生的学习内容与企业的需求对接,提高学习的针对性和有效性。

6. 促进成果共享与反馈

建立有效的成果共享和反馈机制,确保校企合作的成果能够被学校、企业乃至更广泛的社会共享。同时,通过定期的评估和反馈,双方可以及时调整合作模式和内容,确保教育内容始终紧贴产业发展的前沿。

上述措施的实施,可以更好地实现产教融合、多元主体协同育人的目标,构建一个开放、协同、创新的教育生态圈,培养能够适应未来社会发展的高素质技术技能型人才。

(三) 创新教学基地管理与运行机制

要想更好地推进实践教学基地的建设,提升其教学效果,创新基地管理与运行机制是关键。以下是针对管理和运行机制创新的具体建议,旨在深化产教融合,实现多元主体协同育人。

1. 实行动态管理模式

采用灵活多变的管理模式,根据产业发展和教育需求的变化,及时调整教学计划和内容。通过建立快速响应机制,确保教学内容与产业最新技术和需求同步。

2. 推广项目负责制

在实践教学基地内实施项目负责制,由具有丰富经验的教师或行业专家负责特定的实训项目。这种制度能够确保项目的质量和效果，同时增强学生的责任感和参与度。

3. 引入智能化管理系统

利用现代信息技术，如物联网、大数据分析等，建立智能化的基地管理系统。通过这一系统，实现资源优化配置、教学过程监控、学习效果评估等功能，提高管理效率和教学质量。

4. 建立多元评价体系

构建包含教师、学生、企业三方面的综合评价体系，不仅评价学生的学习成果，也评价教学内容和方法的实际效果。通过定期的评价和反馈，不断优化教学计划和内容。

5. 营造开放的学习环境

鼓励学生主动探索和学习，为他们提供开放的学习资源和自主选择的机会。同时，邀请企业参与教学过程，提供实际案例、技术讲座等，增强学习的实践性和互动性。

6. 促进跨界合作交流

定期组织与其他教育机构、研究机构的交流合作，共享教学资源和研究成果。通过这种跨界合作，拓宽学生的知识视野，促进知识的交叉融合。

上述措施有利于创新实践教学基地的管理与运行机制，可以更有效地服务于产教融合、多元主体协同育人的教育目标，从而培养出能够适应未来社会发展需要的高素质技术技能型人才。

三、案例分析与经验总结

（一）国内外成功案例分析

在实践教学基地建设和管理的进程中，通过瑞士和韩国的案例，以及我国高等职业教育领域的实例，我们可以获得具有启发性的经验和策略。

1. 瑞士职业教育体系

特点：瑞士职业教育体系的核心在于其严格的实习制度和积极的行业参与。学生通过在各种行业的企业中进行长期实习，获得宝贵的实践经验，这些实习通常是由行业领导和教育机构共同设计和监督的。

成功因素：强调实践学习的瑞士模式成功地缩小了学校教育与实际工作之间的差距。企业在教育过程中扮演了重要角色，不仅提供了实习机会，还参与课程开发和技能评估，确保教育内容与行业需求紧密对接。

2. 韩国产学研合作模式

特点：韩国的产学研合作模式突出大学、研究机构与企业之间的密切合作。

韩国通过建立联合研发中心、实训基地和创新实验室等，大力促进学生的实践学习和技术创新。

成功因素：韩国政府为促进产学研合作提供了政策和财政支持，同时，企业积极参与，为学生提供了丰富的实习和就业机会。此外，教育与研发的紧密结合也加速了新技术的应用和推广。

3. 我国江苏省高等职业教育集团模式

特点：江苏省通过建立高等职业教育集团，促进了学校、企业、政府的三方合作。这一模式强调资源共享、优势互补，通过集团化运作，提升了实践基地的建设和管理水平。

成功因素：政府的政策支持和引导，学校与企业之间的密切合作，以及对教育质量和学生就业能力提升的共同追求，是其成功的关键。

4. 我国广东省"现代学徒制"试点项目

特点：广东省在高等职业教育中推行"现代学徒制"试点，强化了工学结合、校企合作的教育模式。通过这一项目，学生能够在企业实际工作环境中进行长期实习，同时接受学校和企业的双重指导。

成功因素：该模式的成功依赖于企业对学生实训的高度重视，为学生提供了与学习内容紧密相关的实习岗位。此外，学校与企业的共同参与确保了教育培养方案的实用性和前瞻性。

（二）经验与启示提炼

通过分析瑞士、韩国的国际案例以及我国江苏省和广东省在高等职业教育领域的实践，我们可以总结出以下经验。

1. 实践与行业需求的紧密结合

瑞士职业教育体系强调实习和行业参与的重要性，通过长期实习让学生获得实践经验，确保教育内容与行业需求紧密对接。这说明教育体系需要与企业和行业领导共同设计和监督实习项目，以缩小学校教育与实际工作之间的差距。

2. 多方合作的生态系统

韩国的产学研合作模式通过建立联合研发中心、实训基地和创新实验室，促进了学生的实践学习和技术创新。这种模式的成功展示了大学、研究机构与企业之间密切合作的重要性，以及政府在提供政策和财政支持方面的关键角色。

3. 资源共享和优势互补

江苏省高等职业教育集团模式通过促进学校、企业、政府的三方合作，实现了资源共享和优势互补。这种集团化运作方式提升了实践教学基地的建设和管理水平，强调了政府政策支持和学校与企业之间紧密合作的重要性。

4. 强化工学结合、校企合作的教育模式

广东省的"现代学徒制"试点项目通过让学生在企业实际工作环境中进行长期实习,加强了工学结合、校企合作的教育模式。企业的高度重视和双方的共同参与,保证了教育培养方案的实用性和前瞻性。

成功的实践教学基地建设需要校企合作的深度与广度,企业不仅要提供实习机会,还应参与课程开发、技能评估和教育培养方案的设计。政府在产教融合中发挥了不可或缺的作用,通过政策引导和财政支持,为校企合作提供稳定的外部环境。推进实践教学基地的成功需要构建涵盖教育、企业和政府等多方参与的生态系统,实现资源共享、优势互补。紧跟行业发展趋势,确保教育内容和实践学习项目能够满足当前和未来的行业需求,为学生就业和职业发展打下坚实的基础。

这些经验和策略为全球范围内推进产教融合和实践教学基地的建设提供了宝贵的参考,指明了实现高质量职业教育的路径。

四、面临的挑战与对策

在推进实践教学基地的建设与管理中,深化产教融合和实施多元主体协同育人,仍然面临着多重挑战。这些挑战主要包括技术环境的快速变化、校企合作的深度与质量、资源配置的有效性,以及教育体系与行业需求对接的紧密程度等。为了有效应对这些挑战,有必要采取针对性的对策,创新和完善实践教学基地的建设与管理模式,确保产教融合及多元主体协同育人战略能够顺利实施,以更好地服务于学生的全面发展和行业的实际需求。

表6.1详细描述了面临的挑战、应对策略与建议及实施方法。

表6.1 面临的挑战、应对策略与建议及实施方法

面临的挑战	详细描述	应对策略与建议	实施方法
技术快速迭代与更新	随着科技尤其是在智能制造和信息技术领域的飞速发展,教学内容更新的需求不断增加,对教学基地的设施和师资力量的现代化提出了更高要求	建立与行业领先企业的合作关系,定期更新教学内容和实训设施,同时加强师资队伍的在职培训	与企业共建实训基地,定期邀请行业专家进行师资培训和技术研讨
校企合作的深度不足	虽然校企合作已被广泛认可,但合作的深度和质量往往不足,表现在合作模式单一、企业参与积极性不高等问题上	通过政策激励和财政支持,鼓励企业参与从课程开发到实训指导及评估的教学全过程	建立校企合作长效机制,实施定期评估和反馈循环,确保合作的实效性和深度

续表

面临的挑战	详细描述	应对策略与建议	实施方法
资源配置不均和利用效率低	实践教学基地建设和运营需要大量的资金和资源支持，但当前资源配置存在不均和利用效率低的问题	政府和教育管理部门应采取措施合理调配教育资源，实行资源共享机制，加大对资源不足地区的支持	建立区域性或行业性实训中心，实现资源的高效利用和均衡分配
教育内容与行业需求脱节	教育培养方案与行业实际需求脱节，毕业生的实际工作能力与企业需求之间有差距	教育机构应与企业及行业协会合作，进行职业岗位分析和需求调研，定期调整教育内容	建立行业需求响应机制，定期更新课程体系和教学方法，确保与行业标准同步
多元协同机制不完善	产教融合和多元主体协同育人需要多方协同工作，但缺乏有效的协调和沟通平台	建立政府主导，教育机构、企业、行业协会多方参与的协同工作平台	定期召开产教融合发展论坛、工作坊等活动，加强各方协作与沟通

通过创新实习实训基地的管理机制，加强教育与产业的融合，有利于实现高效的教育改革和质量提升。

第二节 技术技能平台

经济全球化和技术革新的加速，让技术技能的培养成为教育和产业发展的核心。技术技能平台作为连接理论教育和实际应用的重要桥梁，对于实现产教融合、多元主体协同育人具有特别的意义。这一平台不仅为学生提供了接触最新技术和实践操作的机会，也为企业培养了符合行业需求的专业人才，同时，它还促进了教育内容与产业技术的同步更新，加强了学校教育与企业需求之间的联系。

然而，尽管技术技能平台的建设和运用在理论上具有广泛的支持，实际操作中仍面临不少挑战。如何高效地设计和管理这些平台，如何确保教育培训与行业需求的紧密结合，以及如何通过这些平台深化校企合作和促进多元主体协同育人，都是当前亟待解决的问题。

一、技术技能平台的角色与功能

技术技能平台是现代职业教育体系中的重要角色，它不仅是知识传递和技能培养的重要场所，更是产教融合、多元主体协同育人战略实施的关键平台。通过提供与实际工作环境相仿的学习条件，技术技能平台架起了理论学习与职业实践之间的桥梁，有效促进了学生技能的全面发展。同时，它为企业提供了直接参与人才培养过程的渠道，加强了教育内容与产业需求的对接，推动了教育模式的创新与变革。此外，技术技能平台还具备推动区域经济发展、促进社会终身学习文化建设的功能，对于构建知识经济和学习型社会具有深远的影响。在未来，随着技术的不断进步和教育需求的多样化，技术技能平台的作用将更加凸显，其影响力也将随之扩大。

（一）技术技能平台的角色与意义

1. 桥接理论与实践

技术技能平台提供了一个实际操作的环境，让学生能将理论知识与实际技能相结合。这种结合不仅加深了学生对知识的理解，也提升了他们解决实际问题的能力。

2. 满足行业需求

随着产业升级和技术革新，企业对高技能人才的需求日益增长。技术技能平台通过提供与行业标准和最新技术相匹配的培训，有效地缩小了教育产出与市场需求之间的差距。

3. 促进产教融合

通过校企合作建立和运营技术技能平台，学校可以直接利用企业的技术资源和行业经验，企业也可以参与到人才培养的全过程，实现资源共享、优势互补，加速了产教融合的进程。

4. 支撑终身学习

技术技能平台不仅服务于在校学生，也向在职员工和社会成员开放，支持个人技能的持续发展，支撑终身学习。这有助于建立一个学习型社会，提升整体社会的技术能力和创新水平。

5. 推动区域经济发展

技术技能平台通过培养符合地方产业发展需求的技术人才，为地方经济的转型升级提供人才支持，推动产业结构优化和经济增长。

（二）发展现状

随着全球经济结构的转型和技术的进步，技术技能平台作为职业教育和技能培训的重要组成部分，其发展态势呈现出显著的特点。

1. 多领域融合发展

技术技能平台已广泛应用于制造业、信息技术、生物科技、新能源等多个领域。这些平台通过模拟真实工作环境，为学生提供了丰富的学习和实训机会。

2. 创新教育模式

技术技能平台倡导学习和实训一体化，采用项目驱动、任务导向等教学模式，使学生能够在解决实际问题中学习新技术，提高实践能力。

3. 政府与企业的支持

多国政府及行业企业识别到技术技能平台在推动经济发展和技术创新中的作用，纷纷提供支持，包括政策引导、资金投入和技术分享等，促进了平台的建设和优化。

4. 校企深度合作

技术技能平台建设越来越多地采取校企合作模式，企业不仅提供实训场所和设备，还参与课程设计、教学实施乃至学生评估，实现了教育资源与产业需求的有效对接。

5. 国际交流与合作

在全球化背景下，技术技能平台的建设和运营也趋向国际化，常通过与国外教育机构和企业的合作交流，引进国际先进的教育理念和技术，提升本土教育质量和国际竞争力。

二、技术技能平台的实践与创新

在技术技能平台的实践与创新领域，教育机构、企业和政府共同探索和实施了一系列先进的教学模式和管理策略，旨在更有效地培养符合时代需求的技术技能人才。这些实践和创新不仅涉及教育培训内容的更新和教学方法的革新，还包括对教育管理机制的健全和体系的优化，以及校企合作模式的深化。技术技能平台通过引入最新的技术工具和资源，实现了教学内容与工业实践的紧密结合，提高了学习的针对性和实用性。同时，这些平台致力于创造开放、互动的学习环境，鼓励学生主动探索和创新，培养了他们的问题解决能力和终身学习能力。此外，技术技能平台的实践与创新还体现在通过数据分析和反馈机制优化教育成果，以及构建多方参与、资源共享的生态系统，为技术技能教育的持续发展提供了强有力的支持。随着技术的不断进步和社会需求的不断变化，技术技能平台的实践与创新将持续推动教育领域的进步，为培养新时代的技术人才作出更大贡献。

（一）教育培训与产业政策规划的融合

技术技能平台在连接教育培训与产业政策规划方面，扮演着创新引擎的角色，通过以下方式实现双方的有效结合，进而支持产业的持续发展。

1. 构建反馈机制

建立一个由技术技能平台、行业代表和政府部门组成的反馈网络，定期收集产业发展的实时数据，根据数据进行未来趋势预测，作为教育培训内容更新的依据。这种机制能确保教育培训及时调整方向，与产业政策规划保持同步，从而匹配产业升级的需求。

2. 促进政策试点项目

技术技能平台可以作为政策试点的实验场，探索新的教育模式和产业支持政策。例如，通过在平台上实施新颁布的产业支持措施，评估政策的实际效果，为全面推广提供依据。

3. 激发产业创新

利用技术技能平台将教育培训资源与产业政策规划紧密结合，不仅能提高人才培养的针对性和效率，也能激发企业创新，推动产业向更高技术水平、更高附加值的方向发展。

4. 定制培训计划

针对特定产业政策支持的领域，技术技能平台可开发定制培训计划，以满足特定产业发展的急需人才。这种培训计划能够快速响应政策，确保产业发展与人才培养同步。

通过这些创新策略，技术技能平台能够更有效地将教育培训与产业政策规划紧密结合，形成一个促进产业发展和技术创新的良性循环，为实现产教融合、多元主体协同育人策略提供强有力的支持。

（二）项目策划咨询与工作室服务的整合

技术技能平台在整合项目策划、咨询与提供专业工作室服务方面展现出独特的优势，为产业发展和教育创新提供了新的路径。通过这种整合，平台不仅能够提升学习者的实际操作能力，也能促进企业项目的实施和创新活动的开展。

1. 促进实际项目的应用学习

技术技能平台通过与企业合作，引入真实的工业项目，为学习者提供项目策划和执行的机会。这种模式使学习者在完成具有实际应用价值的项目过程中，不仅能够学到最新的技术知识，还能培养项目管理和团队协作的能力。

2. 提供专业咨询服务

技术技能平台聚集了来自各个领域的专家和技术人才，能够为企业提供专业的技术咨询服务。这些服务包括但不限于技术解决方案的提供、新技术应用的探索以及创新项目的指导，以帮助企业解决技术难题，加速产品研发和创新过程。

3. 建立专业工作室服务

技术技能平台上建立的专业工作室为学习者和企业提供了高质量的实训环境和设施。这些工作室不仅装备了先进的技术设备，还模拟了真实的工作场景，使学习者能在实践中深化理论知识，同时为企业的研发活动提供支持。

4. 促进产教融合与创新发展

通过项目策划、咨询服务和专业工作室的整合，技术技能平台成为促进产教融合的重要力量。学校和企业通过平台紧密合作，共同参与人才培养和技术研发，推动了教育模式和产业发展的创新。

综上所述，技术技能平台在整合项目策划、咨询与工作室服务方面，不仅为学习者提供了实践学习的机会，也为企业提供了技术支持和创新服务，成为连接教育和产业、推动双方共同发展的重要桥梁。

（三）教育管理与运行体系的创新

技术技能平台提供了一种独特的机会来革新传统的教育管理与运行体系，其核心在于利用现代技术手段提升教育的效率和质量。以下是通过技术技能平台实现教育管理与运行体系创新的几个方面。

1. 数字化管理系统

通过构建一个全面的数字化管理系统，技术技能平台可以实现对教育资源、教学进度和学生学习情况的实时监控和管理。这种系统支持数据驱动的决策过程，使教育管理更加高效、透明和个性化。

2. 智能化学习路径

利用大数据和人工智能技术，技术技能平台能够为每个学习者定制智能化的学习路径。根据学生的学习进度、能力水平和兴趣偏好，智能推荐合适的学习内容和难度，从而提升学习效率和个性化学习体验。

3. 云端资源共享

技术技能平台通过云技术实现教学资源的在线共享，使高质量的教学内容和实训软件无处不在、随时可用。这不仅极大地扩展了教育资源的覆盖范围，也为远程教育和协作学习提供了强大支持。

4. 反馈与评估机制

通过建立完善的在线反馈和评估机制，技术技能平台能够收集学生的学习数据，及时评估学习效果，为教师和学习者提供实时反馈。这种机制有助于及时调整教学策略和学习计划，确保教学质量。

5. 促进校企协同

技术技能平台通过提供一个共享的交流和合作平台，促进校企之间的深度协同。企业可以直接参与课程设计、项目指导和技能评估，确保教育内容与产业需求高度匹配，同时为企业培养定制化的人才。

通过上述措施，技术技能平台能够推动教育管理与运行体系的全面创新，不仅能提升教育效率和质量，还为实现产教融合、培养未来人才打下了坚实的基础。这种创新不仅限于技术层面的改进，更涉及教育观念和模式的根本变革，预示着教育领域的未来发展方向。

三、校企合作与产教融合的深化

校企合作与产教融合的深化是技术技能平台发挥其最大潜能的关键所在，它不仅推动了教育内容与产业实践的紧密结合，也为学生提供了更多增强实践经验的机会，极大地增强了教育的实用性和有效性。通过校企合作，技术技能平台成为知识传递、技能培养与创新实践的融合点，有效连接了教育界与产业界。企业不仅能够直接参与到人才培养过程中，为学生提供实习实训的机会，也能够通过项目合作、共同研发等方式，与教育机构共同探索新的技术和解决方案，推动产业创新。此外，这种深化的合作还促进了教育资源的优化配置和利用，提升了教育培训的针对性和效果，为学生就业和职业发展打下了坚实的基础。

（一）校企合作模式的创新

如今，校企合作模式的创新成为促进教育与产业深度融合的关键途径。

1. 虚拟实训合作

利用技术技能平台的高度数字化特性，创建虚拟实训环境，使企业可以在不受地理限制的情况下参与教育过程。学生可以在虚拟环境中接触到最新的工业技术和工作流程，而企业能够在早期发现并培养潜在的人才。

2. 云端协作平台

建立基于云技术的协作平台，能实现教育资源和企业资源的无缝对接。这样的平台不仅可以存储大量的教学材料、行业数据和项目案例，还能支持在线的协作和交流，为校企合作提供一个灵活高效的工作平台。

3. 开放式创新实验室

技术技能平台鼓励学校和企业共同建立开放式创新实验室，这些实验室不仅对学生开放，也欢迎企业员工学习和研究。这种模式促进了知识和技能的双向流动，加强了学术研究与产业实践的结合。

4. 动态技能认证系统

随着技术的不断发展，某些技能可能很快就会过时。在这种背景下，技术技能平台支持校企合作开发动态技能认证系统，根据行业的最新需求对技能标准进行定期更新，确保学生掌握的技能是最新、最有市场价值的。

5. 共创课程内容

超越传统的客座讲座或企业参观，技术技能平台鼓励企业专家与教师共同参与课程的设计和教学过程。通过这种深度合作，课程内容更加贴近工作实际，提升了学生解决实际问题的能力。

（二）推动员工专业技能培训

随着技术技能平台的应用，员工专业技能培训呈现出新的特点和趋势，这对于企业维持竞争力和促进员工个人发展具有重要意义。通过技术技能平台，企业能够采取以下策略来推进员工的专业技能培训。

1. 定制学习计划

技术技能平台支持对培训内容进行个性化定制，使企业能够根据每个员工的具体需求和技能水平设计个性化的学习计划。这种定制不仅能提高学习的相关性和效率，也能增强员工的学习动力和满意度。

2. 在线与离线结合的培训模式

利用技术技能平台，企业可以实现在线学习与面对面实训的有效结合。在线平台提供理论知识学习和初步技能训练，而离线实训侧重于高级技能的实操和团队协作，这种混合学习模式能够全面提升员工的专业技能。

3. 即时反馈与评估

技术技能平台通过集成的评估工具，为员工提供即时的学习反馈和绩效评估，帮助他们明确学习目标，及时调整学习策略。同时，为企业提供数据支持，以优化培训计划和提升培训质量。

4. 跨界技能培训

随着产业界限的日益模糊，跨界技能变得越来越重要。技术技能平台通过提供多学科交叉的学习内容，支持员工学习与本职工作相辅相成，提供数据分析、项目管理等功能，这有助于员工的全面发展和职业生涯规划。

5. 持续学习的企业文化建设

技术技能平台不仅是技能培训的工具，更是企业文化建设的一部分。通过鼓励员工在平台上进行持续学习和自我提升，企业可以形成积极向上、不断创新的组织氛围。

通过这些策略，技术技能平台为企业提供了灵活、高效、可持续的员工专业技能培训解决方案，不仅有助于提升员工的专业技能和工作表现，也促进了企业的长期发展。

四、案例分析与经验总结

(一) 典型案例探讨

1. 背景

澳大利亚的职业教育和培训（Vocational Education and Training，VET）系统通过职业技术教育学院（Technical And Further Education，TAFE）提供广泛的职业课程和技能培训。其中，一个具有代表性的成功案例是位于维多利亚州的 TAFE 技术技能平台，它专注于可持续能源和绿色技术的培训，与当地及国际企业紧密合作，以满足快速增长的绿色经济对技术技能工人的需求。

2. 实施过程

基于行业需求分析，TAFE 与能源行业合作伙伴进行深入沟通，确定了可持续能源领域的关键技能需求，如太阳能和风能技术安装、维护和优化。

3. 课程与平台开发

基于行业需求，TAFE 设计了一系列针对可持续能源技术的配套活动，包括实践工作坊、在线学习模块和企业实习。技术技能平台提供了先进的实训设施，模拟真实的工作环境，如完备的太阳能电池板安装区和风力发电机维护实验室。

4. 企业合作

多家领先的能源企业参与到课程设计和实训中，提供最新的技术设备和专业导师。同时，学生有机会参与到企业的实际项目中，获取宝贵的工作经验。

(二) 成功经验

分析澳大利亚 TAFE 技术技能平台案例可知紧密校企合作的重要性。这不仅确保了教育内容与行业需求紧密对接，而且提高了教育的应用性和实用性。灵活的课程设计、实践与创新的并重、多元化的学习平台以及持续的行业反馈，都是保证教育质量和适应行业变化的关键因素。同时，避免资源分配不均、忽视基础技能培养、缺乏长期视角、忽视学生个性化需求和沟通协同不足是推进技术技能平台建设和职业教育发展过程中必须注意的问题。这些经验和教训为未来技术技能平台的建设和职业教育的持续改进提供了指导，指明了在快速发展的技术领域中培养高素质技术人才的有效路径。

五、面临的挑战与对策

在推进技术技能平台的建设与管理中，虽然借鉴了国内外丰富的成功经验，但在深化产教融合和实施多元主体协同育人战略的过程中,仍面临诸多挑战。这些挑战包括技术环境的快速变化、校企合作的深度与质量不足、资源配置的有效性以及教育体系与行业需求的对接等问题。针对这些挑战,我们需要采取有效的对策,通过创新管理和教育模式,确保技术技能平台的建设能够更好地服务于学生的全面发展和行业的实际需求。表6.2详细描述了面临的挑战与对策。

表 6.2 面临的挑战与对策

面临的挑战	详细描述	应对策略与建议	实施方法
校企合作的深度与广度不足	虽然产教融合强调校企合作,但合作深度有限,缺乏长期、系统的合作机制,影响了技术技能平台的构建和资源的共享	建立长期、深入的校企合作机制,包括企业在课程开发、实训指导、技术更新等方面的直接参与	与企业建立稳定的合作关系,共同设计和实施课程和实训项目,确保教学内容和技能训练与实际工作需求紧密结合
多元主体协同机制不健全	除校企合作外,产教融合涉及政府、行业协会等多方参与,但协同机制不完善,缺乏有效的协调和激励措施	构建多元主体协同的平台,通过跨部门协作机制促进资源共享、信息交流和政策支持	建立跨部门协作平台,定期组织协同工作会议,形成教育、产业和社会服务的协同效应
快速变化的技术与课程更新滞后	随着科技进步,课程内容和实训设备快速过时,与产业最新需求的对接滞后	持续更新课程和技术设备,利用数字技术提高教育的灵活性和可访问性	根据行业发展趋势定期更新课程内容和提升实训设备的现代化水平,利用在线资源优化教学方法
教师专业能力与行业需求差距	教师除需要掌握专业知识外,还需具备相应的行业经验,当前教师队伍中缺乏具有实际行业经验的"双师型"教师	培养和引进"双师型"教师,提升在职教师的实践能力和技术水平	通过行业实践、专业培训等方式提升教师实践能力,积极引进具有丰富行业经验的专业人士加入教师队伍
资金投入与资源分配问题	技术技能平台建设和运营需要大量资金支持,但资金投入不足或分配不均会影响平台的建设质量和教育服务的覆盖面	优化资金和资源分配,政府加大对职业教育的财政投入,特别是对技术技能平台的支持	政府提供财政支持,鼓励社会资本和私人投资参与职业教育领域,通过政策引导和激励措施拓宽资金来源

表 6.2 展示了如何通过创新的管理机制和政策支持来应对技术技能平台建设中的挑战，以实现教育改革和质量提升。

总　　结

本章从多个维度系统阐述了实习实训环节在产教融合框架下的实施策略和创新措施，具体包括实践教学基地的建设挑战、技术技能平台的角色功能以及高等职业教育实习的产教融合实践。通过案例分析与经验总结，提供了实际操作中遇到的问题与解决方案，强调了校企合作在实践教学中的深化作用，以及对教育管理机制和运行体系改革的需求。本章内容不仅展示了实习实训在职业技能提升中的应用，也反映了高职教育在响应产业需求、促进学生就业能力提升方面的积极探索与实践。

第七章

服务发展

第一节 社会服务

在当前时代背景下,职业教育正在经历一场深刻的转型。这次转型不仅仅局限于传授专业知识与技能,更扩展至深度参与社会服务,体现职业教育在培养全面发展人才、推动社会进步中的核心作用。社会服务作为职业教育重要的组成部分,其重新定位不仅展示了职业教育对外输出知识与技能的能力,更是积极回应社会需求、促进社会整体发展的有效途径。这种转变,既是职业教育对自身社会责任认识的深化,也是其育人理念的扩展与实践。

职业教育通过社会服务项目的实施,如提供技术支持、开展继续教育课程、参与社区发展规划等,不仅为学生提供了丰富的学习与实践机会,增强了他们的社会责任感和职业技能,也直接促进了社区福祉和社会公益的提升。这种教育模式的转变,展现了职业教育在培养适应社会发展需求的复合型人才中的积极作用,强调了教育与社会服务的紧密结合。

一、社会服务的角色与功能

在探讨社会服务的角色与功能时,我们见证了职业教育如何通过产教融合和多元主体协同育人的核心策略,重新确定其在社会发展中的作用。这不仅是对职业教育实践领域的一次拓展,更是育人理念深度融入社会服务的体现。职业教育在这一过程中不仅传授知识和技能,更致力于培养学生的社会责任感、创新能力和解决实际问题的能力,展现了教育服务社会的多维价值。通过校企合作开发服务项目和活动,职业教育有效增强了社会服务的实效性,同时,通过满足特定社会群体的需求,进一步体现了教育的普惠性和包容性。这些实践不仅促进了社会的整体福祉，也为学生提供了实际操作和社会参与的机会，有助于培养学生的全球视野和社会责任感，成为复合型人才。因此，职业教育在社会服务中的角色和功能，不仅是对其育人目标的扩展，也是对社会发展贡献的具体体现，充分展示了产教融合、多元主体协同育人策略在实际应用中的深远影响。

（一）社会服务的角色与意义

社会服务在职业教育体系中占据核心地位，并对社会进步和公共福利产生了广泛的影响。这一角色的实现体现在几个关键方面。

1. 教育与社会需求的直接对接

社会服务使职业教育能够直接对接社会需求，将教育资源有效地应用于社区发展、环境保护、公共卫生等多个领域。这种对接不仅优化了教育资源的分配，也提高了教育活动的社会价值和实践意义。

2. 推动社会进步的实践平台

通过社会服务项目，职业教育成为推动社会进步的重要实践平台。学生参与项目，如社区服务、技术支持等，不仅获得了宝贵的实践经验，还有利于社会福祉的提升，体现了职业教育在促进社会进步中的积极作用。

3. 培养具有社会责任感的人才

社会服务活动强调了职业教育在培养学生社会责任感、公民意识和解决实际问题能力方面的责任。这些活动不仅有助于学生技能的提升，更重要的是促进了他们的全面发展，为社会培养了既具备专业技能又具有强烈社会责任感的人才。

4. 促进公共福利的提升

职业教育通过社会服务项目直接促进了公共福利的提升。无论是提供专业技术支持、参与环境保护项目，还是开展社区教育和健康宣教，职业教育的这些实践活动都在不同程度上提高了社会的整体福利水平。

总之，社会服务不仅彰显了职业教育在满足社会需求、推动社会发展中的核心作用，同时体现了职业教育在培养责任意识强、综合素质高的人才方面的重要使命。通过这些活动，职业教育为社会的可持续发展作出了不可替代的贡献。

（二）产教融合实现社会服务的路径

产教融合实现社会服务的路径在职业教育中显得尤为重要，它标志着教育体系对外拓展的一大步，将教育的边界扩展到社会服务领域，从而加深了职业教育对社会发展的贡献。

1. 整合教育资源与社会需求

产教融合促进了职业教育资源与社会服务需求的有效整合。这种整合不仅提升了职业教育的社会服务能力，也使教育内容更加贴近实际，满足社会和企业的实际需求。

2. 创新服务模式

在产教融合的推动下，高职院校与企业共同探索和实践了一系列创新的社会服务模式。这些模式不仅涉及传统的教育培训领域，也包括社区服务、环境保护、公共健康等广泛领域，体现了职业教育在服务社会中的多样性和创新性。

3. 强化实践教学与社会服务的结合

产教融合强化了实践教学与社会服务的结合。通过实际参与社会服务项目，学生能够将所学理论知识应用于实践，提升解决实际问题的能力，同时加深对社会责任和公民意识的理解。

4. 培养社会责任感

通过参与由产教融合推动的社会服务项目，职业教育不仅培养学生的专业技能，更注重培养学生的社会责任感。这种教育方式有助于学生认识到个人成长与社会发展的紧密联系，激发他们为社会作贡献的意愿和行动。

通过这样的路径，产教融合不仅拓宽了职业教育的服务领域，也为社会培养了既具备专业能力又具有强烈社会责任感的人才，为社会的可持续发展注入了新的活力。这种模式强调教育与社会服务的无缝对接，是职业教育发展中的重要创新点，展示职业教育对社会贡献的意义。

二、社会服务的实践与创新

在职业教育领域，社会服务的实践与创新反映了教育系统对社会需求变化的敏感性和响应能力。通过产教融合以及多元主体协同参与，高职院校不仅能够提供传统意义上的知识和技能培训，还能够开拓新的服务模式，满足社会发展的新需求。这些实践和创新活动包括从提供专业技术服务到解决具体社会问题，从促进社区发展到支持特定群体的福利的各个方面，展现了职业教育在社会服务中的广泛参与和深刻影响。重要的是，这些活动不仅加深了学生对专业知识的理解，也培育了他们的创新意识、团队合作能力和社会责任感。通过这种方式，职业教育为社会的可持续发展作出了重要贡献，同时也实现了教育的根本目的——育人。

（一）基于产教融合的社会服务新模式

在产教融合的基础上，职业教育开启了社会服务新模式的探索之路。这些新模式通过创新服务内容、服务方式和合作模式，显著提升了社会服务的效率和效果，同时丰富了职业教育的实践教学内容。

1. 服务内容的创新

高职院校深入了解社会和行业的发展趋势，不断创新社会服务的内容。这不仅包括传统的技术支持和职业培训，还扩展到社会公益、环境保护、文化传承等领域。例如，开展针对老年人的数字技能培训，既有利于应对社会老龄化的挑战，也为学生提供了应用信息技术解决实际问题的机会。

2. 服务方式的创新

借助现代信息技术，职业教育在服务方式上进行了大胆创新。通过线上平台和移动应用，高职院校能够突破时间和空间的限制，为更广泛的受众提供服务。此外，通过虚拟仿真、远程教学等手段，高职院校能够模拟实际工作环境，提供更加贴近实际的学习体验。

3. 合作模式的创新

产教融合促使高职院校与企业、政府和非政府组织等多元主体建立更加紧密和灵活的合作关系。这种合作不再仅限于传统的实习安排或项目委托，而是涵盖了共同参与社会服务项目的规划、实施和评估全过程。通过这种合作，高职院校能够更直接地获得行业最新的知识和技能，同时为合作伙伴提供人才培养、技术创新等方面的支持。

这些基于产教融合的社会服务新模式，不仅让职业教育更积极地响应了社会需求，也为高职院校、学生和社会各方带来了双赢的效果。通过这种模式，职业教育成为联结社会需求与个人发展、推动社会进步的重要力量。

（二）多元主体协同育人在社会服务中的应用

在社会服务项目中，多元主体协同育人体现了一种全社会共同参与育人的新模式，通过有效整合政府、企业、教育机构和非政府组织等多方资源，形成了协同推进社会服务的有效机制。

1. 政府的角色与贡献

政府作为协同育人体系中的关键角色，通过制定支持性政策、提供资金支持和建立服务平台等方式，为社会服务项目的实施打下了坚实的基础。政府还可以通过政策引导，鼓励企业和教育机构参与社会服务项目，增加社会服务项目的覆盖面和影响力。

2. 企业的参与与创新

企业不仅提供资金支持和技术资源，还将自身的行业需求和前沿技术带入社会服务项目中，使项目更具实用价值和前瞻性。此外，企业在参与社会服务项目的过程中，还能为学生提供实习机会，促进学生职业技能和综合素质的提升。

3. 教育机构的专业引领

高职院校在多元主体协同育人体系中发挥着专业引领作用，通过整合教学资源，将社会服务项目与教学计划相结合，为学生提供系统的理论学习和实践机会。同时，教育机构还负责协调各方资源，确保教育质量和服务效果。

4. 非政府组织的桥梁作用

非政府组织在协同育人体系中起到了桥梁和纽带的作用，它们通常在特定的社会服务领域拥有丰富的经验和专业知识。通过与非政府组织的合作，高职院校和企业可以更精准地识别社会服务的需求，提高服务的针对性和有效性。

通过多元主体的协同合作，社会服务项目能够有效整合各方资源，形成合力，确保教育活动的社会性和实践性，实现教育资源利用的最大化和社会服务效果的最优化。这种协同育人的机制不仅加强了职业教育的社会服务能力，也为学生的全面发展提供了更广阔的空间。

三、案例分析与经验总结

（一）典型案例探讨

1. 社区健康普及计划

一所职业技术学院与当地卫生部门合作，发起了针对社区居民的健康普及计划。该计划利用学院医疗健康专业的师生资源，开展健康知识讲座、免费体检、疾病预防咨询等服务。这一项目不仅提升了社区居民的健康意识和生活质量，也为学生提供了宝贵的实践机会，增强了学生的职业技能和服务社会的意识。

2. 数字技能培训项目

另一职业学校针对老年人推出了"数字生活技能培训"项目。该项目旨在帮助老年人熟悉智能设备，如智能手机、电脑等，并教授他们如何通过互联网进行信息查询、社交互动、在线支付等活动。该项目通过提供易于理解的教学材料和一对一指导，成功帮助大量老年人克服了数字鸿沟，使他们能够更好地适应现代社会生活。

3. 职业技能提升工程

针对低收入家庭的成年人，一所职业教育中心开展了"职业技能提升工程"。该工程提供了一系列涵盖电子商务、汽车修理、烹饪等多个领域的职业技能培训课程。这些课程提高了低收入家庭成员的就业技能和市场竞争力，有助于他们增加收入。

（二）成功经验

从上述案例中提炼的成功经验，为社会服务项目提供了宝贵的参考和借鉴。

1. 强化产教融合与校企合作

成功的社会服务项目往往建立在紧密的产教融合基础上，通过校企合作，有效利用企业资源和教育资源，共同设计和实施服务项目。这种合作不仅为项目带来了实际的行业需求和最新技术，也为学生提供了真实的学习和实践机会。

2. 精准定位服务对象和需求

成功的社会服务项目能够精准定位服务对象、识别其需求，有针对性地设计服务内容。无论是针对老年人的数字技能培训，还是针对低收入家庭的职业技能提升工程，精准的需求分析都是项目成功的关键。

3. 创新服务方式和内容

不断创新服务方式和内容，使服务项目更具吸引力，达到更好效果。例如，利用现代信息技术提供远程教育服务，或开发符合特定群体兴趣和需求的定制课程，都能显著提升服务的参与度和满意度。

4. 多元主体的有效协同

社会服务项目的成功往往依赖于政府、企业、教育机构和非政府组织等多元主体的有效协同。每一方都能发挥专长，共同推动项目的顺利实施和持续发展。

5. 持续跟踪评估与反馈机制

建立持续的项目跟踪评估和反馈机制，对项目的实施效果进行定期评估，并根据反馈调整项目设计和实施方案。这种机制有助于不断优化项目，确保服务内容始终符合服务对象的实际需求，达到预期效果。

6. 强调实践教学与社会责任感培养

将社会服务项目与职业教育的实践教学紧密结合，不仅提升了学生的专业技能，更重要的是通过实践活动培养了学生的社会责任感和公民意识。

这些成功经验为未来设计和实施社会服务项目提供了重要参考，强调了项目成功的关键因素：产教融合、需求精准、创新服务、多元协同、持续评估和责任培养。通过遵循这些经验，未来的社会服务项目可以更有效地实现育人目标，同时为社会的可持续发展作出更大贡献。

四、面临的挑战与对策

在推进社会服务项目的过程中，职业教育面临着多种挑战，这些挑战可能影响项目的效果和可持续性。挑战包括跨界合作的困难、技术应用的障碍、项目资金的限制、需求变化与适应性问题,以及效果评估和反馈机制的缺乏。为了有效应对这些问题,我们需要建立多领域协作框架、加强技术支持和培训、拓宽资金筹集渠道、增强项目的灵活性和适应性,并建立全面的评估和反馈体系。表7.1描述了面临的挑战与对策。

表7.1 面临的挑战与对策

面临的挑战	详细描述	应对策略与建议	实施方法
跨界合作的困难	不同组织间的运作模式、目标定位和文化差异,导致合作困难	建立多领域协作框架,促进不同领域间的理解和协调	设立跨领域研讨会、工作坊和联合项目,制定沟通协议和合作指南
技术应用的障碍	资源配备、技术培训和维护更新问题,尤其在资源不足的社区更明显	加强对社会服务项目人员的技术支持和培训	设立专门的技术培训课程和技术支持团队
项目资金的限制	资金不足导致项目难以启动或持续,影响服务深度和广度	多渠道筹集资金,包括政府补助、企业赞助、众筹等方式	探索通过众筹平台、慈善活动筹集资金,建立项目预算管理体系
需求变化与适应性	服务项目缺乏足够灵活性来及时调整服务内容和方式,使服务效果不佳	增强项目的灵活性和适应性,采用敏捷管理方法定期评估和调整项目方向和内容	加强与服务对象的互动和反馈机制,及时响应目标群体的实际需求
效果评估与反馈机制的缺乏	缺乏有效的评估和反馈机制,导致服务质量和效果难以监控和提升	建立全面的项目评估和反馈体系,包括效果评估、满意度调查和项目改进会议	利用数据分析优化项目设计和实施策略,确保项目持续改进

这些措施可以有效解决社会服务项目在实施过程中遇到的问题,确保项目更好地达到预期目标并具有持续性。

第二节 国际交流与合作

在全球化的浪潮中,职业教育的国际交流与合作不仅是一种趋势,也成为职业教育体系中产教融合和多元主体协同育人战略实现的关键。

国际交流与合作为职业教育注入了新的活力,推动了教育理念、教学方法和技术的国际化更新。通过与国外教育机构和企业的合作,职业教育不仅能够引进先进的教育资源,促进教学内容和技术的创新,还能够为学生提供跨文化的学习和实践机会,培养具有全球竞争力的人才。同时,这种合作促进了教育工作者之间的国际交流和专业发展,提升了职业教育的整体教学质量和国际声誉。

在实现多元主体协同育人的过程中,国际交流与合作起着桥梁和纽带的作用,通过整合不同国家和地区的教育资源和社会力量,共同应对全球性的教育挑战和社会问题。这种跨国界的合作不仅增强了职业教育解决实际问题的能力,也促进了全球教育资源的均衡发展和知识的自由流动。

然而,要有效地推进这一过程,高职院校需要克服文化差异、合作机制不健全等困难,建立更为开放和灵活的国际合作平台,加强与国际伙伴之间的沟通和协调。同时,职业教育应加强对学生国际化能力的培养,确保他们在全球化背景下进行竞争和合作。

一、国际交流与合作的角色与功能

国际交流与合作赋予职业教育一个全新维度,通过汇聚全球智慧和资源,显著加强了职业教育体系的动态性和创新能力,有效推动了教育质量的提升和人才培养的国际化。

(一)国际交流与合作的角色与意义

国际交流与合作在职业教育中的角色与意义体现在以下几个关键方面。

1. 强化与国际标准的对接

国际合作项目为职业教育与全球产业界的紧密对接提供了平台,使教育内容和技能培训能够更好地符合国际标准和市场需求。这种对接不仅提升了学生的国际竞争力,也促进了本地产业的升级和国际化进程的加快。

2. 激发创新与技术交流

通过与国际伙伴的合作,高职院校能够引进先进的技术和创新方法,促进学术研究和技术开发的国际合作。这种跨国界的技术交流和合作研发活动,加速了新技术在教育和产业中的应用,推动了教育内容和方式的创新。

3. 构建国际实习和就业渠道

国际交流与合作项目为学生提供了在国际企业实习和就业的机会,这不仅是产教融合实践的重要组成部分,也是学生职业发展的重要跳板。通过这些机会,学生能够在国际环境中锻炼自我,增强跨文化工作能力,提高就业竞争力。

4. 促进国际化人才培养模式的创新

在国际合作的背景下,高职院校可以与国外伙伴共同开发新的教育模式和课程体系,如双学位项目、国际课程等,这些创新的人才培养模式能够更好地融合国际资源,培养适应全球化需求的复合型人才。

(二) 产教融合实现国际合作的路径

在国际合作的路径上，产教融合作为核心动力，聚焦于通过实质性的合作模式，实现教育内容与全球产业需求的精准对接，同时促进多元主体间的有效协作，共同培养具有国际视野和实践能力的人才。

1. 开发国际化课程

高职院校与全球行业领导者合作，共同开发与国际标准对齐的课程，确保学生获得的知识和技能满足全球就业市场的需求。这一过程不仅包括技术技能的培养，也包括国际职业道德和跨文化交流能力的培养。

2. 实施国际实习和学徒制度

通过与海外企业合作，为学生提供国际实习和学徒的机会，让他们在真实的国际工作环境中学习和成长。这种直接参与国际职业实践的机会，不仅增强了学生的职业技能，也培养了他们的全球竞争意识和团队协作能力。

3. 促进国际教育资源共享

高职院校与国际伙伴共同建立包括在线课程、教学材料以及研究成果等的教育资源共享平台，促进高质量教育资源的全球流动和优化配置。这种资源共享不仅提高了教育的可及性和效率，也加速了教育创新和知识更新的速度。

4. 构建国际教师和学者交流网络

激励教师和学者参与国际交流和合作研究，通过工作坊、研讨会和联合研究项目等形式，促进教育思想和教学方法的国际交流，提升教育质量和研究水平。

通过上述策略的实施，职业教育在国际合作的路径上实现了产教融合和多元主体协同育人的目标，为学生提供了国际化教育体验，最终培养出既具有专业技能又能应对全球化挑战的人才。

二、国际交流与合作的实践与创新

(一) 基于产教融合的国际合作新模式

基于产教融合原则，职业教育的国际合作新模式体现在合作内容、方式及合作模式的创新上，这些创新不仅促进了全球教育资源的有效整合，也为职业教育国际化提供了新的动力和方向。

1. 合作内容的多元化

在产教融合框架下，国际合作的内容从传统的学术交流扩展到共同研发、创业孵化、技能竞赛等多个领域。例如，高职院校与国际企业共同开发适应未来市场需求的新课程和培训项目，或者联合举办国际技能大赛，旨在通过实践竞技激发学生的创新精神、提升学生技能。

2. 合作方式的创新

借助现代信息技术，国际合作的方式更加灵活多样。线上线下相结合的教学模式、远程实习、虚拟交流会议等新兴方式，大大降低了地理位置的限制，使国际合作项目的实施更加高效便捷。此外，构建国际化的学习平台和知识库，能为全球学生和教师提供交流和学习的机会，推动了教育资源的共享和传播。

3. 合作模式的灵活性

随着产教融合深度的加强，国际合作模式也趋向灵活多变。高职院校不仅与海外学校建立伙伴关系，更与国际组织、非政府机构和行业联盟等建立广泛的合作网络。这种跨界合作不仅拓宽了合作领域，也促进了不同文化和价值观之间的交流与融合。例如，与国际组织合作开展可持续发展项目，既能培养学生的全球责任感，也可为解决全球性问题贡献力量。

通过这些基于产教融合的国际合作新模式，职业教育在全球范围内构建了一个互联互通、共享共赢的新生态，为学生提供了丰富多彩的国际学习和实践机会，培养了适应全球化需求的高素质技术技能人才。

（二）多元主体协同育人在国际合作中的应用

在国际合作中，多元主体协同育人的应用体现了高职院校如何与国际伙伴——包括企业、政府机构、非政府组织和其他教育机构——共同参与和推进国际教育项目，从而实现共赢的教育目标和社会价值。

1. 企业合作提升实践教育质量

高职院校通过与国际企业合作，引入实际的工作场景和前沿技术，为学生提供与国际标准对齐的实训机会。这种合作不仅增强了教育内容的实用性和前瞻性，还为学生打开了国际就业的大门，促进了学生技能的国际认证和流动。

2. 政府机构促进政策支持与资源整合

通过与不同国家的政府机构合作，高职院校可以获得政策支持、资金援助和国际合作项目的指导。政府间的协同合作促进了教育资源和政策信息的共享，为国际合作项目提供了良好的外部环境。

3. 非政府组织强化社会责任感和文化交流

与非政府组织的合作帮助高职院校在国际合作项目中加强社会责任感和文化交流。通过共同开展国际志愿服务项目、文化交流活动和社会发展计划，职业教育可以培养学生深入了解全球性问题的能力，培养全球公民意识。

4. 其他教育机构共建国际教育网络

与海外的高职院校和研究机构合作，共建国际教育网络，实现教学资源、研究成果和教育模式的共享。这种教育机构间的协同合作，不仅促进了教育创新和知识更新，也加强了学生和教师的国际交流和专业发展。

多元主体协同育人在国际合作中的应用，加速了职业教育的国际化进程。通过构建开放、互助的国际合作平台，高职院校能够充分利用全球资源，培养具有国际竞争力和全球视野的人才，为解决全球性问题贡献力量。

（三）满足全球教育需求

职业教育通过精准的国际合作项目，有效地满足了不同国家和地区的教育需求，体现了其对全球教育发展的责任感和贡献。这一过程涉及对全球教育趋势的洞察、对合作伙伴需求的深入理解以及对合作内容的精心设计。

1. 对全球教育趋势的洞察

高职院校首先需要对全球教育趋势进行深入的洞察，识别各国家和地区在职业教育方面的具体需求和挑战。这包括了解全球就业市场的变化、新兴行业的技能需求，以及特定地区教育资源的短缺情况。基于这些洞察，高职院校能够对自身在国际合作中的角色和贡献进行精准定位。

2. 精准对接合作伙伴需求

与国际伙伴进行深入沟通和需求调研，确保合作项目能够精准对接其教育需求。这一过程可能涉及对特定群体的职业技能培训、教育技术的更新引进，教育管理经验的共享等方面。通过精准对接合作伙伴需求，国际合作项目更能够有效地解决合作伙伴面临的实际问题。

3. 设计创新的合作内容

在明确了全球教育趋势和合作伙伴需求的基础上，高职院校需要创新设计合作内容，这可能包括开发新的职业教育课程、实施教师培训交流项目、建立共享的在线学习资源库等。通过这些创新的合作内容，高职院校不仅能提供具有针对性的教育解决方案，还能促进教育模式和教育内容的国际化。

4. 承担全球教育责任

通过国际合作项目，高职院校展现了对全球教育发展的责任感。这不仅体现在技能培训和知识传递上，还包括在促进教育公平、支持教育创新、增进跨文化理解等方面的努力。通过这些努力，职业教育为全球教育的可持续发展作出了重要贡献。

高等职业教育通过这些精准而创新的国际合作项目，不仅满足了不同国家和地区的教育需求，还促进了全球职业教育资源的优化配置和共享，为全球人才培养和社会发展提供了有力支持。

三、案例分析与经验总结

（一）典型案例探讨

1. 跨国技能培训合作项目

背景：面对全球制造业的快速发展，某职业技术学院与德国的技术培训中心合作，共同开发了一套符合国际标准的高级制造技术培训课程。

实施：该课程结合德国先进的制造技术和教学方法，采用线上线下相结合的方式，为学生提供全面的技术理论学习和实际操作经验。课程还包括学生到德国进行短期实习，使学生能够亲身体验国际的工作环境。

成效：该项目不仅提高了学生的职业技能和国际竞争力，也促进了教育内容和教学方法的国际化，成为职业教育国际合作的成功范例。

2. 国际职业教育资源共享平台

背景：为解决发展中国家职业教育资源不足的问题，一个国际教育组织联合多国职业学院和企业，共同建立了一个国际职业教育资源共享平台。

实施：该平台提供了丰富的职业教育课程资源、教学案例和技术工具，支持多语言访问。平台还设有在线论坛和工作坊，促进全球职业教育工作者的交流和合作。

成效：这一平台极大地丰富了发展中国家的职业教育资源，提高了教师的教学能力和学生的学习效率，展现了职业教育在促进教育公平和支持全球教育发展方面的重要作用。

3. 国际技能大赛合作项目

背景：一个职业技术学院与某国际技能组织合作，共同举办了一场面向全球的技能大赛，旨在提高职业教育学生的技能水平和国际竞争力。

实施：大赛涵盖了多个职业领域，包括信息技术、机械设计、烹饪等。参赛学生通过实际操作竞赛展示其专业技能，同时，大赛提供了系列的专业培训和国际交流活动。

成效：该技能大赛不仅提升了学生的专业技能，也加深了不同国家和地区之间的文化交流和友谊，成为推动职业教育国际合作和技能提升的重要平台。

（二）成功经验

从上述国际交流与合作的典型案例中，我们可以总结出以下成功经验。这些经验为国际合作项目提供了重要的参考和启示。

1. 明确合作目标和预期成果

成功的国际合作项目始于双方明确的合作目标和预期成果。这要求参与方在项目启动之初就进行充分的沟通，确保所有参与者对项目的目的、范围和成果有共同的理解和期待。

2. 建立坚实的合作基础

持久稳定的合作关系是国际合作项目成功的关键。这包括建立有效的沟通机制、互相尊重文化差异，以及建立相互信任的关系。在合作过程中，应坚持开放性和透明度，定期评估合作进展，及时解决可能出现的问题。

3. 充分利用各方资源和优势

国际合作的成功往往依赖于充分利用各方的资源和优势。这意味着识别和整合参与各方的教育资源、技术能力和专业知识，以实现资源共享和优势互补。

4. 灵活适应和创新

面对不断变化的全球教育需求和挑战，国际合作项目需要保持灵活性和创新性。这包括探索新的合作模式、教育技术，以及根据反馈和评估结果调整项目方案。

5. 强化实践导向和学生参与

聚焦于提升学生的实践能力和全球竞争力，强化学生在国际合作项目中的主体地位。通过提供实习、交流和参与国际项目的机会，增强学生的跨文化沟通能力和职业技能。

6. 持续评估和共享经验

对国际合作项目进行持续的评估，收集反馈，不断优化和调整项目实施方案。同时，积极分享成功经验和教训，促进国际职业教育领域的知识积累和传播。

这些成功经验强调了国际合作项目需要综合考虑战略规划、合作伙伴，以及创新和实践。通过这样的方法论，职业教育机构能够在全球化的教育环境中发挥更大的作用，为培养具有国际视野的人才作出贡献。

四、面临的挑战与对策

在推进国际合作建设的过程中，职业教育面临多种挑战，如文化差异、合作框架与法律规范的一致性、资源匹配与共享、可持续发展与影响评估，以及教育质量与成果标准化。这些挑战需通过具体的对策加以应对，包括进行跨文化理解培训、制定共同的合作指导原则、创建资源共享平台、实施动态评估与调整，以及建立国际质量保证体系，以促进国际合作的深入发展和提高教育项目的质量与影响力。表7.2描述了面临的挑战与对策。

表 7.2　面临的挑战与对策

面临的挑战	详细描述	应对策略与建议	实施方法
文化差异与互信建设	具有文化差异，缺乏互信，影响国际合作的沟通效率和项目实施	组织跨文化理解与沟通技巧培训，建立透明的项目管理和沟通渠道	设立定期的跨文化研讨会和工作坊，共享成功案例，增强双方互信
合作框架与法律规范的一致性	不同国家的法律体系和政策框架差异，影响合作框架的构建和运作	制定符合国际标准的合作指导原则和操作流程，获取专业法律顾问的支持	制定知识产权保护、资金管理规范和成果分配原则，确保合作公平、公正
资源匹配与共享	教育资源、技术水平、产业发展阶段的国际差异导致资源难以匹配和共享	建立国际合作资源共享平台，汇集各方资源进行优化配置和利用	创建一个涵盖教学资源、研究设施和实训基地的共享平台，实现资源互补
可持续发展与影响评估	国际合作项目需要长期可持续发展，但可能缺乏前瞻性设计和适应性调整	采用动态项目管理和评估机制，定期评估项目进展和影响，及时调整项目策略	实施定期项目评估，基于评估结果调整策略和计划，确保长期可持续发展
教育质量与成果标准化	不同教育体系和文化背景下，确保教育质量和成果的国际标准化和互认是一大挑战	与国际合作伙伴共建教育质量保证体系和评估标准，实施质量审核和国际认证	建立国际认可的质量保证体系，定期进行质量审核和学习成果互认

　　这些措施可以有效解决国际合作中的问题，确保教育项目的质量和国际化发展，从而为学生提供符合全球标准的教育体验和职业技能培训。

总　　结

　　本章详细探讨了高等职业教育在社会服务中的角色与功能，强调职业教育不仅在培养专业技能人才方面发挥重要作用，还通过提供技术支持、继续教育课程和社区服务等方式积极回应社会需求，促进社会整体发展。本章分析了职业教育如何通过产教融合与多元主体协同育人实现社会服务的路径，提出了服务内容与方式的创新，以及校企合作在社会服务中的实践与成效。具体案例展示了职业教育在社区健康普及、数字技能培训和职业技能提升工程中的成功经验，强调了国际交流与合作在提升职业教育质量和国际竞争力中的关键作用。通过多元主体的有效协同，职业教育在社会服务领域展现了其多维价值，为社会发展和人才培养提供了坚实保障。

第八章

制度及体制机制

第一节 产教融合下多元主体协同育人制度

一、制度评述

随着我国社会经济的转型与产业结构调整的不断推进，行业、企业、高职院校、政府等多元主体开始贯穿于高职院校人才培养全过程，高职院校产教融合多元化办学体制逐渐成形，创新高职院校产教融合组织形态成为必然选择。

作为高职院校治理建设的重点内容，多元主体协同育人是推动高职院校产教融合健康发展的关键。由于多元主体协同育人应在高职院校产教融合制度下展开，因此在实施高职院校产教融合多元主体协同育人之前，要梳理国家颁布的有关高职院校产教融合政策文件，从而为我国高职院校产教融合多元主体协同育人指明前进方向，避免我国高职院校产教融合发展陷入故步自封与利益至上的"怪圈"。鉴于高职院校产教融合发展历程并非是单项制度的产物，而是多项制度逻辑合力之作，为此应积极研究其内在逻辑，实现对产教融合下高职院校多元主体协同育人的引导。

随着 2019 年《教育部 财政部关于实施中国特色高水平高职学校和专业建设计划的意见》《国家产教融合建设试点实施方案》等相关政策法规的出台，我国高职院校治理路径路线逐渐明晰，多元主体协同育人实践"步伐"不断提速。为保证我国高职院校产教融合在正确发展轨道上"行驶"，使其能够在我国社会经济转型与产业结构调整过程中提供大批高素质技术技能型人才，下文从新制度主义与制度逻辑两种理论出发，对高职院校产教融合多元主体协同育人发展中所遇到的复杂多样制度环境进行探究，进而搭建起我国高职院校产教融合多元主体协同育人制度规约的架构。

(一) 产教融合多元主体协同育人制度审视

制度实施成功与否主要取决于两个关键要素：其一是制度逻辑，其二是规约。只有正确处理上述两者的关系，才能使制度执行沿着正确的逻辑轨道展开。

1. 制度的变迁

旧制度主义将制度作用范围局限在社会经济行为，新制度主义拓展了制度的内涵，将其聚焦在"包括为社会生活提供稳定性和意义的规制性、规范性和文化—认知性要素，以及相关的活动与资源"。制度内涵如表 8.1 所示。

表 8.1　制度内涵

制度要素	描述	影响方式
规制	规制是制度的外在规则，直接影响民众的行为与感受	通过法律、政策等形式，规定民众的行为标准和期望
规范性	规范性要素关注内在行为的约束，其中价值观发挥核心作用	影响民众的道德判断和行为选择，以社会期望和道德标准为基础
文化—认知性	文化—认知性要素与民众的日常行为习惯和主流价值文化密切相关	通过社会共识和文化认同，重塑民众的认知框架和行为模式

新制度主义非常重视政府、市场以及文化等的作用，当这些领域发生制度环境变革时，原有的制度收益与潜在的制度收益必将产生"碰撞"，在此背景下新制度相伴而生，进而使此类制度进入螺旋式演化进程。由此可见，制度变迁过程不仅展示来自不同行业不同领域的多元主体千差万别的利益诉求，同时展示其在此互动过程中身份地位的变化，并明晰了这些制度逻辑形塑脉络，即制度逻辑由内外部制度逻辑所组成，实践与符号结构是其生成方式，多元主体行为是其具体呈现方式，并受到特定场域相关制度与政策的制衡。

制度规约内涵"既包括有权迫使人们服从的正式制度和规则，也包括各种人们同意或以为符合其利益的非正式的制度安排"。前者是法律法规的集合体，合法不合理成为此过程中独特的现象；后者无强制性的特征，并可避免破除合法不合理现象的发生，其强调人性化制度安排与自发形成性，遵循"自律"内在牵引力。此外，制度规约的实施特征应该予以关注，只有保障制度规约的实施特征正常发挥作用，正式与非正式制度规约才能在适宜的方法指导下，分别彰显其法律法规与伦理道德的"威力"。

2. 产教融合多元主体协同育人制度

1949 年我国高职院校产教融合进入计划经济时期之后，虽然高职院校、行业、企业等利益相关方无高职院校治理主体之名，但在高职院校产教融合发展过程中发挥着重要的作用，此阶段高职院校、行业、企业等利益相关方初具多元治理主体的轮廓。经过市场经济阶段确立时期的培育，进入市场经济改革时期后，高职院校产教融合发展向高职院校产教融合多元主体主导迈进。

在此过程中，高职院校治理建设制度变迁问题浮出水面，因此应充分剖析发达国家高职院校产教融合发展路径，明确当下我国高职院校产教融合制度发展环境与高职院校产教融合发展实际需求存在的诸多不匹配之处。

根据此状况，在高职院校产教融合制度变迁过程中，高职院校产教融合作为多种制度逻辑合力作用的产物，其建设路径有规可循，并对实现高职院校产教融合发展资源合理配置与保障多元主体间良性互动关系形成起到促进作用，最终在系统制约架构下实现高职院校产教融合健康可持续发展。

（二）产教融合多元主体协同育人制度逻辑

在职教集团、董（理）事会、混合所有制学院、产业学院、现代学徒制学院等治理机构建设以及产教融合型企业、产教融合型行业以及产教融合型城市等组织形态建构过程中，我国高职院校治理制度体系逐渐成形，多元主体权益划分逐渐明晰。部分主体权益在原有制度下很难"生根发芽"，于是新的高职院校产教融合制度应运而生。

我国高职院校产教融合制度变迁既有政府的政策法规等外部宏观建构过程，也有行业、企业、高职院校等内部微观建构过程。在此过程中，行业、企业、高职院等治理建设的"场外人"逐渐成为"场内人"，于是高职院校多元主体为追求权益最大化，进行博弈，并在无形中对产教融合多元主体协同育人治理制度变迁以及资源配置产生影响。

"放管服"改革更多以服务者角色出现在高职院校产教融合发展进程中。产教融合多元主体协同育人发展是提升人才培养质量与服务区域经济能力所应遵循的内生逻辑。人才培养质量与服务区域经济发展能力是高职院校产教融合健康可持续发展的保障，而要达到上述目标，高水平的高职院校治理为关键环节。多元主体协同育人作为高水平高职院校治理的基础，是我国高职院校成为世界高水平高职院校的关键切入点。

由于当下高职院校治理制度变迁仍留有不成熟的高职院校产教融合制度，并存在于高职院校产教融合发展内生制度逻辑中。因此在我国高职院校治理过程中，虽然多元主体队伍不断扩大，治理效能不断提升，但由于我国高职院校多元主体存在诸如利益诉求各异、身份名不副实、权责失衡以及资源配置集中化趋势明显等缺失，高职院校治理生态系统构建受到障碍，高职院校治理架构构建、治理理念打造以及命运共同体建设等也深受其影响。

为克服当前高职院校治理建设存在的弊端，强化多元主体协同育人视域下高职院校产教融合发展成为社会各界的共识。

(三) 产教融合多元主体协同育人制度规约

我国高职院校产教融合发展在多重制度逻辑作用下成为应然之举，而构建较成熟的制度规约是高职院校产教融合健康可持续发展的保障。

成熟的产教融合多元主体协同育人制度规约并非一蹴而就，需要经过多层级正规制度规约与非正规制度规约实施方式的锤炼，这样才能够保证我国高职院校产教融合制度沿着正确轨道前行。我国高职院校产教融合制度作为高职院校治理制度变迁的产物，伴随其约束与规范逐渐到位，我国高职院校产教融合发展水平"水涨船高"。

1. 产教融合多元主体协同育人正式制度规约

产教融合多元主体协同育人的正式制度规约主要是指基于多元主体的共同价值观，经过多元主体间广泛协商而形成的政策法规以及相关规定，这里面既包含政府出台的政策法规，也包含行业企业制定的规定以及高职院校制定的规定等。这些政策规定与过往高职院校治理制度存在部分不同之处。

构建多元主体协同育人视域下高职院校产教融合发展协同共进机制，应破除多元主体地位固化，不断提升多元主体间竞合能力，使高职院校产教融合发展生态系统得以正常运行。例如，2019年国家发展改革委、教育部、工业和信息化部、财政部、人力资源和社会保障部、国资委等联合出台的《关于印发国家产教融合建设试点实施方案的通知》，从高校产教融合发展的同步联动规划机制、人才培养改革、制度性交易成本、平台载体建设、体制机制创新等方面规范我国高校产教融合发展走向，并明确提出"通过 5 年左右的努力，试点布局建设 50 个左右产教融合型城市，在试点城市及其所在省域内打造形成一批区域特色鲜明的产教融合型行业，在全国建设培育 1 万家以上的产教融合型企业，建立产教融合型企业制度和组合式激励政策体系"。

与过往高校产教融合发展不同的是，《关于印发国家产教融合建设试点实施方案的通知》强调城企校联动机制，这不仅有利于提升多元主体间的竞合能力，同时可保障来自不同行业不同领域的主体各尽其能，使我国高职院校多元主体参与激情得以迸发。但是，其在产教融合多元主体协同育人发展过程中的实际效果有待进一步观察。

由于地方政府及相关职能部门在我国高职院校产教融合发展中扮演着承上启下的角色，因此各地方政府应根据所在区域经济发展状况与高职院校产教融合发展水平，打造具有区域特色的高职院校产教融合发展方案，使各省市政府及相关职能部门在其中发挥应有的作用。

从当下已发布的高职院校产教融合发展方案来看，部分方案中虽存在高职院校产教融合发展同质化趋势，导致这些高职院校产教融合在服务区域经济中大打折扣，但仍有部分方案不乏亮点，这其中包括 2020 年 9 月出台的《教育部 江苏省人民政府关于整体推进苏锡常都市圈职业教育改革创新打造高质量发展样板的实施意见》（苏政发〔2020〕75号）。该实施意见在高职院校制度建设方面，不仅强调了高职院校法人制度与学校理事会制度，同时突出强调了建立中国特色高职院校法人制度，明确提出了建立以高职院校章程为基础的高职院校、行业、企业、政府等共同参与的董事会制度。在市县两级政府对产教融合型企业建设激励政策方面，指出应通过项目建设、技术研发及资源配置等平台建设使相关政策法规落地；在示范性产教融合园区建设方面，提出基于区域重点产业需求，推进苏锡常都市圈内政府、高职院校以及产业园区资源优化配置，实现苏锡常都市圈内产业与高职教育"同频共振"。这些举措为初步打造具有苏锡常都市圈特点的高职院校产教融合制度奠定了坚实的基础。

高职院校、企业等作为多元主体协同育人中核心成员，其育人效果影响着高职院校产教融合的进程。

2. 产教融合多元主体协同育人非正式制度规约

非正式制度规约在产教融合多元主体协同育人中所发挥的作用，首先体现在其对高职院校产教融合的正式制度规约与标准方面所发挥的作用。只有非正式制度规约在多元主体中广为接受时，高职院校产教融合的正式制度规约方能"正式上岗"。非正式制度规约能够产生如此威力，主要源于其所包含的行为伦理规范与价值观念等相关要素，并与有关高职院校产教融合的政策法规相辅相成。尽管我国高职院校产教融合的非正式制度规约大多无法具体定义，且很难采用明确的标准进行衡量，但对我国高职院校产教融合发展的非正式制度规约进行必要的描述是不可缺少的。产教融合多元主体协同育人非正式制度规约如表8.2所示。

表8.2 产教融合多元主体协同育人非正式制度规约

领域	主要内容	目标与意义	行动与实施
培育产教融合文化	建立基于行业需求的产教融合文化体系，促进优秀高职院校的发展	通过科技创新和产业升级推动产教融合文化的形成，增强教育的社会、经济和文化目标支撑	在政府、高职院校、行业和企业等多元主体的参与下，进行体制创新，促进产教融合
规范多元主体行为	构建政府、高职院校、行业、企业等主体的职责体系	避免多元主体行为的无序扩张，保证高职院校产教融合的健康可持续发展	高职院校应专注于章程实施，发挥教代会、职代会的作用，政府转变职能，引入第三方监督评估
革新治理主体思想认识	更新多元主体的思想认识，破除惯性思维，推动教育质量的提升	适应教育与产业的快速变化，激活产教融合发展的氛围	实施竞合并行机制，优化治理结构，创新治理架构，构建集聚多元优势的发展体系

3. 产教融合多元主体协同育人制度规约的实施

我国高职院校产教融合制度高效运作主要取决于以下三个方面：一是能够建立跨部门和领域的产教融合组织机构，二是我国高职院校多元主体间信息交流必须在顺畅状态下展开，三是高职院校产教融合发展离不开奖罚分明的环境。产教融合制度高效运作的关键因素如表 8.3 所示。

表 8.3 产教融合制度高效运作的关键因素

领域	关键内容	目标与意义	具体措施
完善产教融合组织机构	由多个部门组成的国家职业教育指导咨询委员会，地方政府的职教联席会议，行业企业的职教集团和企业大学，高职院校的董事会和专业指导委员会	保障信息流畅和多元主体的积极参与，提升政策决策水平和人才培养契合度	建立跨部门协作机制，强化政府、行业和企业的角色定位，促进资源共享和决策协同
构建信息交流机制	通过"鲁班工坊"、海外学习中心等，加强国内外信息交流；加强内部信息平台建设，促进不同和同类型高职院校间的信息共享	促进国内外合作和知识传播，提升高职院校的国际影响力；增强院校间合作，共享发展成果	设立多元信息交流平台，定期组织交流会和研讨，搭建线上线下交流桥梁
培育评价激励机制	重视人才培养和区域经济服务的产教融合评价标准；引入第三方评价机构，确保评价的独立性和权威性	提高教育质量和服务社会的实效性，增加高职院校产教融合的社会认可度	建立公开透明的评价体系，加强评价结果的应用和反馈，实施以绩效为导向的激励措施

二、制度建构

为促进高职教育与产业协同发展，明晰高职院校产教融合多元主体间权利义务关系，我国在总结改革开放以来高职院校治理经验的基础上，于 2005 年颁布《国务院关于大力发展职业教育的决定》，正式推行高职院校产教融合制度。进入 21 世纪后，随着我国人力人才资源供给侧结构性改革的不断推进，高职院校多元主体在需求导向的人才培养结构中的角色定位越发重要。从当下我国高职院校产教融合发展效果来看，高职院校、行业、企业等多元主体"嵌入"我国高职院校产教融合发展进程中，促使我国高职院校产教融合制度走向真抓实干，高职院校产教融合发展架构随之发生变化，进入软治理阶段。

为了培育我国经济发展新动力，政府对高职院校产教融合提出了新的发展要求,如 2019 年颁布的《国家产教融合建设试点实施方案》(发改社会〔2019〕1558 号)提出"坚持政府主导,发挥市场作用,形成各方协同共进的工作格局"的发展路径。行业、企业等多元主体作为高职院校产教融合发展中的新成员,与本土的高职院校、政府等主体存在明显的不同之处,即高职院校、政府等主体是"家里人",行业、企业等主体是"客人",其在高职院校产教融合发展的差序格局下有被边缘化的危险。针对上述状况,行业、企业等高职院校产教融合协同育人主体如何在高职院校产教融合发展中完美嵌入,如何在高职院校产教融合发展中真正成为名副其实的"家里人",问题成为研究的焦点。

(一)产教融合多元主体协同育人嵌入性理论解读

嵌入性理论最早出现在新经济社会学中,卡尔·波兰尼在其专著《大变革》中首次对嵌入性概念进行界定。与卡尔·波兰尼将嵌入性概念聚焦于制度化活动不同的是,马克·格兰诺维特将"嵌入性"概念聚焦于人际互动,进而将嵌入性理论研究推到新的阶段。基于马克·格兰诺维特的研究成果,佐金和迪马吉奥进一步将嵌入性划分为结构嵌入、认知嵌入、文化嵌入以及政治嵌入四种类型,其中第一种类型主要从网络化视角进行解读,后三种类型主要从主体的认知水平以及内外部环境等视角进行解读。由此可见,嵌入性的本质在于"组织经济行为与社会体系间的相互引导、促进和限制的复杂联系"。随着嵌入性理论不断在其他学科领域中被广泛运用,我国学者尝试将嵌入性理论用到产教融合领域,我国学者的研究情况如表 8.4 所示。

表 8.4 我国学者的研究情况

研究者	应用领域	核心发现与分析	研究结果与影响
刘静 戴钢书	高校创新创业文化建设	通过理念性、文化性、结构性、关系性嵌入等维度剖析高校与社会组织的嵌入性问题	提出了嵌入性理论视域下的高校创新创业文化建设措施,强调组织与社会嵌入性的重要性
邹国庆 魏钊	制度创业中的企业家行为	分析了转型经济下的制度环境与制度嵌入的特殊性,强调企业家认知的介导作用	突出了企业家能动性的微观基础,强调认知在企业家行为与制度环境互动中的重要性
成泷 蔡俊亚	产学研合作创新持续性	利用 Logistic 回归模型检验依赖性与嵌入性因素,特别是结构嵌入性、关系嵌入性和位置嵌入性的影响	发现关系嵌入性和知识相似性对创新持续性有显著正向影响,而身份相似性和位置嵌入性的影响不显著

嵌入性聚焦社会网络下民众在经济活动中的所作所为,并在面对社会关系与社会情感困扰时能够剖析相关经济行为与经济现象。具体到我国高职院校产教融

合发展的制度，我国高职院校产教融合发展属于嵌入性制度设计，并在以下方面得到体现。

（1）我国高职院校产教融合发展的制度嵌入。由于高职院校产教融合主体来自不同行业不同领域且无须审批，能够进行自由组合，"经济人"的逐利性成为多元主体之间联系的纽带，于是高职院校多元主体利益机制开始嵌入高职院校产教融合发展中，并在相关市场竞争中"八仙过海，各显神通"。

（2）我国高职院校产教融合发展的资源嵌入。随着我国社会经济转型与产业升级加快，特别是在我国高职院校产教融合制度实施后，为实现高职院校人才培养质量与社会需求高度契合，以及提升高职院校服务区域社会经济的能力，我国高职院校逐步摆脱单打独斗的状态，以高职院校、行业、企业为代表的高职院校多元主体开始嵌入到高职院校治理进程中，我国高职院校产教融合发展格局逐渐形成。

（3）我国高职院校产教融合发展的关系嵌入。高职院校、行业、企业等主体的加入，是高职院校主体的重大变革。由于行业、企业等主体大多源于朋友情、校友情等熟人社会关系加入高职院校产教融合发展中，因此这些高职院校治理主体之间是熟悉的陌生人，这为后续的顺畅信息沟通打下了良好的基础。因此，嵌入性可为理解我国高职院校产教融合发展提供新的视域。

（二）产教融合多元主体协同育人嵌入性制度效能

近年来，多省努力发挥企业重要主体作用，引导多元主体共同参与，促进人才培养供给侧和产业发展需求侧结构要素全方位融合。

比如，江苏省构建了高职院校产教融合发展紧密协同的创新生态系统，培养了一大批适应和引领省域经济发展、改革开放、城乡建设、文化建设、生态环境、人民生活等"六个高质量"发展的高素质创新人才和技术技能人才。江苏省高职院校融入江苏省创新体系当中，行业、企业以相关生产要素为平台参与到高职院校办学进程中，高职院校多元主体在招生、人才培养、就业、协同创新等方面的联动机制开始构建，开放共享的江苏省高职院校产教融合信息服务平台逐渐成形。

高职院校产教融合制度作为高职院校产教融合发展中的嵌入性变量，在国家不断强化高职院校产教融合多元主体间权责关系下，逐渐成为高职院校产教融合体制场域的主角。但是，在看到高职院校产教融合嵌入性制度的正面影响的同时，对于我国高职院校产教融合嵌入性制度的负面影响也应予以关注。纵观目前我国高职院校产教融合发展现状，高职院校产教融合制度建设存在的挑战如表8.5所示。

表 8.5　高职院校产教融合制度建设存在的挑战

挑战描述	具体问题	影响	潜在解决策略
动机差异导致公共性价值观缺失	多元主体对其在高职院校产教融合发展中的直接经济收益不看好，主要驱动为政策激励或行业利益	产教融合命运共同体构建缓慢，缺乏持续合作意愿	制定更具吸引力的激励政策和明确的利益分享机制
多元主体名不副实	高职院校多元主体参与主要局限于形式化的年度会议，日常管理和决策参与度低	多元主体在日常运营中缺乏实际影响力，无法有效推动学校的战略发展	强化多元主体的日常管理职能，确保其在关键决策和运营中发挥作用
逐利性问题存在导致难以深度融入	部分主体只对短期或明显盈利的项目感兴趣，对长期投入或非直接盈利的项目不愿参与	产教融合发展受益方的偏差导致一些潜在价值高的项目无法获得足够支持	设立专项基金支持长期和非直接营利的教育项目，鼓励长期投资
政府角色与生态位错位	政府在高职院校产教融合过程中过度介入，缺乏明确界定的角色和职责，外部环境营造不足	政府的过度介入可能抑制其他治理主体的积极性，影响产教融合的自然发展	重新界定政府角色，从直接管理者转向协调者和促进者，优化政策环境

（三）产教融合多元主体协同育人嵌入性制度困局

我国高职院校产教融合作为嵌入性制度设计的产物，其"政—行—企—校"治理框架是过去"校—企"治理框架的历史延续，但此种高职院校治理逻辑与以前的高职院校治理逻辑存在一定差异，导致行业、企业等多元主体"嵌入"高职院校产教融合发展中产生"产教两张皮"困局，产教融合多元主体协同育人嵌入型制度误区如表 8.6 所示。

表 8.6　产教融合多元主体协同育人嵌入型制度误区

误区核心要点	具体问题	影响	潜在解决策略
多元主体动机差异	高职院校产教融合中多元主体参与动机不统一，主要有不同行业利益驱动	公共价值观和合作意愿缺失，合作效率低	明确各主体的责任和收益，制定吸引各方参与的政策，强化公共利益
多元主体名不副实	高职院校多元主体参与主要限于年会形式，缺乏实际参与	治理效果不佳，决策缺乏实际执行力	增强多元主体的实际参与度，确保其在日常运营和决策中有实际权力和作用
多元主体逐利性问题	多元主体主要参与有直接经济利益的项目，忽视长期或非营利项目	短视行为阻碍了长期和深层次的合作发展	促进长期投资意识，政府及学校应提供激励措施支持长远发展项目

续表

误区核心要点	具体问题	影响	潜在解决策略
政府与各主体关系错位	政府在产教融合中角色过大,导致其他治理主体角色边缘化	政府主导过强,缺乏多元主体有效协同	重新界定政府角色,促进政府从主导者向协调者转变
多元主体权力与地位误区	政策期望与实际执行中多元主体的权力和地位不匹配	影响政策执行效果,导致各主体权力不均	清晰界定各主体的权力和责任,确保政策与执行的一致性
政策与法律制度张力	现有的法律制度未能完全支持新政策的实施	制度不一致导致政策执行障碍和法律困境	推动法律的修订和完善,确保政策与法律的一致性和实际可执行性

(四)产教融合多元主体协同育人嵌入性制度的完善

剖析我国高职院校产教融合发展历程可以发现,我国高职院校产教融合发展所存在的问题,主要源于高职院校治理逻辑悖论的存在。基于此,为不断完善我国高职院校产教融合制度,应寻找高职院校产教融合发展逻辑的切入点,即推进高职院校产教融合制度与政府颁布的相关政策体系及政府主导制度实现完美结合,促进高职院校、行业、企业等多元主体自然嵌入高职院校产教融合发展中,并在制度融合、资源融合及关系融合三个维度探究融入的路径,产教融合多元主体协同育人嵌入性制度完善要素如表8.7所示。

表8.7 产教融合多元主体协同育人嵌入性制度完善要素

融合维度	核心概念	具体问题	建议策略
制度融合	高职院校产教融合制度与政府主导制度的交叉与融合	政府在高职院校产教融合中扮演过于强势的角色,导致其他治理主体的参与动力和自主性受限	逐步调整政府角色,将政府从直接管理者转变为政策支持者和环境营造者,以提升治理多元化和高职院校自主性。同时,发展以共识为基础的多元协同制度,确保所有利益相关方均有话语权
资源融合	利润、技术、人脉等资源在高职院校产教融合发展中的整合	现有资源整合不足,特别是在技术和人脉资源上的运用,未能充分发挥其在产教融合中的潜力	建立更高效的资源共享平台,将行业最新技术与高职教育需求对接,强化人脉资源的开发利用。设立特定项目和基金,支持资源共享与技术合作,确保资源优化配置并服务于教育质量提升
关系融合	不同主体之间以及内部成员间的合作关系整合	多元主体间关系未能有效融合,存在合作不足与信任缺失的问题,阻碍了产教融合的深入实施	加强各主体之间的对话与协商机制,建立定期沟通的框架和合作共识。强化主体间的透明度和责任明确性,推广最佳合作实践,构建稳定而长期的合作关系

三、制度实施

当下我国尚未形成系统的高职院校产教融合制度体系。为保障我国高职院校治理制度向成熟定型方向发展，应从制度实施视域对我国高职院校产教融合发展进行探究，这样才能使我国高职院校产教融合制度走上系统化与规范化轨道，并使产教融合多元主体协同育人制度实施从高职院校治理主体的确定、高职院校产教融合的运行以及高职院校产教融合的制度救济等方面得到体现。

（一）多元主体协同育人视域下我国高职院校治理主体的确定

多元主体协同育人视域下我国高职院校治理主体的确定不仅是实施高职院校产教融合发展的基点，也是实施高职院校产教融合发展最重要的环节。高职院校治理主体的确定涵盖是否实施高职院校产教融合发展、实施谁主导的高职院校产教融合发展，以及实施何种高职院校产教融合发展等制度。

1. 多元参与推动高职院校产教融合发展

高职院校产教融合发展并非局限于政府、高职院校以及行业企业等参与的高职院校治理，同时应有社区、专业研究机构、普通本科院校、校友、境外资源等参与的高职院校治理。高职院校治理组织类型如表 8.8 所示。

表 8.8　高职院校治理组织类型

组织类型	角色与功能	具体实践与模式
社区	作为基础治理组织，社区治理在高职院校产教融合中起到桥梁和纽带的作用，促进各治理主体间的信息流通与合作	通过社区治理主体论坛定期进行讨论，社区治理主体协商理事会负责协调社区内外各方的利益和需求
专业研究机构	提供科学研究支持和专业技术标准，为高职院校产教融合政策提供理论基础和技术框架	参与制定高职院校产教融合发展的技术标准，通过研究报告和政策建议书为教育部门提供决策支持
普通本科院校	在专业课程建设与人才培养设计中与高职院校合作，提高教育系统的连续性和完整性，为学生提供更广阔的学习和发展平台。高职院校人才培养的"立交桥"得以打通	实施"4+0"和"3+2"模式，即学生在本科和高职间有系统的学术和实践交流，增强课程互认和学分转换的灵活性
校友	作为高职院校产教融合的关键利益相关者，校友通过捐赠、技术支持和职业指导等帮助学校发展	校友通过参与董事会、理事会等机构，支持学校战略规划和发展，为学生提供实习和就业机会
境外资源	利用国际合作增强教育项目的多样性和国际竞争力，为学生提供全球视野	建立"鲁班工坊"等国际合作项目，与"一带一路"沿线国家共同培养人才，促进文化和教育资源的交流与共享

2. 明确高职院校治理主体主导高职院校治理进程

纵观我国高等职业教育治理结构的演化进程，我国高职院校从改革开放前的政府与企业联合主导，经过改革开放后政府与高职院校联合主导的过渡，发展为今日的高职院校多元治理主体联合主导。目前的学术研究主要集中于探索高职院校在多元主体联合主导下的发展路径，为了确保高职院校沿着正确的发展轨道前进，持续完善高职院校的多元治理主体制度是必要的。

为实现这一目标，各主体在高职院校治理体系中的角色和位置应当明确且具有动态性。例如，政府组织作为一种预期性利益相关者，非政府组织作为一种潜在性利益相关者，而受托人委员会是一种确定性利益相关者。这些主体的位置应根据产教融合的需求进行调整，以确保治理结构中的张力和相互影响得到有效管理。

然而，当前我国高职院校产教融合多元主体协同育人实践虽然广泛，但相关的政策法规支持不足，制度基础薄弱。高职院校的多元主体范围界定存在较大的灵活性，而治理原则的刚性尚未完善，这可能导致治理过程中的权责失衡，甚至出现治理名存实亡的尴尬局面。为应对这些问题，应加强高职院校产教融合的制度化和系统化建设，确保高职院校多元主体的行为在公开透明的环境下进行，从而充分发挥各方的能力。

（二）产教融合多元主体协同育人的运行

在多元主体协同育人的框架下，高职院校产教融合的运作应基于明确划定的高职院校治理主体及其职权，遵循国家颁布的相关政策法规。也就是说，确保高职院校产教融合在法律和政策的指导下顺利进行，是该策略有效实施的前提。

目前，实施高职院校产教融合策略主要集中在构建和优化多元主体间的关系。根据现有的实践和研究，许多高职院校的产教融合尝试尚处于理论探讨阶段，实际操作中往往存在名义上的合作，真正的整合和实质性成效尚不显著。在多数情形下，政府、高职院校、行业和企业仅是形式上的参与者。

鉴于当前我国高职院校产教融合的挑战，为了确保政策和制度的有效实施，应当构建一个健康且活跃的多元主体体系（见表8.9）。此体系应包括：积极推动政府、高职院校、行业和企业之间的实质性合作；促进信息共享和资源整合；激励各方根据产教融合的长远目标调整自身的策略和行为。通过这些措施，促进高职院校产教融合发展步入实质性的、系统的轨道。

表 8.9 高职院校多元主体体系建构

治理体系	描述	实践应用
交易成本影响的关系建构	高职院校多元主体间的关系受到制度成本的显著影响。在社会交换中，交易成本的提升要求更精确的契约和协议以降低成本。为此，必须确保各主体在高职院校产教融合发展过程中的利益得到合理保障，以促进共同价值观的形成和命运共同体的构建	保障多元主体间能形成共同的价值观和目标，进而在高职院校产教融合中共同推进发展
精神共同体影响的关系建构	高职院校的多元主体之间的关系建设也受到精神共同体的影响。倡导一种高于个体和群体的精神共识和伦理，将高职院校治理的精神贯穿于模式设计中，以促进高职院校产教融合的深度发展	国家与地方政府协作制订高职院校产教融合规划，行业和企业推动治理机制创新，高职院校落实章程、提升自主建设水平

（三）产教融合多元主体协同育人的制度救济

在产教融合多元主体协同育人的框架下，制度救济措施的提出主要基于以下考量：第一，高职院校在产教融合发展过程中仍然处于探索阶段，多元主体协同育人的实践中仍存在明显的结构缺陷，导致制度建设的系统性和连贯性不足；第二，当前高职院校治理主体与现行相关政策法规的契合度不高，这些政策法规对于推动高职院校产教融合发展至关重要，因而实施针对性的制度救济显得尤为必要，以确保高职院校产教融合的合法性和规范性。

制度救济指的是基于国家法律法规的框架，对高职院校多元主体之间由于责权不明、竞争同质化严重、缺乏共享的价值观念以及过度追求利益最大化所造成的产教融合发展障碍进行的一系列补救措施。鉴于高职院校中多元主体与客体的职责和性质存在较大差异，对于各种类型的制度救济应实施差别化的策略，以确保每一措施都能有效地解决实际问题，促进高职院校产教融合的健康和持续发展。常见的制度救济如表 8.10 所示。

表 8.10 常见的制度救济

问题	描述	制度救济措施
主体地位含金量不高	自 1991 年政策界定高职院校主体以来，虽然各政策不断强调高职院校产教融合的重要性，如 2014 年的政策强调利益相关方主体地位，但从实际法律层面看，如 1996 年的《职业教育法》并未足够支持这些主体的实际运作和权益保障，存在问题	制定或修订相关法律，明确规定高职院校主体的权利和责任，确保政策的法律支撑。《职业教育法》提出促进多元办学，但需进一步具体化实施细节，确保法律效力和可操作性

续表

问题	描述	制度救济措施
客体的弱势地位	尽管多元主体被认为是提升高职院校人才培养质量的关键，实际上，各主体之间的权力和地位差异导致非主导主体（如小型企业、社区等）在产教融合中缺乏足够的话语权，其通常承担被动的角色，且对高职院校产教融合的贡献被边缘化	改革高职院校治理结构，通过制定平等参与和权责明确的政策来强化所有主体的角色和地位。例如，建立和完善高职院校产教融合发展的决策共享机制，确保各利益相关方平等参与决策过程
组织形态的有名无实	虽然存在多种治理组织形态如专业指导委员会、职教集团等，它们理应推动产教融合的实际发展，但现实操作中，这些机构往往因缺乏具体的职能定义和活动支持而变得形式化，影响了高职院校产教融合的实效性和发展深度	明确高职院校治理机构的角色和功能，通过立法或政策确保这些机构具有足够的资源和权力执行其职能。建议定期评估这些机构的效能，确保它们能实际推动高职院校产教融合的发展

虽然高职院校产教融合在制度层面得以确认，但缺乏支持措施，必然会使高职院校产教融合发展效果大打折扣。鉴于此，当务之急是不断完善高职院校产教融合的制度救济，发挥高职院校产教融合在多层次办学过程的功效，使高职院校产教融合制度不断走向成熟。

纵观我国高职院校产教融合制度建设历程，共同的价值观是高职院校产教融合制度建设的核心，权责统一是高职院校产教融合制度建设的条件，营造良好的外部氛围是高职院校产教融合制度建设的关键，高职院校主体各安其位是高职院校产教融合制度建设切入点。在此过程中，应避免出现晕轮效应，促进高职院校产教融合发展现实效应的迸发。当下我国高职院校产教融合尚处在初级探索阶段，整合高职院校产教融合发展中的分散资源与破除职院校产教融合发展过程中的多元冲突成为应然之举，这样才能够使我国高职院校产教融合发展从个案向规范迈进，并构建起高职院校产教融合制度化支撑系统，最终促进产教融合多元主体协同育人制度向成熟定型方向发展。

四、案例分析

通过国内外成功案例的深入分析，我们可以总结归纳关于产教融合及多元主体协同育人制度实施的宝贵经验和教训。这些案例不仅证实了相关制度的有效性，还指出了在实践过程中需要注意的挑战与难题，为未来的教育改革提供了启示和方向。

（一）国内成功案例分析

1. 上海交通职业技术学院的多元主体协同育人制度

上海交通职业技术学院通过建立校政企合作平台，形成了完整的多元主体协同育人制度。该平台包括政府部门、企业和学校三方，分别负责政策制定、资源提供和具体实施。政府部门出台支持政策和激励措施，企业参与课程设计、提供实训基地和导师，学校则负责教学和管理。通过这种制度设计，三方共同制订并执行人才培养方案，确保教育内容与产业需求紧密结合。

2. 广东轻工职业技术学院的校企合作委员会

广东轻工职业技术学院设立了校企合作委员会，制度化地推动产教融合。校企合作委员会成员包括学校领导、企业代表和行业专家，定期召开会议讨论和制定校企合作的政策和计划。该制度确保了企业的参与深度和广度。企业不仅提供实习和就业岗位，还参与教学过程的各个环节，包括课程设置、教材编写和实践教学。这种制度安排大大提升了学生的实践能力和就业竞争力。

3. 浙江机电职业技术学院的"产教融合联席会议"制度

浙江机电职业技术学院通过建立"产教融合联席会议"制度，确保多元主体在协同育人中的有效合作。该联席会议制度明确了学校、企业和政府的职责和权限，通过定期召开会议和专题研讨，解决产教融合过程中的具体问题。联席会议的制度化运作，确保了各主体之间的信息畅通和资源共享，推动了产教融合的深度发展。

（二）国际成功案例分析

1. 芬兰的职业教育与培训（VET）制度

芬兰的职业教育与培训（VET）制度强调多元主体的深度参与和协同合作。芬兰政府通过立法，明确企业、学校和学生各自的权利和义务。企业在 VET 计划中扮演重要角色，提供实习和培训机会，同时参与课程设计和评估。政府通过政策激励和监管，确保制度的有效实施和持续改进。这种多元主体协同育人的制度设计，有效促进了教育与产业的深度融合。

2. 荷兰的职业教育体系

荷兰的职业教育体系以其灵活的制度设计和多元主体协同育人机制而著称。荷兰政府通过立法和政策支持，建立了由教育机构、行业协会和企业共同参与的职业教育委员会。这些委员会负责制定职业教育标准、课程框架和评估体系，确保教育内容与行业需求紧密对接。企业积极参与学生的实习和实践环节，并通过提供奖学金和就业机会激励学生。这种制度安排促进了职业教育质量和就业率的提升。

3. 加拿大安大略省的职业教育改革

加拿大安大略省在职业教育改革中，通过建立行业教育与培训合作委员会来推动产教融合。政府、教育机构和行业代表共同参与制定职业教育政策和技能标准。行业教育与培训合作委员会负责识别技能需求，制订培训计划，并评估培训效果。政府提供资金支持和政策保障，确保教育机构和企业的积极参与。这种多元主体协同育人的制度设计，提升了职业教育的灵活性和针对性，满足了劳动力市场的实际需求。

（三）经验总结

通过分析国内外产教融合及多元主体协同育人制度的成功案例，可以总结以下三点关键经验。

1. 建立多元主体参与的合作平台

成功的产教融合案例普遍强调建立由政府、企业和教育机构共同参与的合作平台，如校政企合作平台、校企合作委员会和产教融合联席会议。这些平台能够有效协调各方资源和利益，确保各主体在人才培养过程中发挥应有的作用。

2. 制定和落实政策法规

明确的政策法规和标准是确保产教融合顺利实施的基础。政府应通过立法和政策支持，制定职业教育标准、课程框架和评估体系，保障教育内容与行业需求的紧密结合。同时，提供政策激励和资金支持，以激发企业和教育机构的参与积极性。

3. 推动实习和实践环节的制度化

企业参与实习和实践环节，对于提升学生的实践能力和就业竞争力至关重要。通过制度化安排企业参与课程设计、实习和培训环节，确保学生所学内容与行业需求紧密结合，增强学生的实际操作能力和就业能力。

五、面临的挑战与对策

在产教融合多元主体协同育人的实施过程中，各主体面临诸多挑战，如制度落实难度、利益协调、资源分配不均等，这些因素均可能阻碍多元主体协同育人模式的推广和优化。为了克服这些挑战，需要从制度优化、利益协调机制、资源保障，以及主体间的沟通与合作等方面入手，通过具体的策略和实施方法来确保多元主体协同育人制度能够有效地发挥其功能并推动职业教育的创新发展。表8.11详细描述了面临的挑战、应对策略与建议及实施方法。

表8.11 面临的挑战、应对策略与建议及实施方法

面临的挑战	详细描述	应对策略与建议	实施方法
制度落实难度大	高职院校产教融合制度在实施过程中，往往面临政策执行不力、执行标准不统一的问题	改善政策执行机制，确保制度在基层的有效落实	建立严格的监督和评估机制，确保政策在执行过程中的一致性和有效性

第八章　制度及体制机制

续表

面临的挑战	详细描述	应对策略与建议	实施方法
利益协调困难	多元主体的利益诉求多样，可能导致利益冲突和协同困难	建立多元主体利益协调机制，促进各方利益均衡	设立多方参与的协调委员会，通过定期会议和协商机制解决利益冲突
资源分配不均	教育资源在不同主体间分配不均，影响协同育人效果	提高资源分配的公平性，确保各主体都能获得必要的支持	通过政府拨款和政策倾斜，确保资源向关键领域和弱势主体倾斜
沟通与合作不畅	多元主体之间缺乏有效的沟通和合作机制，影响协同育人效果	加强多元主体之间的沟通与合作，建立稳定的合作平台	组织定期的沟通会议和合作项目，促进主体间的深度交流与合作

　　为有效应对产教融合多元主体协同育人的挑战，需要采取以下措施：改善政策执行机制，通过建立严格的监督和评估机制确保制度在基层的有效落实；建立多元主体利益协调机制，设立多方参与的协调委员会，通过定期会议和协商机制解决利益冲突；提高资源分配的公平性，通过政府拨款和政策倾斜，确保资源向关键领域和弱势主体倾斜；加强多元主体之间的沟通与合作，组织定期的沟通会议和合作项目，促进各主体间的深度交流与合作。

第二节　产教融合多元主体协同育人机制创新

　　近年来，我国高职院校在推进产教融合发展的过程中，面临着诸多挑战。尽管政策持续推动与支持，但由于传统以政府为中心的治理机制未能有效激发多元治理主体之间的合作激情，使各治理主体间的行为关系调整缓慢，进而影响了产教融合的实质进展。此外，高职院校产教融合的治理结构尚未形成有效的激励与约束机制，导致多元主体的合作多停留在形式上，缺乏深度与实效。

　　借鉴威廉姆森的交易成本理论，我们可以见到，资产专用性高的教育投资需要通过合理的治理结构来降低交易成本和风险。教育与产业的深度结合，不仅需要政策的引导，更需治理主体之间建立稳定而长效的合作关系。而斐迪南·滕尼斯在《共同体与社会》中也强调了物质基础上的社区关系对于构建稳定社会结构的重要性，这在产教融合的语境下表明了共同体构建的必要性，尤其是在共同的物质与教育资源基础上。

一、体制机制评述

　　我国高职院校产教融合发展目前正处于一个关键的转型期。根据《国务院办公厅关于深化产教融合的若干意见》，构建产教融合型城市、行业及企业的任务，要通过建立一个高效的产教融合发展机制来实现。这不仅是政策指导下的必然选择，而且是高职院校多元治理体系实际运作的一种挑战和机遇。

（一）治理权结构应优化

在高职院校治理的宏观框架中，单纯强调各治理主体的独立权力容易导致行动的分散和缺乏协调，这不利于我国高职院校产教融合的健康发展。为了确保高职院校产教融合的有效性，必须对各治理主体的权力进行整合和优化。目前，我国高职院校的多元治理主体之间的联系不够紧密和稳定，导致名义上的整体治理在实际操作中效果不佳。此外，高职院校产教融合的发展并非完全依赖于集中的治理结构，各个治理主体在产教融合的过程中都具有其独特的作用和影响。

未来，多元治理主体不仅应成为构建我国高职院校产教融合发展机制的驱动力，同时也是推动多元主体协同育人机制正常运作的关键力量。这些治理主体的关系和职能，将基于它们在产教融合过程中的实际作用和由国家法律法规赋予的法定地位来确定。因此，合理配置高职院校多元治理主体的治理权，应综合考虑它们在产教融合中的角色定位及法规所赋予的权限。

（二）利益共享机制需提升协调水平

我国高职院校产教融合发展并非政府推动的产物，而是市场作用的结果。我国高职院校产教融合发展能够达到何种水平最终不是取决于政府推动力度，而是取决于多元治理主体之间利益的共生共存程度。我国高职院校产教融合发展理想状态是多元治理主体在各自的生态位中发挥其独特的作用，但现状是多元治理主体在我国高职院校产教融合发展中有生态位重叠的趋势，同时多元治理主体间的重竞争轻合作的态度比较明显。

针对此种状况，政府应发挥其优势，通过颁布相关政策法规激发其他高职院校治理主体的潜能与优势，构建与我国高职院校产教融合发展相适应的利益共生共存机制，填补市场机制的不足之处。

（三）成本共担的构建体系

著名经济学家奥利弗·E. 威廉姆森在交易成本经济学中提出，治理结构的有效配置通常依赖于将具有不同特征的交易通过区分对待的方式匹配到相应的治理结构，从而实现成本与效能的优化。这一理论为理解治理主体在高职院校产教融合中的行为提供了框架。

在我国高职院校产教融合的实践中，各治理主体承担的角色和责任不同，相应地，他们所承担的治理成本和所获得的治理收益也会有所差异。这种差异可能导致利益冲突，进而影响治理主体间的合作效率。因此，确保各治理主体之间的利益共生关系是激发参与热情的关键，而共担治理成本是提升治理主体间协作水平的重要保障。

为此，建立一个公正的成本共担体系，包括明确各方的责任与权益，并确保这些责任与权益能够在产教融合过程中得到恰当的匹配和调整，是优化我国高职院校多元治理结构的必要条件。这不仅要求制定合理的政策框架，还需要在实际操作中进行持续的评估和调整，以确保治理结构与治理成本的有效对接。

二、治理权配置与调整

治理权的配置并非简单的零和游戏，而是需要在多元主体间找到一个平衡点。随着"中国制造2025"和"一带一路"倡议的推进，传统的高职院校治理权配置方式受到的批评逐渐增加，不少学者认为这种方式可能导致产教融合发展的碎片化，从而阻碍高职教育产教融合的健康和可持续发展。如何在保留原有治理主体权利的同时，合理融入新的参与者，合理配置治理权，成为多元主体协同育人视角下的我国高职院校产教融合发展机制的核心。

随着我国高职院校治理权配置维度与层级逐渐向规范化轨道靠拢，其多元治理主体之间治理权合理运作呈现错综复杂趋势，其中不仅有横向的各治理主体之间的治理权配置，还有纵向治理主体之间的治理权配置，特别是政府职能部门之间治理权配置。《国家产教融合建设试点实施方案》明确提出"国家发展改革委、教育部、人力资源和社会保障部、财政部、工业和信息化部、国务院国资委等负责国家产教融合建设试点的政策统筹、协调推进。省级政府及相关部门做好区域内建设试点组织实施工作。试点城市要坚持党委领导、政府主导，落实主体责任，将试点任务分解到位、落实到事、责任到人"。

政府对我国高职院校产教融合发展机制进行顶层设计，有助于调整我国高职院校多元治理主体之间的关系。但从回应度而言，随着我国高职院校治理权不断增加，其对应的治理范围不断扩大，多元治理主体之间治理传输时间延长，导致部分信息得不到有效回应，从而增加了我国高职院校治理成本。此时的高职院校治理层级与治理效能并非呈现正相关关系，与我国高职院校治理权力多元化发展趋势背道而驰。

我国高职院校治理权调整在统合基础上逐渐走向资源优化，高职院校治理层级与治理效能之间并非呈现非此即彼的关系，因此在治理权层级配置方面，应抛弃过去"一刀切"的惯性思维，根据我国高职院校产教融合发展的实际状况，采取在统合基础上灵活多样的配置方式。鉴于我国高职院校治理权统合配置是经济性发挥重要作用，而非政治性因素干涉的结果，加上我国在国际产业链中逐渐向中高端迈进，在社会经济发展与产业升级中发挥应有的作用、强化经济方面的统合成为我国高职院校产教融合发展中的首要之举。此外，随着信息技术在我国高职院校产教融合发展中的广泛应用，保障信息通道的畅通将提升我国高职院校产教融合发展能力。在具体的实践过程中，为保障我国高职院校产教融合发展在统合基础上灵活配置其治理权，以下原则是必须加以关注的。

（一）主体地位是基点

在我国高职院校多元治理主体之间不存在相互替代也不存在可有可无，每个治理主体在我国高职院校产教融合发展中发挥着其自身独特的作用，厚此薄彼或者是有名无实只会导致我国高职院校产教融合"两张皮"现象不断重演，影响我国高职院校产教融合的健康可持续发展。

当前随着越来越多来自不同领域的研究者聚焦我国高职院校多元治理主体地位问题，我国高职院校治理权统合配置的界定越来越清晰。我国政府适时出台相关政策法规，如《关于加快发展现代职业教育的决定》明确规定企业在产教融合发展中的主体地位，是最好的明证。

（二）政府宏观指导是核心

政府在我国高职院校产教融合外部发展环境营造方面发挥举足轻重的作用，对于我国高职院校产教融合发展宏观指导是不可或缺的环节。但其宏观指导应在有限的范围中，既不能将政府宏观指导演化成政府对我国高职院校产教融合发展具体事务的事事关心，也不能将政府宏观指导演化成政府是我国高职院校产教融合发展过程中的挂名顾问。构建有效的治理权协调机制，应保障政府在我国高职院校产教融合外部发展环境营造方面的权力，使我国高职院校多元治理主体各司其职。

当前，虽然国家层面成立的国家职业教育指导咨询委员会、国务院职业教育工作部际联席会议、教育部学校规划建设发展中心、职业教育质量评价和督导评估组织等是协调我国高职院校产教融合发展的治理组织，但在规范我国高职院校产教融合发展的宏观指导方面尚待进一步强化。为达到中央与地方政府在我国高职院校产教融合发展过程中协调一致，应在充分发挥中央政府在我国高职院校产教融合发展中的宏观指导职能的同时，充分尊重地方政府的治理权，这样才能使各级政府在我国高职院校产教融合发展中彰显其权威性。

（三）功能定位是关键

现代制度学认为："一个决策制定者，无论他是一个资本主义企业的管理者，还是一个政府官僚、一个政客或者其他什么，都被假定为是在他所处的制度结构这样一种约束下做出自己的选择，并追逐自己的目标。"

我国高职院校各个治理主体具有不可替代性，其在我国高职院校产教融合发展中具有不同的治理权力。如果将高职院校治理权配置实行平均化，或者将高职院校治理权配置实行重点照顾，不仅会严重挫伤部分治理主体参与的激情，使我国高职院校产教融合发展全要素融合目标成为空中楼阁，还会对我国高职院校产教融合发展机制建设产生消极影响，增加我国高职院校产教融合发展成本。为了实现"不搞平衡照顾，防止形成政策洼地"，我国高职院校治理权配置应依据各个治理主体的功能定位，差异化配置我国高职院校治理权，与我国高职院校产教融合发展差异化考评体系相配套。

三、利益共生关系

（一）治理权益共享

在当前高职院校产教融合的治理结构中，过分强调单一治理主体的独立权力可能导致治理体系的碎片化，降低产教融合的整体效率。为确保产教融合向健康方向发展，必须推动高职院校的治理权益向所有参与主体共享，以实现真正的协同育人。

尽管我国的高职院校在制度上看似设立了全面的治理体系，实际操作中却常常因为各治理主体之间的利益不均而导致协作成效有限。此外，虽然每个治理主体在产教融合过程中各司其职，但如何有效地整合这些独立作用，使之转化为高职院校产教融合的集体动力，是当前亟须解决的问题。

在未来的治理实践中，不仅要强化多元主体作为产教融合架构的推动力，更要深化它们作为协同育人机制的核心动力。治理权的合理分配和功能界定，以及法律法规对各主体在产教融合中的地位和职责的明确，都是实现高效治理结构的关键因素。正确配置治理权，不仅关乎各方的权益，更是确保产教融合持续健康发展的基石。

（二）治理责任共担

高职院校产教融合发展中的治理责任共担具体表现以下方面：一是随着我国高职院校产教融合一体化发展不断深入，政府应与时俱进，制定适合我国高职院校产教融合发展的政策法规；二是对于我国高职院校产教融合发展过程中出现的搭便车行为，应通过多元治理主体之间的高效合作进行破解；三是各个治理主体所承担的职能各不相同，导致多元治理主体在高职院校产教融合发展过程中投入与收入比例失衡。

在市场机制作用下，我国高职院校产教融合发展中多元治理主体之间竞争意识强于合作意识，究其原因，主要源于多元治理主体承受着高职院校治理成本的压力，导致多元治理主体对高职院校产教融合发展中的治理绩效比较痴迷。应在明确我国高职院校产教融合发展中各治理主体责任的同时，打造与之相配套的我国高职院校产教融合发展中治理资源有效配给机制，使我国高职院校产教融合利益相关方在合理承担其治理成本的同时，享受相应的治理收益，如表 8.12 所示。

表 8.12 多元协同治理受益

治理方面	挑战	解决方案	预期效果
治理资源配给	高职院校产教融合中责任与投入不匹配	建立一个动态调整机制,确保治理资源配给与各治理主体的责任和投入相匹配。增加政策透明度,通过创新高职院校组织形态和引入资本、技术等新要素参与治理	提升各治理主体的参与度和合作效率,确保资源的有效利用和治理成本的合理分配
利益主体参与	企业等部分治理主体对长期项目参与兴趣不高	明确各治理主体在产教融合中的角色和期望收益,通过政策激励(如税收优惠、补贴等)增加企业的直接利益,特别是对那些能快速转化为商业利益的项目	增强企业的参与动力,促使其在产教融合中扮演更积极的角色,强化产教融合的实际效果
生态位动态调整	各治理主体间的责任和资源分配不均,导致合作困难	重新配置各治理主体的角色和责任,确保其与当前高职院校发展阶段和市场需求相符。调整政府、企业和高职院校等的责任分配,确保每个主体都能在其擅长的领域内发挥作用	通过精准的角色分配和责任明确,提高治理体系的整体协调性和效率,确保资源在各主体间的公平分配

四、案例分析

(一) 我国产教融合下多元主体协同育人体制机制创新案例

1. 南京工业职业技术学院

南京工业职业技术学院通过构建"技术联盟""双创孵化器""国际伴随""协同服务"等多层次、多渠道的人才培养平台,推动了产学研合作进程。该校的"技术联盟"聚焦于高新技术的研发和应用,学生在企业导师的指导下参与真实项目,提升了他们的实践能力和创新能力。"双创孵化器"为学生提供了一个创业平台,帮助他们将创新理念转化为实际成果。通过"国际伴随"项目,学生有机会参与国际合作研究,拓宽了国际视野。"协同服务"则整合了校内外资源,为学生提供综合服务和支持,确保他们在学习和实践中得到全面的帮助。

2. 金华职业技术学院

金华职业技术学院构建了一个独具特色的校政企共建混合所有制产教融合模式。该模式通过校企合作,共同制定课程体系和培养方案,确保教育内容与企业需求无缝对接。同时,学校与地方政府合作,搭建了一系列政策支持和激励机制,推动企业积极参与教育过程。这种模式不仅提升了学生的职业技能和就业竞争力，还促进了地方产业的发展，实现了教育与产业的双赢。

3. 宁波职业技术学院

宁波职业技术学院通过与北仑区政府以及国内具有影响力的科研团队合作，共建北仑区域合作中心，助推区域产业转型升级。该中心的建立不仅为学生提供了实践和实习机会，还帮助地方政府和企业解决了技术难题，推动了区域经济的发展。

4. 河南机电职业学院

河南机电职业学院通过"线场模式"推进高职院校与企业的深度合作，形成了一个真正的命运共同体。在这一模式下，学生在企业中进行全程跟踪的实习，企业导师和学校导师共同指导学生的学习和实践，确保学生的知识和技能能够有效应用于实际工作中。这种模式不仅提高了学生的实践能力和职业素养，还增强了企业对高职院校人才培养的信任和支持。

5. 华为、滴滴案例

华为集团通过"1+X 职业技能等级证书"项目，将该类证书转化为高职院校的教材和教学方法，提升了学生的技能水平和就业竞争力。滴滴集团通过其数据库和云平台，支持高职院校的人才培养模式改革，帮助学生掌握先进的技术和实际操作能力。

这些高职院校和企业通过制订符合实际状况的产教融合发展方案，避免了千篇一律的模式，推动了产教融合多元主体协同育人发展的多样化和创新性。

（二）国际产教融合多元主体协同育人体制机制创新案例

1. 瑞士苏黎世应用科技大学

瑞士苏黎世应用科技大学与全球电气制造巨头 ABB 合作，共同开发了一系列与工业 4.0 相关的课程和实训项目。通过这一合作，学生可以直接参与到 ABB 的实际工程项目中，获得前沿技术的实践经验；同时，ABB 也为学校的研究项目提供支持，双方实现了资源共享和优势互补。

2. 加拿大滑铁卢大学

加拿大滑铁卢大学以其独特的合作教育计划而闻名，学校与包括谷歌、亚马逊在内的超过 7 000 家企业建立了合作关系。学生在学习期间轮流在学校和企业中学习和工作，这种模式极大地增强了学生的实际工作能力和创新能力，同时为企业培养了大量符合需求的高技能人才。

3. 澳大利亚皇家墨尔本理工大学

澳大利亚皇家墨尔本理工大学与 IBM 合作，共同开发了面向数据科学和人工智能领域的课程。这些课程直接对接了当前和未来行业的技能需求。学生在这些课程中不仅能学到最新的理论知识，还能通过实践项目获得实际应用经验，提升了毕业生的就业竞争力。

4. 荷兰代尔夫特理工大学

荷兰代尔夫特理工大学与能源巨头 Shell 合作，开展了一系列关于可持续能源和绿色技术的研究和教育项目。通过这种产学研合作，学生不仅有机会参与解决全球能源挑战的研究项目，还能直接从行业领袖那里学到关于可持续发展的实际知识和经验。

在国际范围内，许多学校通过与企业的紧密合作，探索并实施了产教融合和多元主体协同育人机制。

（三）启示和借鉴

1. 创新合作模式

创新合作模式（如技术联盟、双创孵化器等）能够促进教育与产业的深度融合。这种合作不仅限于传统的实习实训，还包括课程共建、技术研发、创新创业等多方面的合作，为学生提供了更广泛的学习和实践平台。

2. 建立多方参与的协同机制

成功的案例显示，政府、学校、企业及其他社会组织等多元主体的有效协同对产教融合发展至关重要。例如，宁波职业技术学院与地方政府及科研团队的合作，展现了区域协同创新的强大动力，这种模式有助于资源共享、优势互补，实现区域产业发展与人才培养的双赢。

3. 制度创新与政策支持

体制机制创新案例强调了制度创新和政策支持的重要性。政策的引导和支持，如税收优惠、资金补贴、政策便利等，对于激励校企深度合作、推动产教融合具有积极作用。同时，需要持续优化政策环境，为校企合作提供更加稳定可靠的支持。

4. 注重成果转化与可持续发展

案例分析指出，产教融合与多元主体协同育人的活动不仅要注重过程和实践，更要强调成果的转化和项目的可持续发展。例如，河南机电职业学院的"线场模式"以及与企业合作的教材教法改革，都强调了教育活动与产业需求紧密结合，推动了学习成果与市场需求的有效对接。

通过这些启示和借鉴，我们可以看到，产教融合与多元主体协同育人的体制机制创新需要多方参与和共同努力，需要通过创新合作模式、建立协同机制、制度创新以及注重成果转化，共同推进职业教育的质量提升和持续发展。

五、面临的挑战与对策

在当前教育改革的背景下，我们面临多方面的挑战，需要采取相应的策略，如表 8.13 所示。首先，治理模式需要从政府主导转向多元协同，这要求我们解决参与主体间的协调与冲突问题，通过建立常态化的沟通平台和定期举办协调会议来促进各方的沟通与合作。其次，资源分配不均也是一个重要问题。我们需要设立公平透明的资源分配机制，并制定详细的分配标准及第三方监督标准，确保资源的公平获取。再次，政策法规的滞后性影响了制度的执行效率，需要我们加快政策的更新速度，设置专门工作组跟踪并定期提出修改建议。此外，利益冲突的管理也是关键，通过强化利益调节机制和设立独立调解仲裁机构，可以处理冲突和分歧，促进利益的和谐共生。最后，随着体制创新的推进，技术与人才支持的不足也逐渐显现，需要我们强化与高校和研究机构的合作，建立产学研合作机制，加强技术研发和人才培养。这些策略与实施方法的有序执行，将为教育改革的深入发展提供有效支持。

表 8.13 面临的挑战与对策

面临的挑战	详细描述	应对策略与建议	实施方法
治理模式转变	从政府主导到多元主体协同的转变，需解决参与主体的协调与冲突问题	强化多元主体间的沟通与合作机制，确保每个主体在新模式中的作用和责任明确	建立常态化的沟通平台，定期举办协调会议，确保信息流通和问题及时解决
资源分配不均	资源和信息在多元主体中分配不均，可能导致合作不力和效率低下	设立公平透明的资源分配机制，确保每个参与方都能公平获得必要的资源	制定详细的资源分配标准和评审机制，通过第三方监督确保执行的公正性
政策法规滞后	现有政策法规未能及时适应教育改革的需求，影响制度执行效率	加快政策法规的更新速度，将产教融合的具体需求和实践经验纳入政策制定过程中	设置专门工作组跟踪政策执行效果，定期提出修改建议，确保法规与实际需求同步
利益冲突管理	各主体利益目标可能不一致，未能达成共识，可能导致合作失败	强化利益调节机制，确保各方利益得到妥善处理和有效平衡	设立独立调解和仲裁机构，处理冲突和分歧，促进利益的和谐共生
技术与人才支持不足	体制创新需要技术支持和专业人才，现有的支持体系可能不足以满足快速发展的需求	强化技术研发和人才培养，与高校和研究机构合作，加强技术和人才的支持力度	建立产学研合作机制，通过政府资助和政策激励支持相关研发项目和人才培训计划

表 8.13 识别了产教融合发展中的关键挑战，还提供了具体的应对策略和实施方法，确保多元主体能在协同育人机制中有效合作，推动高职院校的可持续发展。

总　结

　　本章专注于高等职业教育产教融合下多元主体协同育人的制度研究及体制机制创新，探讨了在全球经济发展和产业更新换代的大背景下，如何优化和创新教育制度以支持产教融合，满足社会和市场需求。同时，本章深入分析了现行制度在支持产教融合与协同育人方面存在的问题，以及如何通过制度创新来解决这些问题，构建开放和协同的育人环境。本章的核心在于，随着技术的快速进步和产业需求的不断变化，传统的教育已难以满足现代职业教育的需求。因此，必须通过制度创新来提高教育系统的灵活性和响应性，通过对国内外实践案例的分析，提炼出成功经验，为我国职业教育制度及体制机制的优化提供有价值的参考。此外，本章提出了具体对策和建议，旨在通过更有效的政策支持和实践框架，促进职业教育系统的整体协同和可持续发展。

第九章
高职院校产教融合多元主体协同育人模式实践与探索

学校与相关企业在进行具体合作之前必须在理念上达成一致，聚焦于共同的人才培养理念、合作理念，校企双方达成一致的合作共识。这既有来自双方领导层的合作理念共识，也有来自其他层面如教师、管理与技术人员等之间的认同和合作。在宏观层面，学校与合作企业在达成合作意向之后，通过签订协议等方式将合作内容、双方权利、责任及义务进行明确规范。此外，校企双方对于实施产教融合所要培养出来的人才要有共同的理念与意识，"心往一处想、劲往一处使"，使双方的资源共享，从而物尽其用、人尽其才。在中微观层面，学校的专任教师与企业的管理人员、一线技术骨干都要意识到开展产教融合人才培养工作不仅有利于公司、学校的发展，同时对他们自身的发展也有很大的帮助，建立产教融合、校企合作的观念，在实际行动上积极参加相关活动。

在产教融合多元主体协同育人中，形成了一些典型的实践路径，为培养适合产业需求的高素质技术技能型人才提供了支持。

第一节 现代学徒制模式

产教融合是现代学徒制实施的一种应然状态。自从 2015 年起，我国开始实施现代学徒制试点。教育部在 1 000 多个专业领域中分三批组织了 558 个试点项目，每年惠及 9 万多名学生。自 2015 年开展现代学徒制试点工作以来，现代学徒制试点的实施还面临一些严峻的挑战，当前是以学校作为重要主体进行推进。自从 2017 年《国务院办公厅关于深化产教融合的若干意见》颁布以来，产教融合已然成为联结我国人才链与创新链、产业链与教育链，加强行业企业参与办学的力度，解决人才教育供给与产业需求之间的矛盾的重要战略，进一步明确了校企合作的应然状态，即企业作为人才培养主体参与办学。

一、现代学徒制的内涵

国家在 2014 年出台了《国务院关于加快发展现代职业教育的决定》，鼓励职业教育的发展，同年出台《教育部关于开展现代学徒制试点工作的意见》，对开展现代学徒制提出了具体的工作思路，2015 年教育部公布了《关于开展现代学徒制试点工作的通知》（教职成司函〔2015〕2 号），持续推进学徒制的试点工作。另外，教育部会同工业和信息化部等五部门联合启动职业教育现场工程师专项培养计划，面向数字化、智能化职业场景，在先进制造业重点领域遴选一批新一代信息技术、生物技术、新能源、新材料、高端装备、绿色环保、航空航天、海洋装备等领域的制造企业，围绕人才紧缺技术岗位需求，校企联合培养一批具备工匠精神、精操作、懂工艺、会管理、善协作、能创新的现场工程师。力争到 2025 年，累计不少于 500 所职业院校、1 000 家企业参加项目实施，累计培养不少于 20 万名现场工程师，进一步加强技术技能人才培养力度。

（一）现代学徒制的产生背景

1. 经济产业发展需要现代学徒制

当前，全球经济发展已进入由量到质的阶段，经济增速放缓，科技进步和产业革命成为新的主题。而经过改革开放 40 多年的发展，我国的经济发展又一次处于产业转型升级、经济结构调整改革的重要时期，从国家层面上看，经济发展的驱动力逐渐从资源转移到技术上，而技术驱动又对人才结构提出了新的要求。目前国家正实施"工业 4.0"和"中国制造 2025"等一系列转型战略，迫使产业发生颠覆性变革。

随着产业升级的需求日趋扩大，社会对人才的需求发生了根本性的变化，一切产业的长足进步，都需要了解行业趋势、掌握新技术的高素质技术技能人才，特别是具有高水平的操作人才，因此企业转型发展对新型技术技能型人才的需求日益迫切，对于劳动者技术技能水平的要求也在不断提高。

与此相反的是，劳动力市场技术技能人才的供给却不容乐观。预计到 2025 年，我国制造业重点领域的人才缺口将达到 2 986 万。此外，由于老龄化趋势日益严峻，我国劳动年龄人口（15~64 岁）占总人口的比重也在逐年下降，并保持下降趋势。技术人才的缺口前所未有的大，加快现代职业教育发展势在必行。

高职院校作为劳动技能型人才最大的供给库，必须要服务和融入地方的发展大局，主动对接和服务于地方经济转型和促进充分就业的需要。借着产业发展的东风，高职院校可以持续优化专业布局，扩大资源版图，深化办学改革，为地区发展提供人才支持。

2. 职业教育高质量发展需要现代学徒制

从教育发展的一般规律上看，任何教育模式都势必经历规模化发展到内涵式发展的转变，我国的职业教育经过一段时间的规模化发展，已经进入内涵式发展的阶段，人才培养质量亟待进一步提高。

传统办学模式的"硬伤"在于：学校教育无法满足对劳动人才"上手快、技能强"的要求，无论是通过课程的改革、师资的配备，还是增加教学内容和手段，学校教育只能教给学生通用的知识与技能，使其尽可能向岗位需求靠拢，而非针对岗位的"专门定制"。在应试教育时代，学生学习的主要目的和检验学习成果的主要方式就是考试。然而随着经济社会的发展，人们发现更为重要的其实是专业知识，而这种知识的划分正在不断精细化，它需要技术技能人才在掌握通用知识的基础上长期专注于某一技术领域，才可能取得重大突破。

正是职业教育对高质量培养的需求，迫使现有的职业教育人才培养模式进行全面改革。实施现代学徒制，一方面有助于打破制约职业教育跨越式进步的瓶颈，如实习的场地条件不足、教学内容与岗位实际情况脱节、教师缺乏实践教学能力等；另一方面从办学的方式和制度上引入产教融合、校企合作，从本质上提升职业教育的办学水平和办学理念。可见开展现代学徒制，不仅同时满足高职院校、企业、学生的诉求，还彰显职业教育的本质属性。

3. 职业教育现代化需要现代学徒制

教育的现代化，是以适应经济社会发展的"现代化"为前提，逐步形成法制化、科学化、高水平的教育发展路径。具体到我国职业教育的"现代化"建构，就是要重新梳理其治理逻辑，理顺政府、企业、职业院校、学生之间的相互关系，构建多方参与的职教治理体系。《国家职业教育改革实施方案》指出，职业教育现代化就是要基本完成由政府举办转向政府统筹管理、社会多元办学的格局转变，由追求规模扩张向提高质量转变，为促进经济社会发展和提高国家竞争力提供优质人才资源支撑。

职业教育现代化的内涵和现代学徒制的内涵是高度吻合的，都强调以企业参与为主要特征的办学格局，强调职业教育服务产业经济发展的属性。因此，现代学徒制的"现代"，并不是从时间上简单强调其时代属性，而是在内涵上具备了职业教育现代性所强调的诸多特性，并伴随着整个教育现代化的进程不断发展，更加进步和优越。

总的来说，随着政策的支持、产业的发展，职业教育规模扩大、质量稳步提升，职业教育的社会影响力和认可度也在不断上升，这对职业教育的办学质量提出了更高的要求，产业需要更多的符合产业需求的人才，产教融合下，现代学徒制成为满足产业人才需求的有效途径之一。

（二）现代学徒制的含义

现代学徒制是一项教育部提出并主持推广，以产教融合为核心理念，通过校企合作、共用培养，以师徒相授为载体的职业教育办学模式和人才培养模式。它与普通高职教育、以往的订单式培养等人才培养模式有相似之处，但更加强调校企"双元"的同等地位，主张校企共同主导人才培养、共同制定课程标准、共同建设师资队伍等，"双元制"是现代学徒制的最显著特征。

在高职院校中开展现代学徒制，能够有效整合学校和企业的资源，在满足双方诉求的大前提下最大化发挥各自优势，并且通过成本分担降低各自风险，促进企业及其技能型人才的培养与发展。而不同领域的企业有不同的技能型人才需求，因此高职院校在与不同企业合作时可以丰富学校现代学徒制的课程体系，更加多元化且有核心竞争力。现代学徒制的实施使企业在企业建设和社会地位方面都有或多或少的提升。此外，我们可以挖掘出企业在参与现代学徒制实施中积极性较低的原因，挖掘其主要诉求，加强其参与现代学徒制的积极性。

例如，大型企业可以通过与高职院校的深度融合，在无形之中对公司的技术和产品进行推广，从某种程度上实现其社会价值；而中小型企业对人才的需求并不是特别大，现代学徒制的开展在企业员工招聘费用及综合培养成本上还是有利的。现代学徒制是高职院校人才培养的模式，是高职院校培养与区域经济发展相适应的技术人才的主要途径，在产教融合政策背景下，充分发挥两主体之间的融合协作，有利于促进双方共赢。

（三）现代学徒制的实施路径

1. 强化内涵

以内涵建设为重点，深化工学结合人才培养模式改革，半工半读，工学交替，建立专兼结合师资队伍，互聘共享交替，用好教学名师、技能大师，通过项目负责人牵头组建团队，共同推进。打破传统模式，制定与现代学徒制人才培养模式相适应的教学管理与运行机制。制定相应的规章制度、教学文件，人才培养模式，基地建设管理办法，双导师（生）制管理办法，以及经费管理办法。

2. 推进招生招工一体化

完善职业院校招生录取和企业用工一体化的招生招工制度，推进校企共同研制、实施招生招工方案。根据不同生源特点，实行多种招生考试办法，为接受不同层次职业教育的学徒提供机会。规范职业院校招生录取和企业用工程序，明确学徒的企业员工和职业院校学生双重身份，按照双向选择原则，学徒、学校和企业签订三方协议，对于年满16周岁未达到18周岁的学徒，须由学徒、监护人、学校和企业四方签订协议，明确各方权益及学徒在岗培养的具体岗位、教学内容、权益保障等。

学校和企业共同组建现代学徒制班，组班模式有以下两种：一是学徒班与一个企业合作，学徒对应同一个企业的一个岗位或多个岗位；二是学徒班与多个企业合作，学徒对应不同企业的相同岗位。

通过企业、学校和家长三方，建立学生的准员工身份，招生招工步骤如图 9.1 所示。

企业说明会　　学生面试　　入选学生访问企业　确定学生的准员工身份　企业、学生、家长签署协议

图 9.1　招生招工步骤

（1）由专业和企业共同负责组织企业说明会。企业对院校一年级新生介绍企业发展历程、企业文化、产品和服务、技术、未来发展规划、人才发展战略、岗位需求、能力要求，以及个人在企业的职业晋升等方面内容。学生可以就关心的问题进行提问，校企双方负责解答。有意向参加"现代学徒制"联合培养的学生可以递交简历，准备参加相关考核。

（2）进入学生面试阶段。企业组成的项目考察组依据学生递交的简历、学校提供的学生录取成绩、所报专业等情况进行初步遴选，确定参加笔试人员名单。根据笔试成绩，确定进入下一步技能考试和面试的名单。最后，根据笔试、技能考试和面试结果，公示入选的学生名单。

（3）入选学生访问企业。由企业组织，邀请入选"现代学徒制班"的学生访问企业，企业组织相关部门人员与学生见面，介绍企业情况、工作制度，参观工作场所、生活设施等，让学生亲身体验和了解企业。

（4）企业与学生签署协议。在学生自愿前提下，企业和学生签署"现代学徒制培养"协议即委托培养协议，确定学生的"准员工"身份。协议明确企业和学生的责任和义务，包括相关的奖惩办法、顶岗实习期企业提供给学生的薪资和毕业后学生的服务期、工作岗位、工作内容等。该协议由学生本人、学生家长和企业共同签署。

3. 改革创新

从专业实际出发，解放思想，大胆创新，建立"政府、企业、学校"三元合一的实习管理体系，形成"学生→学徒→准员工→员工"四位一体的人才培养模式。建立第三方（行业、企业）评价机制，全面提升发展活力。围绕"四双"人才培养模式，校企共同协商确定"校企一体、工学交替"人才培养方案，实现"专业与行业职业岗位对接，专业课程内容与职业标准对接，教学过程与生产过程对接，学历证书与职业资格证书对接"的"四个对接"。

4. 建设校企互聘共用的师资队伍

完善双导师制，建立健全双导师的选拔、培养、考核、激励制度，形成校企互聘共用的管理机制。明确双导师职责和待遇，合作企业要选拔优秀高技能人才担任师傅，明确师傅的责任和待遇，师傅承担的教学任务应纳入考核，并可享受相应的带徒津贴。将指导教师的企业实践和技术服务纳入教师考核并作为晋升专业技术职务的重要依据。建立灵活的人才流动机制，校企双方共同制定双向挂职锻炼、横向联合技术研发、专业建设的激励制度和考核奖惩制度。建立两个教学场所即学校和企业。校企合作，学校在企业建立教学场，企业在学校设培训技改项目。确定深度合作企业，找出校企合作共赢点，探索长效机制。学校和企业共同组建"现代学徒制班"师资团队。

一般而言，师资团队由教学顾问团队、企业师傅、院校教师共同组成。企业师资团队的构成为：1/3 的在职培训师，负责学徒在企业的企业认知、企业文化、规章制度、职业规划等方面的培训；2/3 的岗位师傅，对学徒岗位认知、职业素养、专业知识、岗位技能等方面提供指导。院校师资团队的构成为：2/3 为专业"双师型"教师，负责学徒的专业培训；1/3 负责公共课、基础课、兴趣课培训。教学顾问团队提供教学顾问支持，对现代学徒制中的培养模式、教学模式、学习内容、学习方式、考核评价等提供全程教学及技术支持。

5. 完善现代学徒制度和标准

按照"合作共赢、职责共担"原则，校企共同设计现代学徒制方案，共同制定专业教学标准、课程标准、岗位标准、企业师傅标准、质量监控标准及相应实施方案。校企共同建设基于工作内容和基于典型工作过程的专业课程体系，开发基于岗位工作内容、融入国家职业资格标准的专业教学内容和教材。校企双方可以开展合页教材式建设，学校教师课程侧重理论和校内实训，企业师傅侧重技术技能传授，全过程突出师德传授，突出安全、协作、沟通能力等综合素质的培养。

6. 试行"四双"人才培养模式

依托校企一体的平台，根据专业实际及行业产业的新形势，对各专业的人才培养方案进行论证及完善，创新"双定生+双合同+双主体+双导师"人才培养模式，组成试点班，试行"四双"人才培养模式，通过比较分析，探索研究现代学徒制人才培养模式。

7. 双主体工作职责划分与协调

（1）院校方面。基于专业岗位能力标准，根据院校和企业确定的学徒培养方案，建设满足企业用人需求的教学内容，侧重于职业素养、专业理论、专业基础、专业技能、社会能力等方面的内容建设。同时搭建企业师傅、院校教师、学徒能实时交流的学习平台和学习环境，解决企业师傅时间精力有限的问题。有效利用院校的实训环境，信息化教学环境，提升学徒在学校的技能培训效果。校企合作现代学徒制双主体育人模式示意如图9.2所示。

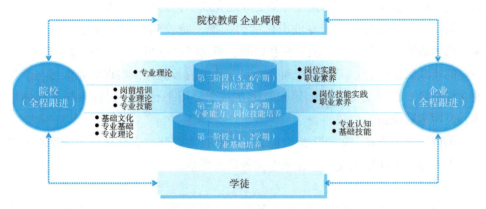

图 9.2　校企合作现代学徒制双主体育人模式示意

第一，教学资源建设需要满足以下内容：基于专业岗位能力标准；符合学徒岗位能力需求；能够灵活在互联网中应用；展现形式多样，提升学徒的学习兴趣。

第二，教学平台建设需要满足以下内容：教学资源的灵活调用；教学资源与教学活动的组合；支持在线学习与在线互动；学习的全过程监控与记录；教学数据的统计与分析。

第三，教学环境建设需要满足以下内容：实现理实一体化教学；能与企业师傅在线交流；支持互动教学、移动教学，实现即时测评；支持小组项目化教学。

第四，实践环境建设需要满足以下内容：支持企业岗位培训；引入企业实际工作任务；支持理实一体化教学。

第五，评价体系建设要能实现基于学习全过程的多元化评价体系，过程性和结果性评价结果均能实时提供给企业师傅参考。

（2）企业方面。

第一，培训资源建设需要满足以下内容：基于专业岗位能力标准；系统的职业素养、职业能力培训内容；融入企业业务的个性化培训内容；能够灵活在互联网中应用；展现形式多样，提升学徒的学习兴趣。

第二，培训平台建设需要满足以下内容：支持企业师傅在线授课、交流；支持学徒在线学习与互动；培训的全过程监控与记录；培训数据的统计与分析。

第三，评价体系建设要能实现基于培训全过程的多元化评价体系，过程性和结果性评价结果均能实时提供院校教师参考。

（3）第三方专业支持。

第一，交流平台。通过俱乐部、论坛、主题沙龙、专业培训等形式为企业师傅、院校教师提供学习互动的专业化平台，增进合作双方的沟通与交流。

第二，顾问支持。为院校和企业提供教学模式、教学组织、教学实施等方面的顾问支持，让院校教师和企业师傅更好地完成学徒的交替培养。

第三，技术支持。基于专业岗位能力标准，院校和企业开发适用的教学资源、培训资源、考核内容，能够在互联网、移动终端应用，使教学和培训内容与企业的实践紧密结合。提供院校和企业双方适用的云平台，实现企业师傅与学徒的在线指导、在线交流，使师傅和教师在一个公用平台中全过程参与学徒的培养，及时沟通反馈。

第四，培训支持。就师资综合能力、专业技能提升，信息化技术应用水平提升等方面提供专业培训支持，保障学徒的培养质量。

8. 证书获取

通过评估小组，将学徒的评估资料、评估结果提交第三方评估机构，审核通过者由第三方评估机构为学徒颁发对应的证书，学生必须持有该证书才能算真正的"出师"。这里的第三方可以是非合作的招聘企业或者是专业认证部门。

9. 职业可持续发展

在现代学徒制项目中建立起来的资源和学习平台，可以为学徒的再就业提供支持，同时支持学徒的终身学习。专业可以建立人才库，通过岗位测评、个人简历建立、简历状态设置、推荐就业，使学徒准确、快速找到优质高端的就业岗位。

10. 跟踪反馈

利用互联网技术，跟踪记录学徒在企业中的成长，将数据定期反馈给学校，为院校人才培养方案、校企合作模式的持续改进提供科学的数据支持。

（四）现代学徒制实施效果的评价标准

在高职院校中开展现代学徒制，从某种程度上来说是对产教融合的一种深化应用，有助于保障校企合作的制度性，为职业教育的人才培养进行质量把控。当前，高校在实际职业教育的发展中普遍达成了共识，那就是产教融合、校企合作是必经之路。因此在产教融合视域下实施现代学徒制，建立新的现代学徒制实施效果评价标准，企业和高校共同协作，会让现代学徒制的开展和各方面实施都达到产教融合的标准。例如，政府出台了职业教育人才培养的各项促进和保障措施以提高学校和企业的重视程度，职业院校在人才培养目标、方式等方面也做了大量的探索工作，虽然在实践中依然存在各式各样的难题，但是总体的方向还是实现产教融合，让现代学徒制的实施效果最大化。因此，针对政府、企业、高职院校等各方主体应该进行更加制度化的顶层设计，从而建立新的现代学徒制实施效果评价标准。

1. 质量监控标准

师带徒质量是现代学徒制试点工作效果的重要评价标准，是关系学生能否成材的大问题。特别是对于以教学工作为主的高职高专院校，教学工作是中心工作，提高师带徒质量实质上是高职院校在探索更好的学生工作能力的培养目标。高职教育以培养高技能人才为目的，提倡采用"工学结合"教学模式，培养学生的动手能力和实训技能。因此师带徒在高职教学中是非常值得尝试的。进行师带徒评价和质量监控，具有一定的可操作性与系统性，能使学生毕业后很快适应工作岗位的要求，真正做到就业"零距离"。

（1）师带徒体系的组成。为了培养高职学生较强的实训技能，必须构建符合学生认知规律、由简单到复杂、由单一到综合的实训教学体系。基于这一原则，师带徒教学内容一般包含基础实训、综合实训、专项实训和顶岗实训。基础实训是指课程教学中，为掌握课程的基本知识和基本技能而设计的简单的、单一技能的训练项目。基础实训的目的在于让学生掌握本课程相关的基本技能。

综合实训是指学生在掌握本课程或多门相关课程的基本技能后，为培养学生解决实际问题的能力而开设的实训项目。实训内容要求综合一门或多门课程的知识和技能，内容具有综合性和一定的复杂性。综合实训的目的在于培养学生综合运用相关课程知识完成具有一定复杂程度的技能训练的能力。

专项实训是指基于某一专业方向，面向某一具体的就业岗位，基于该岗位完整的工作过程而设计的实训项目。专项实训的目的是让学生掌握某一职业岗位的完整工作过程，理解每一工作过程的任务要求、实施方法，培养学生综合运用所学知识和技能解决职业岗位中遇到的各种相关问题的能力。

顶岗实训是在学生完成上述实训过程的训练，基本上达到企业对技能型人才的要求，可以承担实际岗位任务后，安排的最后一个实训项目。顶岗实习的目的是让学生真实地体验企业岗位任务的具体要求，培养学生综合利用所学知识和技能解决实际问题的能力。

（2）实训教学评价与质量监控体系。实训教学评价与监控体系同样包括内容评价、过程监控、效果反馈、持续改进四个方面，但针对不同的实训教学层次，即基础实训、综合实训、专向实训、顶岗实习，具体实施内容有各自不同的特点。

一是内容评价。实训教学的各个层次是一个整体，相互之间是紧密联系的。在实训教学内容的设计上，应体现连续性、整体性。基础实训是综合实训的基础，综合实训是基础实训的综合，在技术上、难度上要向上跨一个台阶；专向实训是多个课程综合实训的综合，是多门课程知识和技能的融会贯通和灵活运用；顶岗实训是对全部专业知识和专业技能的融会贯通和灵活运用，是专业技能的实际运用。因此，在评价实训教学的内容时，应从内容体系上把握其连续性和整体性的要求。

基础实训内容是针对本课程的关键知识点、关键技能而设计的。每一项课内实训体现一项关键技能、多项课内实训关联起来体现整门课程的相关技能。基础实训的安排顺序体现循序渐进、由易到难的特点。综合实训内容是由单门课程或多门相互关联课程的相关技能综合构成的，要根据该门或多门课程相关技能对应的工作岗位安排实训内容，基于该岗位对应的工作过程序化实训内容，综合实训对应的岗位技能较单一、综合性不太强、复杂程度不太高。专向实训内容是针对某一专业方向的综合技能要求而组织的实训项目。专向实训内容体现综合性、较高的复杂性和一定的难度，应根据本专业方向对应的工作岗位安排，同样也应基于该岗位对应的工作过程安排。顶岗实训的内容应有针对性，要选择与学生的专业实训内容一致的顶岗实习岗位。顶岗实习内容是专向实训内容的真实表现和具体应用。实训内容质量评价如表9.1所示。

表9.1 实训内容质量评价（数据为评价权重）

实训层次	评价项目				
基础实训	体现课程技能要求	整体关联性	内容序化合理	单一任务	由易到难
15%	3%	3%	3%	3%	3%
综合实训	技能综合性	体现简单岗位需求	基于工作过程	仿真性或真实性	一定的复杂度
25%	5%	5%	5%	5%	5%
专向实训	面向专业方向综合	体现实际岗位需求	基于工作过程	仿真性或真实性	较高的复杂度
30%	6%	6%	6%	6%	6%
顶岗实习	专业对口	真实岗位	实际工作过程	真实性	较高的复杂度
30%	6%	6%	6%	6%	6%

二是过程监控。实训教学的过程包括教和学两个方面。因此，过程监控的实施也应从这两方面入手，教学过程主要有师傅模拟演示、实训方案分析、实训方法指导、关键问题提示、现场问题指导、实训总结。与教学过程相对应的学习过程主要有徒弟理解师傅演示、讨论比较实训方案、理解掌握实训方法、掌握关键问题的处理技能、现场完成实训项目、总结提高。不同层次的实训教学内容，其教学方法和教学侧重点各有不同，徒弟的学习过程和学习特点也有所不同。其过程监控的特点也有所不同。实训教学过程监控如表9.2所示。

表 9.2 实训教学过程监控（数据为评价权重）

实训层次	评价项目					
基础实训	师傅模拟演示清晰	实训方法切实可行	问题解答明确	徒弟理解演示内容	实训步骤明确	实训项目完整
15%	3%	2%	2%	3%	2%	3%
综合实训	实训方案分析透彻	关键问题提示明确	实训方法切实可行	徒弟实训方案合理	实训步骤可行	实训项目完整
25%	5%	2%	3%	5%	5%	5%
专向实训	实训方案分析透彻	关键问题提示明确	实训方法切实可行	徒弟实训方案合理	实训步骤可行	实训项目完整
30%	5%	5%	5%	5%	5%	5%
顶岗实习	明确岗位任务目标	分解任务制订计划	解决岗位关键问题	按计划完成岗位任务	岗位任务完善提高	创新总结
30%	5%	5%	5%	5%	5%	5%

三是效果反馈。实训效果反馈也包括教和学两方面，师傅评价徒弟对实训技能、实训方法的掌握程度，解决关键问题的能力，徒弟的实训态度，对实训项目的兴趣度，以及实训效果。徒弟对实训效果的反馈包括师傅讲解是否清晰明白、指导过程是否到位、实训项目掌握程度自评、受益程度自评、实训项目好的部分、存在不足需改进的部分。对于企业顶岗实习，效果反馈还包括企业的反馈信息。企业对徒弟的综合素质、专业技能、知识水平、工作态度、工作能力工作实绩等进行评价。效果反馈如表 9.3 所示。

表 9.3 效果反馈（数据为评价权重）

反馈源	反馈项目					
师傅（对徒弟评价）	实训技能	实训方法	解决问题的能力	实训态度	兴趣度	实训效果
30%	5%	5%	5%	5%	5%	5%
徒弟（对师傅评价与自评）	方案讲解清晰	指导过程到位	掌握程度自评	受益程度自评	实训项目优点	实训项目不足
40%	7%	7%	7%	7%	6%	6%
企业（对徒弟评价）	综合素质	专业技能	知识水平	工作态度	工作能力	工作实绩
30%	5%	5%	5%	5%	5%	5%

四是持续改进。师带徒质量是在内容评价、过程监控、效果反馈的基础上，通过持续改进教学内容、改进教学方法，更新实训设备和实训环境，引导徒弟独

立思考、自主学习，通过实训教学过程的循环往复不断提高的。持续改进实施过程如表 9.4 所示。

表 9.4 持续改进实施过程

改进项目	改进内容					
实训内容	符合岗位技能要求	符合徒弟认知规律	基于工作过程	仿真或真实的工作任务	整体性	综合性
过程监控	师傅演示	方案讲解	关键问题提示	实训过程指导	实训考核	归纳总结
效果反馈	综合素质	专业技能	知识水平	工作态度	工作能力	工作实绩

（3）总述。师带徒质量的提高是一个系统工程，涉及教学的各个方面，有必要建立一套完整可行的质量监控体系，约束教学活动的主体和客体，使参与教学活动的主体和客体都自觉遵守监控体系的内容，采取措施，努力提高师带徒质量。师带徒质量监控的重点不在监控，而在具体实施，监控只是手段。通过具体措施提高师带徒质量才是目的。

2. 企业师傅标准

一般来说，现代学徒制采用双导师制，学校教师与企业师傅组合。对企业师傅来说，应满足以下几个方面的要求。

（1）基本条件。企业师傅应满足以下基本条件：专业技术过硬，业务技能熟练，现场应急处置能力强；具备中级以上技能等级或三年以上相应工作岗位（工种）工作经历；两年内没有违法违纪记录；表达能力较好，检查监督及时，善于表达沟通，责任心强，具备言传身教的能力；思想作风过硬，为人和气，肯于助人为乐，敢于严格要求，善于传、帮、带，能较好遵守职业道德规范，品行端正。有过成功带新员工经验者、评选为优秀员工者优先。

（2）担任导师期间的主要职责。首要是传授技能，从基本知识、技能抓起，言传身教；其次要帮思想，带作风，把优良作风、职业道德、安全生产经验传给徒弟；再次要具有严谨的教学作风，对学徒要严格要求，严格训练；最后要胸怀宽广，真心待徒，切实把自己的一技之长传授给徒弟。

（3）师傅的工作标准。认真做好对徒弟的日常考勤和管理，加强职业道德、劳动纪律和企业文化等教育，培养学生文明守纪的良好习惯。负责指导实习生熟悉实习工作环境和防护设施，提高学生的自我保护能力，采取有效措施防止学生在实习中受到伤害和发生安全事故。认真做好对徒弟技能训练的指导和各技术环节的示范，使徒弟尽快掌握实际操作技能，严格要求徒弟，并经常进行提问、讲解与指导。认真听取学校和指导教师的意见，采取措施及时解决问题，不断提高实习质量。督促徒弟及时填写师带徒手册，对徒弟的实习小结填写评语并签名。

实行师带徒信息通报制度，定期向学校、学生家长通报交流学生实习情况。配合学校和第三方评价机构，对徒弟进行岗位评价与考核。认真完成企业领导交办的其他各项工作任务。

二、产教融合下高职院校现代学徒制实践路径

（一）激发企业主体积极性，促进产教融合

1. 完善法律法规政策，健全校企合作制度保障体系

（1）政府部门和教育产业主管部门应当发挥高层设计和沟通协调的作用，根据各方的利益和实际能力，制定一系列促进现代学徒制的政策和措施，使用法律法规、行政手段、税收政策和其他形式的政策宣传，利用制度性文件，促进和支持现代学徒制参与主体共同参与学徒的培训。

（2）根据各主体的特点和权益保护的需要制定各种专门的法律法规，为了使政府充分发挥其组织、协调和统筹的作用，还必须针对政府部门制定强制性的规章制度，确保政府职能发挥作用。

（3）明确政府、学校、企业、行业的职责和权利，以立法的形式构建现代学徒制体系，实现多元合作与治理，确保现代学徒制人才培养措施的有效实施。

（4）以制度确立企业在现代学徒制实施中的主体性地位，激发企业的自主参与意愿。

2. 构建校企之间利益均衡的人才培养合作机制

校企合作是政府主导，企业、院校自上而下形成的层次分明的组织和管理体系。首先，需要以立法的形式明确政府、企业、院校的权责利，为了避免企业因投入成本过高而挫伤其参与学徒制的积极性，政府应建立人才培养成本分担机制，对企业与院校的职责以及激励保障机制作出规定，从法律层面给予企业权益保障。其次，成立现代学徒制专项教育资金，资金的流向及分配等环节也以法律明确，用以明确落实财政补贴、税收减免、资金支持等优惠政策，充分保障参与现代学徒制的各个主体的利益。最后，建立政府、企业、院校三方参与的协作机制，在人才培养目标的制订、课程的设计与开发、教学计划的安排、学习结果的评价等方面进行有效的认证，在保障各主体利益的前提下，让决策的结果有较高的科学性。

（二）人才培养方案制订层面的对策建议

1. 洞察企业用人需求，提高满意度

学校需定期安排企业走访，实际感受本地企业发展的脉搏，强化工学结合意识，明确企业对人才的需求，为学生就业以及课程研发提供参考依据。首先，学校与合作企业需要从培养目标、培养规格、课程体系等方面进行充分合作，在毕业生每年的实习顶岗期间都深入合作企业进行调研，每隔三年左右到往届毕业生

比较集中的企业进行调研，了解行业发展的新趋势、新技术，用人企业注重的综合素质等信息，通过校企深度合作制订比较符合企业需求的技术专业人才培养方案。学院应该将校企合作成为学院的工作重心，把校企合作放到学院各项工作的首要位置，加大与本地企业的合作力度，通过课程共建等措施进行全方位合作，力争培养更多企业需要的技术技能型人才，提高企业用人的满意度。

2. 三方共建现代学徒制人才培养总体方案

现代学徒制在许多相关利益群体中，需要建立新型的协同管理机构和管理制度，并充分发挥管理机构的职能，各机构联动，并利用协同机制相互支持、相互协调，激活协同效应，确保现代学徒制的效果。高职院校和行业企业可以共同建立一个现代学徒制管理委员会，负责现代学徒制的实施，在教学计划制订和实施的过程中，定期召开会议，回顾上一年度的工作、计划明年的工作，以确保实现现代学徒制。最理想的模式便是三方共同搭建产学研合作平台，建立互动沟通机制，加强学校与行业、企业的联系，共享协同管理信息，提高协同教育效果。

（三）课程体系建设层面的对策建议

1. 完善校企课程内容，提升学徒学习质量

在课程体系建设中，要深刻理解劳动力市场对岗位的需求，选择和消除该专业原有课程体系中落后或不合适的内容。学校课程体系应更积极地适应劳动力市场的变化以及国家政策的改革和变化，并根据所需的知识和技能重新选择和制定课程内容。

在建立现代学徒制课程体系之前，学校和企业必须分析岗位的地位、任务和过程，以及岗位的专业能力，然后对岗位所需的知识点和技能点进行分解，开发适合本专业的课程内容。但是目前我国在推行现代学徒制的过程中，职业院校和企业面临对话机制不畅等问题，校企合作模式仍然停留在"点对点"的合作层面上，想要突破目前面临的合作困境，需要充分发挥校企合作的优势，发挥多方的联动作用，使学校与企业的需求更加紧密地联系，实现企业与学校的双赢。

因此现阶段，职业学校的课程模式不能仅仅停留在开发自己的校本教材上，应该进一步深化校企合作，充分发挥企业在课程体系建设中的作用，企业也应该转变自身利益为先观念，在学徒制实施过程中注入更多社会责任感，开拓职业教育理论与职业岗位相联系的培养体系。

2. 改善课程设计理念，注重产教融合实践

企业有必要与学校师生联合组织课程设计研讨小组，进行课程设计的反馈与修正，在实践中不断完善，结合具体的实施情况反哺课程设置。参照同级高校的课程设置标准，结合学生的实际需求和兴趣，共同协商课程设置和教学课件，进一步提高师生互动率。为了监督和提高师生互动的质量，校企双方应建立一套相互评价体

系，明确各自在合作中是否负责，并将结果与教师的表现、学生的学习联系起来，从而相互监督，提高师生在课堂上的积极性，注重产教融合。课程的设计理念也需进一步改善，企业和学校应共同成为课程开发的主体，企业应该发挥其自身的主体性作用，成为课程体系建设的主要参与者与制定者，在现代学徒制的课程体系建设过程中真正实现产教深度融合，高职院校在前期应充分调研教学和教育生产发展需要，对用人单位进行深入挖掘，了解用人单位的发展潜力与岗位需求，让高职院校教师深入实训岗位，使课程的设计更好地与理论知识结合起来，真正实现现代学徒制的有效实施，使学生的学习与未来的职业岗位达到有机衔接的状态。

（四）教学计划实施层面的对策建议

1. 合理分配学徒理实学习时间

在现代学徒制实施中，学徒理实学习时间需要进行合理分配，不能一味地进行顶岗实习，忽略理论知识的学习以及操作能力的掌握。同时，对于学徒的实训期，学校和企业应作好教学计划，并且双方认可，避免实训期过短待就业时出现青黄不接的状况，在制订好教学计划后，严格执行以给学徒最好的保障。在这种工学交替的模式之下，学生要面对角色的不断转化，因此，学校和企业要合理分配学徒在企业的工作时间和在学校的理论学习时间，使学生在合理、具有弹性的教学计划安排下进行学习与实训，从而提升学徒的岗位胜任能力，同时有针对性地提升学徒的技术技能水平，使职业要求与实践能力达到全面接轨。

德国"双元制"的职业教育中，学徒的主要在企业中进行学习，每一周学徒有 2/3 的时间在企业实训，1/3 的时间在学校进行理论知识的学习，学生的最终成绩以企业考核为主。可以借鉴德国"双元制"，对学生实行弹性的学制安排，改变传统的对学徒以学校为主体的考核评价方式，与企业共同进行考核，从而构建多元的学徒评价方式。

2. 建立学徒权益保障机制

现代学徒制的培养模式区别于传统的人才培养模式重要的一点是，学徒在整个培养过程中是工学交替的。现代学徒制的基本特征就是学校和企业双主体协同育人，在这种条件下，需要建立专门的学徒权益保障机制来保证人才培养的顺利实施。在学徒权益保障机制规范下，学校和企业对学生（学徒）进行协同管理，共同制订人才培养方案以及学生考核管理机制，从而保障现代学徒制的顺利实施。此外，在学生入学前，学校着重向学生解释学徒制的定义和学生的双重身份，使学生明确合作教育的模式和学徒的权利义务。能够接受并履行承诺的学生，可在正式入学前签署知情同意书和三方协议。

（五）师资队伍建设层面的对策建议

1. 建立教师激励机制，提高参与积极性

教师是教育的基础，是教育的源泉，在职业教育领域，现代学徒制的有效实

施依托于企业师傅和学校教师的共同作用，现代学徒制的教学任务应该由企业师傅与学校教师共同完成。对于职业院校的教师来说，在教学过程中不仅要掌握基本的理论知识，还应掌握必备的实践技能，但是目前我国高职院校实施现代学徒制面临的一个普遍的问题是缺乏教师激励机制，教师参与学徒制教学的积极性较低。因此，为了提高现代学徒制中教师的积极性，提高教师的职业教育能力，高职院校必须建立一套相应的教师激励机制，加大财政投入，建立完善的职业教育资金筹资渠道，从物质和精神上对教师进行激励，提高教师参与学徒制教学的积极性。

针对企业师傅也应建立一套较为完整的制度体系，提高企业师傅的准入门槛，加强企业师傅的教学能力。此外，还应制定相应标准对企业师傅的能力水平进行考核评价，将企业师傅的日常工作业绩与学生学业水平考核有机结合，建立起一套完整的企业师傅教学管理考核制度。学徒在企业学习过程中，根据企业师傅的思想道德、指导态度、教学质量、教学水平和效果对企业师傅进行评价，学校按照等级的划分支付带徒津贴，以此提高企业师傅师带徒的参与度与积极性。

2. 建立校企之间人员互兼互聘机制

师资队伍的水平不仅对教学模式的有效推行产生一定的影响，也对现代学徒制这一人才培养模式的有效实施起不可估量的作用。由企业师傅与职业院校教师组成的"双导师"队伍是当前现代学徒制实施的主要特征之一，因此，学校和企业应完善校企"双导师"队伍的互兼互聘机制，提高职业院校教师的技术技能水平，提升企业师傅的教学能力，为现代学徒制的有效实施提供资源支撑。

（1）根据现代学徒制的主体职责划分，制定学校"双师型"教师和企业"双师型"教师的专业能力标准，作为校企教师评聘的主要依据。作为职业教育的基本教学体系，提高职业教育教师专业水平的基本保证是"先达标后上岗"，要保证高职院校教师的专业能力达标，必须全面提高高职院校的内部管理能力，建设一支高标准的教师队伍。

（2）建立职业教育协调委员会等机构，协调教学活动，解决日常问题，使教学理论与实践紧密结合，在教学过程中促进理论教学成果与实践教学成果相互转化，构建互兼互聘机制，在具体教学活动中实现效果最优化。

（3）企业和学校需要制定校企互聘管理办法，学校负责制定教师准入的理论知识和教育教学标准，企业负责制定技术技能标准，双方共同针对互聘教师的评价和培训统一构建严格准入标准，形成规范的校企互兼互聘机制。

（六）学习结果的评价层面的对策建议

1. 评估的方法应该多样化，符合课程专业及人才要求

（1）在对学生进行学习结果评价时，应该突出岗位、技能、制度运行等方面的评价，体现现代学徒制的教学理念，制定一、二类标准，确定要点，赋予各

指标不同的权重，使评估的方法多样化。在教学效果的接受方面，评价指标主要体现在学徒的技术能力和技术成果，学徒的技能证书，反映的学徒毕业设计和创新能力，师傅、用人单位和行业专家的意见等方面。建立畅通的评价结果反馈渠道，及时将收集、总结、分析的各类信息反馈给相关部门进行总结整改，促进产教融合视域下现代学徒制实施的良性循环。

（2）加大过程性考核比例，坚持过程性考核和结果考核相统一的原则。现代学徒制作为一种人才培养模式，具有长期性的特点，因此，学生在日常学习中的道德规范、团队协作能力及操作技能水平都应列入考核指标。为了更加全面以及客观地反映学生的成绩，促进现代学徒制的有效实施，高职院校需要在基本结果考核的基础上加强对学生平时表现的过程性考核。现代学徒制在实施过程中除了将学生的课程完成情况、毕业设计完成情况纳入常规考核标准以外，还要将学生在企业实训中的操作、实训能力以及实训期间的表现纳入其中，需要加大学徒在企业实训中的考核比例，着重考察学徒的实际动手操作能力和技术技能水平。企业要充分发挥主体性作用，对学徒培训成果基于中肯明晰的评价，与职业院校评价相结合，形成一套完整科学的考评机制。

2. 建立与职业资格标准对接的评价机制

建立一套与资格标准相对接的科学合理的考核评价机制，是现代学徒制有效实施的重要保障。由于目前校企合作的深度不够，因此，对现代学徒制实施结果的评价对人才培养模式的改革和制度创新显得尤为重要。现代学徒制在实施过程中应充分发挥引领人才培养改革与创新的作用。未来，在学校现代学徒制的开展过程中，需要对学徒结业的评估内容进行改革，注重过程和结果导向。在平时上课和实践中也予以评价，通过平时实训与期末不同权重的评价体系更加综合客观地对学徒进行考核，做到理论考核与实践考核相统一。1+X证书制度是将培养目标、课程体系、学习结果评价与职业标准和目录充分对接，将中高职教育的学历证书与职业等级证书充分衔接，从根本上解决中高职衔接问题。职业院校作为现代学徒制的重要实施主体，应该充分认识到1+X证书制度的重要作用，对试点专业与学生规模进行科学慎重的选择，在立足现有职业资格证书的基础上，对学校现有建设基础以及师资队伍建设、校企合作情况等进行充分调研，对1+X证书制度进行长远的规划。

三、云南省高等职业教育现代学徒制实践

为了紧随国家政策，使现代学徒制工作开展有"法"可依，云南省出台了《云南省职业院校现代学徒制试点工作实施方案（试行）》。此外《云南省人民政

府办公厅关于深化产教融合的实施意见》《云南省技能强省行动计划（2017—2020年）》等文件，也对现代学徒制工作有所规划。可以说，云南省现代学徒制相关政策体系已初具规模。自2015年8月起，教育部先后遴选了三个批次、共计558家现代学徒制试点单位，覆盖各类职业院校、企业、行业协会等，其中云南省共有9所高职院校入围。试点工作开展以来，各试点院校与企业积极在招生招工、制度构建、合作培养、技能培训、师资队伍建设等方面开展合作，有效推进了产教融合的深度和广度。2018年至2019年间，教育部对三批试点单位分别进行了中期验收，云南省9所高职院校均顺利通过。

第一批（2015年）：云南国土资源职业学院、昆明工业职业技术学院。

第二批（2017年）：曲靖医学高等专科学校、云南机电职业技术学院、云南能源职业技术学院、云南锡业职业技术学院。

第三批（2018年）：昆明冶金高等专科学校、云南城市建设职业学院、云南农业职业技术学院。

（一）现代学徒制实践情况

1. 云南国土资源职业学院

云南国土资源职业学院是一所国有公办高等职业学院，位于云南省昆明市，是云南首批重点建设的两所"云南省级示范性高等职业院校"之一。学校于2015年8月被教育部确定为全国现代学徒制第一批试点单位，试点专业为测绘工程技术、宝玉石鉴定与加工等12个专业。

云南国土资源职业学院以现代学徒制带动人才培养模式的重大改革和整体转型，探索出了一条基于"一套工作流程""两项选聘""三类制度""三种人才培养方案""三层分担""四个协议""五方评价"的"一二三三三四五"现代学徒制实施路径，涵盖自上而下的整个管理路径，如图9.3所示。

2. 昆明工业职业技术学院

昆明工业职业技术学院校是一所国有公办普通高等职业学院，于2015年8月被教育部确定为全国现代学徒制第一批试点单位。与其他院校不同，该学校的办学主体是国有大型企业。学校位于云南省昆明市，是"中国特色高水平高职学校和专业建设"计划入选院校、云南省优质高职院校建设立项单位。试点专业为黑色冶金技术、物流管理、电气自动化技术等10个专业。

昆明工业职业技术学院创新提出"三区四化六融合"现代学徒制办学机制，在一般性校企合作的基础上加上政府（社区）资源，"三区"即校区、厂区、社区，"四化"即办学机制校企一体化、培养模式产教一体化、教学方式理实一体化、办学形式职业教育与职工培训一体化，"六融合"即人才培养目标定位与企业人才需求相融合、专业教师与企业能工巧匠相融合、教学内容与工作任务相融合、理论教学和技能培训相融合、能力考核与技能鉴定相融合、校园文化与企业文化相融合。昆明工业职业技术学院"三区四化六融合"现代学徒制办学机制如图 9.4 所示。

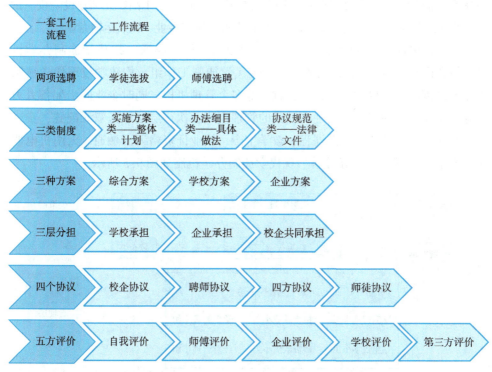

图 9.3　云南国土资源职业学院"一二三三三四五"现代学徒制实施路径

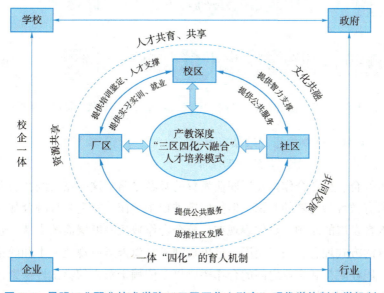

图 9.4　昆明工业职业技术学院"三区四化六融合"现代学徒制办学机制

· 203 ·

3. 云南机电职业技术学院

云南机电职业技术学院是一所国有公办高等职业院校，于2017年8月被教育部确定为全国现代学徒制第二批试点单位，坐落于云南省昆明市，是"云南省省级示范性高等职业院校""国家示范性高等职业院校建设计划"骨干高职立项建设院校。试点专业为汽车检测与维修技术专业、飞机机电设备维修专业、民航运输专业。

云南机电职业技术学院构建了校企"双元三层五融通"现代学徒制办学机制，校企即是"双元"，共同成立一个现代学徒制工作组，构建学校现代学徒制工作的决策层，下设教学、招生、就业等多个管理机构，同时企业同步配备人力资源、车间等管理层次，实现交互式的管理模式，执行层同样是双元配置，实现教师师傅、学生学徒、标准课程、教学生产、毕业证资格证五融通。云南机电职业技术学院"双元三层五融通"现代学徒制办学机制如图9.5所示。

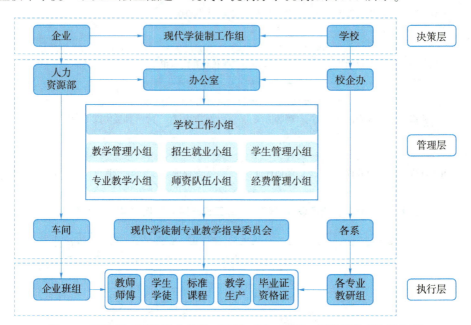

图 9.5 云南机电职业技术学院"双元三层五融通"现代学徒制办学机制

（二）现代学徒制执行成效及启示

1. 提供了一种产教融合的制度范本

产教融合、校企合作是发展职业教育的必经之路，这一点已经在长期的探索中成为所有教育参与者的共识，但如何推进校企合作、实现产教融合却一直是制约职业教育发展的瓶颈。具体表现在：校企合作缺乏制度层面的支持，企业参与职业教育的方式理念、法律制度、进出机制等，尚未形成规范文本和政策；在微观层面，职业院校和企业之间的合作桥梁更多依赖于双方的尝试性探索，而非可遵循的理论和制度依据，其经费保障、组织保障、物资保障等长期欠缺。政策有缺口成为过去相当一段时期内阻碍产教融合的关键因素。而现代学徒制政策的出台，为产教融合、校企合作打开了一个突破瓶颈的制度化切入口。

从宏观层面看，现代学徒制倡导由学校主导职业教育转变为校企共同主导，将企业参与职业教育的身份进行了界定，即企业也是职业教育的主体之一，同时对企业作为主体如何开展教育、应承担何种责任等进行了阐述，对校企合作要达到的效果和目的也进行了说明。

在微观层面，现代学徒制串联了院校和企业的制度架构，扩宽了职业教育政策的边界，拓展了职业教育进行创造性实践的平台，特别是提出的一系列教育制度和企业制度的相关条例，将有效促进职业教育制度体系的建立，为《职业教育法》的修订探路。

2. 推动了高职教育现代化进程

现代学徒制的"现代性"，一方面是与传统学徒制对应。传统学徒制主要依靠师傅的言传身教，始终没有进入正规教育体系。进入工业社会后，学徒制逐渐没落，现代职业学校担负起了现代生产领域的人才培养任务。但无论是职业学校教育，还是企业内部的职业培训，在学生品格和道德教育方面都不可避免地出现"泛化"，在促进学员知识与劳动技能的结合方面表现"乏力"。加之长期以来职业学校与企业之间缺乏有效交流和沟通，校企之间形成的重重壁垒很难突破。长期如此，不但影响了企业文化的塑造和企业核心竞争力的形成，更为严重的是职业学校所培养人才的社会认可度不高。现代学徒制的主要特点，就是把学生的知识教育与技术训练分由学校和企业分担，学生的道德教育主要由教师培养，学徒的职业精神和职业道德则主要受师傅的熏陶。

现代学徒制的"现代性"还体现在对职业教育现代化的推动上。《中国教育现代化2035》指出，我国要在2035年实现教育的总体现代化，因此率先实现职业教育的现代化是我国职业教育改革的首要目标。《国家中长期教育改革和发展规划纲要（2010—2020年）》即提出要"建立健全政府主导、行业指导、企业参与的办学机制，制定促进校企合作办学法规，推进校企合作制度化"，现代学徒制是将传统学徒培训与现代学校教育相结合的合作教育制度，是现代职业教育制度的重要组成部分。从教育类型看，职业教育是以雇主为主导的教育类型，无论是古代传统学徒制还是现代学徒制，都是行业企业主导的教育模式，因此可以认为，现代学徒制是我国实现从学校主导型职教模式向雇主主导型职教模式转变的政策抓手，是落实国家职业教育改革方案的重大任务。

3. 创新了多元化的办学机制

虽然一系列的制度安排已经将产教融合、校企合作置于职业教育现代化发展的重要战略地位。但由于缺乏政策法规的支持，加之办学理念相对落后，过去很长一段时间里，云南职业教育深化产教融合、校企合作的过程中仍存在融合不深、合作层次较浅等问题，《云南省教育事业发展"十三五"规划》中也特别指出"产教融合、校企合作深度不够"。学徒制背景下，校企合作的规模逐步扩大，对进一步推动产教融合、促进高职院校人才培养模式的改革起到了积极作用。

4. 促进了人才培养模式的改革

现代学徒制可以更好地发挥学校与企业双方的优势，通过校企共同在岗培养的模式，克服学历教育与工作实际脱节的困境，提升人才培养对岗位的适应性。现代学徒制政策的落地，进一步深化了学校与企业的合作内容，将企业的生产资源转化为学校的教学资源，将企业的能工巧匠转化为学校的师资力量，在软硬件方面都极大改善了高职院校的办学条件。

云南国土资源职业学院通过试点打破了以往"一个专业只有一个人才培养方案"的固有模式，每个试点专业开发三个不同版本的人才培养方案：综合方案（校企双主体实施）、学校方案（学校为主体实施）和企业方案（企业为主体实施）。三个版本的人才培养方案各有侧重点，关注到学徒成长的不同方面，三者互为补充，并为企业量身定制"个性化"企业版人才培养方案，实现了人才培养模式的彻底转型。

昆明工业职业技术学院则是在课程的安排上下功夫，每个专业的课程都由学校课程和企业课程构成，学校和企业各自为学生安排课程计划，然后把双方的安排融合到一起，实现了学生课堂学习与岗位成才的无缝对接，最大限度利用校企的教学资源。

云南机电职业技术学院的现代学徒制打造的是以装备制造类专业为核心、先进装备服务类专业全面发展的专业格局，针对专业差异、行业特色、企业需求，多种产教融合形式并举，促进了人才培养模式创新和课程体系改革，形成各具特色的人才培养模式和课程体系。

自 2015 年现代学徒制全面推广试点以来，在教育部、云南省政府及教育主管部门的大力支持下，高职院校积极作为，取得了较大的成效：逐步完善了职业教育的政策体系，一定程度上推动了职业教育的现代化进程，对于高职院校而言，在实施现代学徒制的过程中，逐步转变了办学理念、改革了人才培养方式、提升了办学的软硬件水平，办学实力得到进一步增强，人才培养质量进一步提高，学生的就业能力也得到增强；提升了社会对高职教育的认可度。

第二节　产教融合多元主体协同育人产学研用模式

在推进产学研用合作的过程中，加入创新驱动因素，将其转化为经济发展的第一动力。产学研用模式可以将创新研究的构想通过生产转化为实际生产力，并应用于日常生活。产学研用模式可推动产业生产、科研支持、高校中坚力量以及创新合作团队的构建。因此，要加快创新，推动社会整体发展，必须充分利用产学研用模式。

一、产学研用模式发展现状

近年来，我国综合国力持续提升，产学研用模式取得了显著进展，展现出多样化的人才培养形式。然而，与那些已有坚实基础的国家相比，我国的产学研用模式仍存在诸多不足，存在信息不对称、研究成果转化效率低下以及体制机制尚不完善等问题。

在建设创新型国家的战略指导下，各大高等院校应根据自身实际情况和师资力量，着力研究培养和提升学生的创新能力，这一举措与社会发展和各行业的需求紧密相连。因此，在新的时代背景下，面对现有产学研用模式的诸多问题和挑战，我们必须对现有模式进行改进和完善，以满足实际需求，进一步推动高等教育在经济社会发展中的作用。

（一）产学研用模式关注重点较为单一

我国长期以来的教育主要侧重于理论知识的传授，而相对忽视了理论知识的实践，学校教育与实际生活经验之间的联系较为薄弱。尽管学习理论知识至关重要，但将这些知识应用于实际工作中并取得成果同样重要。在现代社会不断发展的过程中，教育理念和思想也随之发生变化，单纯关注知识学习已不能满足时代需求，应用和实践的重要性日益凸显。

我国明确提出要大力更新教育理念，培养高水平创新人才。在培养过程中，不仅要注重学生的理论知识学习，还要注重他们实践能力的培养。同时，应为学生提供适宜的发展机会，加强学校与企业及科研机构的合作，探索联合培养的创新模式，为教育和人才培养提供理论和实践指导。

因此，现有的产学研用模式不应仅限于知识的传授，还应加强对学生实践能力的培养，提升他们将所学知识应用于实践的能力。这种转变也在一定程度上改变了传统教育模式，因为传统教育在某些方面已不能满足现代社会发展的需求，需要进行调整和创新。高等职业教育的重点不仅要关注知识传授，还应将实践融入教学和学生的学习过程中，提升他们的学习积极性。职业教育与高等教育不同，它更侧重于培养具备职业技能和专业技术的人才，因此，更要重视丰富高等职业教育学生的实践经验。

（二）产学研用教育模式研究起步较晚

我国产学研用的人才培养模式虽然取得了显著进展，但在研究和实施方面起步较晚。通过总结以往经验和借鉴国外先进做法，我国逐步探索出新的培养模式，使产学研用人才培养模式不断完善，涵盖了文、工、理、医、农等多学科领域，并涉及不同教育层次。经过不断学习和探索，我国形成了一套适应我国实际情况的教育模式，主要表现为以下几种形式。

1. 学习和实践相结合

高等职业教育的学生在校期间不仅限于知识学习，还设置了相应的实践项目。整个学习期间分为知识学习期和社会实践期，创新联合培养的教育模式。校企合作，企业在校内设立职位和项目，为相关专业的学生提供实习岗位。这种模式使学校成为学生学习社会经验的场所，学生可以在校内积极参与实践，并及时向老师请教问题，将课堂所学应用于实际工作中，以加深理解和提升实践能力，从而形成一种产学研用人才培养模式。

2. 校内设立实习岗位

学校为学生设立实习岗位，让学生根据实际需求选择适合自己的岗位进行实践和锻炼。这种岗位设置和待遇参考外部企业的实际条件，帮助学生提前适应社会工作岗位，提升社会实践能力。实习岗位的设置不仅使学生在校期间获得工作经验，还为他们毕业后顺利进入职场打下了坚实基础。

3. 校企联合攻关科研项目

企业利用校外管理资源和资金设备，学校教师利用自身知识和资源，为科研项目提供切实可行的方案和创新点。通过校企合作，拓宽研究项目的思路，提高项目的可行性。学生可以深入实践，了解实际工作中可能遇到的问题，以全新视角看待问题，提高创新能力和科研水平，促进项目顺利进行。

上述产学研用教育模式是在不断积累经验和学习的基础上逐步形成的。我国最早采用产学研用模式的是上海工程技术大学纺织学院。该学院在教育部门支持下，学习加拿大的生产学习合作模式。随后，国家提倡高等教育学校积极采用产学结合模式，学校与企业合作，建立合作机构和场所，以便学生进行实践。各省也陆续开展了产学合作教育的试点，相关工作人员具有双重身份，既是学生也是员工，初期的产学研用模式表现为多种试点形式，并不断向国外学习合作培养模式。

在新的时代背景下，这种产学研用模式面临新的挑战和要求，需要进一步改进和完善，以满足实际需求，推动高等教育在经济社会发展中的作用。

（三）产学合作模式

经过前期较长时间的提倡和铺垫，到20世纪末，国家已经确立正式的试点机构，并规范了合作模式的流程和要求，为我国高校教育方式的改革提供了借鉴和理论指导。

自此，产学合作模式得到了重视并进入实践探索阶段。例如，通过几所高校的试点，实行知识学习和实践工作交替进行的形式，对学生进行教育和培养，并签订相应的培养协议，企业和学校共同承担教育任务，逐渐形成了以实践和技术为中心的理论知识学习体系。随着实践经验的积累和成功案例的增加，国家将这一培养模式正式纳入人才培养方案。为确保该计划的顺利实施，国家专门成立了用于资助企业和高校合作的机构，为高校和企业的联合提供帮助和支持，鼓励并提倡产学合作模式及多种形式的联合。

这种培养模式在我国发展迅速，不仅得益于政府的大力支持，更因其本身具有较强的优势。在实际应用过程中，学校会根据自身实力、建设等实际情况，以及外在影响因素来创新这种培养模式。

根据不同的社会背景和情况不断更新和完善自身模式和形式，产学合作模式不仅受到国家的重视，更发展成高等职业教育培养技术人才的关键途径。通过这一模式，学校和企业能够共同推动教育改革，培养出适应社会需求的高素质技术人才，为国家经济发展提供有力支持。

（四）产学研用模式

近年来，国家高度重视创新因素，人才培养模式在新时代背景下被赋予了新的内涵和要求。随着产学研用模式的逐步成熟和完善，这一模式不仅结合了实践情况，还取得了显著成果，从最初的产学合作模式发展成为产学研用模式。

在现代设备和教学资源日益完善的条件下，产学研用模式不断完善自身结构和机制，为高等职业教育的人才培养和企业发展提供有力支持。该模式充分发挥了学生自主学习的能力，鼓励学生运用创新思维，将所学知识转化为实际应用。

在当前激烈的社会竞争中，科学技术的竞争尤为显著，具体表现为技术成果转化的质量、数量和速度的竞争。尽管我国在科技成果转化方面给予了政策支持，并设立了知识产权制度进行专门保护，各大高校的技术申请数量也在不断增加，但在实际实施过程中仍面临一些难题，难以实现从成果到应用的有效转化，这成为产学研用模式推广的一大阻碍。

针对这些转化过程中存在的问题，需要提出合理的建议和方法，帮助科技成果顺利转化；通过优化产学研用模式，提升技术成果的实际应用水平，推动高等职业教育和企业的发展，使创新驱动成为经济发展的第一动力。这不仅有助于培养适应现代社会需求的高素质技术人才，也为我国在全球科技竞争中占据有利位置提供了保障。表9.5针对具体转化过程中的问题提出了应对策略与建议，来帮助科技成果进行顺利转化。

表 9.5 产学研用具体转化过程中的问题及应对策略与建议

类别	描述	应对策略与建议	实施方法
政策认知不足	大多数人对成果转化相关政策和法律了解不足,缺乏对详细制度的知晓	建立和加强教育与培训平台,普及知识产权和成果转化的相关政策	通过工作坊、研讨会和在线课程提供政策解读
政策推广和学习	政策的学习和推广力度不足,需要建立机构和平台来督促政策的推广	设立专门机构或平台来推广政策,提供政策学习资源和深层次解读	创建在线平台和定期讲座,提供政策解读和案例研究
政策实施监督	成果转化涉及多方利益相关群体,实施过程中难以解决的问题较多	加强协调机制和沟通渠道,进行成果转化过程的指导和监督	建立内部协调机构,进行定期评审和问题解决会议
成果转化评价	成果转化后,需要对政策的实施效果进行评价和监督,确保政策的有效性和及时调整	建立成果和效果的评价体系,对实施政策进行监督,并根据评价结果调整政策	实施定期的政策评估,利用反馈调整和优化政策
服务和帮助	对政策不熟悉的人缺乏必要的服务和帮助,可能无法有效利用政策支持成果转化	提供专门的咨询服务,帮助解决成果转化中遇到的具体问题	成立咨询热线和服务窗口,提供专家支持和指导
资源配置	成果转化需要合理配置人员、信息、设备等资源,但涉及多方,可能导致资源配置不当	建立明确的资源配置指南,优化资源分配,确保成果转化的顺利进行	制订详细的资源分配计划和时间表,监控资源使用情况
信息通透与合作	成果转化过程中各群体间协调和合作不足,信息不通畅,导致成果转化效率低	增强各参与方之间的信息共享和透明度,建立合作平台,促进有效沟通	使用信息管理系统记录和共享相关信息,定期组织协调会议
政策与机制完善	现有的政策和机制未能充分覆盖成果转化的所有方面,导致转化过程中遇到问题时难以应对	定期修订和更新政策,根据实际运行情况和外部环境变化进行调整	实施政策审查周期,邀请专家和利益相关者参与政策制定过程

因此,完善政策制度,总结经验和不足,不断优化制度实施流程,是一条重要途径。针对科技成果转化制度的现状,我国不断改进不足,一些机构也在发挥优势进行研究和总结,为制度和政策的制定提供宝贵建议,主要集中在以下几个方面。

一是建立成果转化协调机制,建立机构,协助企业和学校之间的成果转化项目,归纳合并相关政策,编制专门针对成果转化的指导手册,并发布到官方网站,方便查阅和理解。

二是加强政策宣传与推广，由政府部门组织高校和机构制定宣传流程，解答人们对成果转化制度的疑惑，规范理解，并确保各部门合作无间，为政策宣传提供完备服务。

三是建立成果转化服务平台，在政策实行初期组建推行队伍，实施过程中建立相关平台和机构，确保职责分工明确，提供咨询和指导服务，及时回复和落实成果转化政策。

四是建立评价机制，加强保障并进行结果反馈，将成果转化机制纳入评价体系，总结经验和不足，分享成功案例，分析失败原因，制定改进措施。评价机构应坚持公平公正原则，通常由第三方外部机构进行评估，结束后改进政策，加强服务指导。

以上措施和对策，可以有效推进产学研用模式的发展，完善相关政策制度，围绕人才培养不断优化，为我国高等职业教育和企业的发展提供强有力的支持。产学研用模式在不同的企业和机构等主体下的表现形式有所不同，具体表现形式如表9.6所示。

表9.6 产学研用表现形式

划分模块	形式描述	目的与优势
以机构为依据	学校与企业机构间签订协议合同进行研究技术转让。企业利用高校理论知识与师资力量进行项目研究，成熟后进行成果转化	加强企业与高校之间的资源共享与合作，利用学校的研究优势和企业的实际应用能力，推动理论与实践的结合，优化技术成果转化过程
以推进程度为依据	高校受企业委托共同研究或企业与高校共同承担研究任务。在研究中企业负责提供资金支持，共同分担研究成本，减少单方面的经济压力	利用双方资源和优势，降低研究风险和成本，提高研究成果的市场适应性和经济效益，强化企业对研究方向的实际控制，确保研究成果符合市场需求
以组织性质为依据	学校和企业共同培养人才，企业向学校派遣实践教师参与教学，学校则将学生送到企业进行实践学习	通过实践教学和实际工作相结合的方式，为学生提供更广阔的知识视角和实践机会，增强学生的职业技能和就业竞争力，同时帮助企业培养和筛选符合需求的人才
以核心资源为依据	企业在高校内设立研究中心，利用高校的师资和研究资源，进行企业科研项目的研发。学生可参与研究中心的实际工作，提升实践能力	充分利用高校的研究能力和企业的实际需求，加强校企合作，促进科研成果的实际应用；提供给学生更实际的学习和研究机会，增强学生的研究和问题解决能力
以内容为依据	学校与企业共同研究项目，企业按照实际需求指导研究方向，确保研究项目具有高市场应用价值和技术成熟度，同时学校在研究前进行市场调查和分析，确保研究方向的正确性和可行性	结合企业的市场导向和高校的研究能力，优化研究内容和方向，确保研究成果有效地转化为经济效益，提高研究的针对性和实用性

这种联合培养形式的具体表现是建立专门的科研机构，选择具有人才、技术和研究资源优势的学校进行长期合作，需要投入一定的资金和技术力量并承担相应的风险。但是这个专门机构是独立的，利益明确。它是产学研用模式的一种高级形式，目前这种合作方式还不是十分普遍。

二、产教融合下产学研用模式的创新

在国家大力提倡科技创新的背景下，各方不断加大对创新的投入，产学研用模式受到高度重视，成为我国推动创新驱动发展战略的有力工具。这种模式不仅是将创新成果转化为实际应用的有效形式，也是推动科技进步和经济发展的重要手段。

因此，应在分析现有成果转化问题的基础上，研究并提出合理的建议，进一步优化产学研用模式，充分发挥其在创新中的引领作用，以促进企业的转型升级和社会的全面进步。通过合理的制度设计和政策支持，产学研用模式将为我国的创新发展提供强大的动力，推动高等职业教育与产业的深度融合，提升整体创新能力和竞争力。

（一）产学研用模式培养技术技能人才

高等职业教育旨在培养生产一线的技术技能人才，高职院校采用产学研用模式已成为当前的趋势。高等职业院校需要在充分认识和了解该模式的基础上，深入研究，改进教育理念，拓宽思路，加深对产学研用概念的理解。

1. 产学研用模式的具体内涵和概念

在不了解产学研用模式时，我们可能对其定位产生偏差，认为这只是学校依靠企业支持，为企业提供研究项目，企业为学生提供实习机会和岗位的一种形式。这样的理解是片面的，仅看到了表面现象，缺乏对其深层含义的了解。实际上，产学研用模式不仅仅是学校和企业之间的简单合作，而是一个包括生产、学习、研究和应用在内的综合性体系。它通过整合学校、企业和科研机构的资源，形成一个协同创新的生态系统，旨在培养具备创新能力和实践技能的高素质人才。产学研用模式的具体内涵如表 9.7 所示。

表 9.7 产学研用模式的具体内涵

组成部分	描述	作用与影响
产	"产"指企业。这些企业需提升创新能力以增强自身竞争力，特别在招聘时注重人才的创新能力。科研技术人才在企业发展中是至关重要的角色，创新人才能为企业带来强大的发展动力	企业作为创新成果的实际应用者，促进技术应用和商业模式的创新，直接影响产品和服务的市场竞争力

续表

组成部分	描述	作用与影响
学	"学"指高校。高校拥有完备的教育资源和教育体系，是培养各类人才的主体，也是企业的重要合作伙伴	高校通过与企业的合作，将理论知识与实际需求相结合，优化教育内容，更好地为社会培养实用型人才
研	"研"指研究机构。研究机构具有较强的研究能力和资源集中度，制定符合自身发展的规章和管理制度，主要聚焦于科研活动	研究机构作为科技创新和成果转化的重要基地，能连接学术界和产业界，推动科技成果的实际应用和商业化
用	"用"指用户和企业。创新研究的终端受益者。研究成果的最终目的是服务于用户，提升用户满意度，增加企业利益。用户反馈对研究的改进至关重要	用户反馈帮助研究人员优化和改进技术产品，保证创新成果符合市场需求，增强企业的市场竞争力，同时为人才培养提供实际操作和应用的反馈

2. 产学研用模式的实施

在产学研用模式中，企业发挥引导作用，高校是主要场所，研究机构起协调运转作用，而用户是主要的信息反馈来源。将产学研用四个部分有效结合，能够促进科技创新和产品研发，充分发挥四部分的综合优势，培养创新人才。

产学研用模式以人才培养为核心，在理解其概念时，可以从产品技术的开发应用、科技成果的转化和人才的全面培养等方面进行深入理解。高等职业教育最终还是服务于学生的实践能力。学生应将所学知识应用到实践中，并对所学知识进行巩固，从而提高综合素质。

这一模式通过企业提供实际生产环境和资源，高校传授理论知识和专业技能，研究机构进行前沿技术研究，以及用户提供反馈信息，形成一个完整的创新生态系统。学生在这一系统中不仅能够获得理论知识，还能在实际生产中应用这些知识，参与科研项目，从而提升自己的创新能力和实践技能。

产学研用是教育改革的一种新理念，正确深入地理解其内涵，并充分利用学校已有的教育资源和设施，能够提升学生的综合能力。这种模式不仅有助于培养高素质的技术技能人才，还能推动科技成果的转化和产业的升级，实现教育与产业的无缝对接。

（二）产学研用的实施路径

在充分认识产学研用模式的基础上，应用这一教育培养模式将理论学习和社会实践结合起来，充分发挥学校、企业和科研机构的优势，建立教师与学生、学生与企业、教师与企业之间的交流与联系，形成多向流通的信息交流与反馈机制，培养学生的创新和学习能力。

1. 理实一体

不仅局限于向学生传授课本知识，更注重培养学生实践的能力，改变传统教育中的弊端，促进学生有效地将理论与实践相结合。这有利于学生接受社会实际，培养和锻炼各种社会能力。虽然我国高等职业教育中的产学研用模式起步较晚，但已有成功经验可供研究和分析。其主要有两种模式：交替式和渗透式。交替式将理论和实践进行交替循环，学生在学期内一段时间学习理论基础知识，然后安排实践活动，再返回学校学习。这种循环方式让学生既能将所学知识应用于实践，又能在实践中遇到问题后通过再次学习来解决，加深理解和记忆。渗透式则将人才培养模式的理念渗透到专业知识学习过程中，虽然仍以知识学习为主，但在此过程中加入实训内容，更新课堂内容并改革课堂形式，形成完备的人才培养体系。

2. 以岗位能力为导向

以专业技术为核心，根据知识、能力和综合素质要求，不断改进并形成新的培养模式，鼓励学生积极考取相关技术证书，以强化实践，增加专业技能，适应培养目标和要求。注重培养学生的全面素质和职业技能，提高就业竞争力，不仅将其作为学校考核标准，还要找到与学生技能专业相关的岗位和工作，寻求实践机会。

3. 培养科研能力

注重培养学生的创新能力，为产学研用模式提供理论支持。学生通过参与科技研究实践，提高思维能力和创新能力。通过查阅文献资料、参加学术会议、实地调查和实验等方式，将理论知识与实践相结合，提高研究的可靠性和说服力。鼓励学生深入社会实际，验证理论知识，提升理解力和实际操作能力。

4. 形成专业素养

仅有理论知识的积累远远不够，学生在实际工作和科研过程中还需要具备克服困难的勇气和坚强的意志，以及探索未知、解决难题的态度。科学研究者不仅要有独特思想和新观点，还要具备战胜科研困难的勇气和信心。教师在培养学生过程中要鼓励他们提出新思考，激发学生的创新思维和独立思考能力，形成独特的思考方式。

5. 教学相长

教师在培养学生过程中也会学到新内容，激发灵感和创造力。职业教育者要加强自身学习，与学生共同进步。教师通过积累前沿知识，更新知识结构，帮助学生解决新技术条件下的难题。增加高等职业教育者的数量，引进新鲜血液，提升师资队伍科研水平，减轻教师工作负担，保证充沛精力指导学生。

6. 打造外部环境

外部政策制度的保障和内部激励措施相结合，通过奖金、荣誉、表彰和福利等形式奖励创新成果贡献者，激励参与者实现自我价值。高等职业教育院校应为学生提供完备的设备资源，特别是理工科院校，需要现代化实验仪器。改进硬件设施，加大网络信息资源建设力度，为学生提供便利条件，激发创新思维，奠定创新基础。

总之，培养学生的创新思维能力是产学研用模式的关键，通过参与科研活动、教师指导和完善的资源支持，提升学生的创新能力和实践能力。政府制定政策保障创新成果转化，激发创新思维。只有做好这些工作，培养学生的创新思维和能力，才能保障科研信息来源和主体，为成果转化的实际应用奠定基础，促进研究项目的顺利转化，实现人才培养目标。

（三）产学研用培养模式创新

1. 完善评价机制

在完善产学研用模式时，持续推进评价机制和体系，建立合理的评价体系。在不同培养环节实行不同的评价标准，从科技创新到成果转化再到市场应用，各环节都需根据相应标准进行评价，以达到客观、准确、真实和全面的评估目的。不仅要进行相应的评价，还需注重外部监督，做好第三方评估，严格规范创新与成果转化的评审，在评价体系中让研究者、用户和企业共同参与。

2. 推动协同合作

不断完善创新机制，推动学校、企业、科研机构等创新主体的协同合作，发挥政府主导作用，优化各创新主体，实现创新集聚效应。推动创新人才不断进行知识和技术的学习，促进人才在各创新参与机构之间的流动，鼓励研究人员寻求促进成果转化的合作企业和机构。

3. 完善资源支持

完善合作机制的资源支持与建设，为研究人员提供必备的资源与基础设施。对研究方和成果转化机构之间的合作提供必要的风险承担机制和条件，减少因风险而放弃成果转化的因素，分担风险和利益，共同承担，为科技成果的转化提供完备的条件。

4. 提出人才培养建议

将产学研用模式与高等职业教育相结合，通过深入了解和分析该模式的发展历程，总结以往模式的具体应用形式，提出适合高等职业教育的人才培养建议和对策。

5. 加强交流与合作

加强企业、学校、科研机构和政府之间的交流与合作，探索产学研用模式下适合高等职业教育的形式。

6. 鼓励创新能力培养

不断鼓励并注重培养学生的创新能力，为成果的实际转化应用和推广提供新的思路和源泉。利用完善的创新平台和机制促进创新,为创新提供切实保障。

三、高等职业教育产学研用实践

随着现代社会的不断发展和进步,在我国大力提倡科技创新的背景下,产学研用模式越来越成为学校培养人才的必然选择。许多院校结合自身实际情况,不断完善产学研用模式并加以应用。然而,在实际应用过程中,可能会暴露一些问题,需要不断改进。产学研用人才培养模式应致力于培养具有创新精神、实践能力和探索精神的人才,以不断满足社会的实际需要。

(一)深圳职业技术学院的产学研用人才培养模式创新(电子信息工程专业)

1. 背景与目标

深圳职业技术学院致力于培养适应现代科技产业需求的电子信息工程专业技术型人才,借助深圳市作为中国科技创新前沿城市的优势,通过与华为技术有限公司进行深度合作,实现教育资源与产业需求的高效对接,培养学生的实际操作能力和创新思维。

2. 合作实施

深圳职业技术学院与华为技术有限公司的合作基于深化学生理论知识与实际工作经验的结合。该合作的核心在于共同设计和实施人才培养方案,聚焦市场需求与未来技术发展趋势。合作模式包括但不限于以下几种方式。

(1)校外实训基地:在华为技术有限公司设立实训基地,使学生能直接接触高科技企业的实际工作环境。

(2)技术研讨会和工作坊:定期组织有华为技术有限公司技术人员参与的专业技术研讨会和工作坊,直接参与学生的课程教学和项目指导。

(3)企业导师制:邀请华为技术有限公司工程师担任企业导师,指导学生的毕业设计和科研项目。

3. 课程与实践

在课程设计方面,深圳职业技术学院注重理论与实践的结合,主要课程包括通信原理、嵌入式系统设计、物联网技术等,旨在培养学生的技术转化能力和工程实践能力。

(1)实践课程:设立编程实践、电子电路设计、通信系统搭建等实践课程,以提升学生的动手能力。

(2)项目驱动学习:通过实际项目的执行,如物联网设备的设计与实现,学生能用所学知识解决具体问题。

4. 成果与评价

深圳职业技术学院电子信息工程专业的产学研用模式已取得显著成效。学生不仅在理论知识上得到了系统的学习，更通过实际操作深化了对专业知识的理解和应用。学生的就业竞争力得到显著提高，毕业生在就业市场上表现优异，多数毕业生能够快速适应职场环境，解决实际问题。

根据企业反馈和学生就业后的表现，学院定期对课程内容和实训方式进行调整和优化，确保人才培养目标与市场需求同步。通过与华为技术有限公司的持续合作，学院不断改进其人才培养模式，增加更多与未来科技发展趋势相符的新课程和实践机会。

深圳职业技术学院的这一教育模式展示了教育与产业需求之间的成功桥接，为电子信息工程及相关专业的学生提供了一个全面、实用的学习和成长平台。

（二）浙江机电职业技术学院的产学研用人才培养模式创新（机械制造与自动化专业）

1. 背景与目标

浙江机电职业技术学院致力于培养适应现代制造业需求的机械制造与自动化专业技术型人才。学院通过与杭州汽轮机股份有限公司的合作，旨在实现教育资源与产业需求的高效对接，培养学生的实际操作能力和创新思维，推动机械制造领域的技术进步和产业升级。

2. 合作实施

浙江机电职业技术学院与杭州汽轮机股份有限公司的合作以深化学生理论知识与实际工作经验的结合为基础。合作的核心在于共同设计和实施人才培养方案，聚焦市场需求与未来技术发展趋势。合作模式包括但不限于以下几种方式。

（1）校外实训基地：在杭州汽轮机股份有限公司设立实训基地，使学生能直接接触实际工业生产环境。

（2）技术交流和工作坊：定期组织由企业技术人员参与的专业技术交流和工作坊，直接参与学生的课程教学和项目指导。

（3）企业导师制：邀请杭州汽轮机股份有限公司工程师担任企业导师，指导学生的毕业设计和科研项目，提供行业前沿技术支持。

3. 课程与实践

在课程设计方面，浙江机电职业技术学院注重理论与实践的结合，主要课程包括机械制图、数控技术、自动化控制系统等，旨在培养学生的技术转化能力和工程实践能力。

（1）实践课程：设立机械加工实训、数控编程与操作、自动化生产线设计与调试等实践课程，以强化学生的动手能力。

（2）项目驱动学习：通过实际项目的执行，如自动化设备的设计与制造，学生能用所学知识解决具体问题，完成从设计到成品的全过程。

4. 成果与评价

浙江机电职业技术学院机械制造与自动化专业的产学研用模式已取得显著成效。学生不仅在理论知识上得到系统的学习，更通过实际操作深化了对专业知识的理解和应用。学生的就业竞争力得到了显著提高，毕业生在就业市场上表现优异，多数毕业生能够快速适应职场环境，解决实际问题。

根据企业反馈和学生就业后的表现，学院定期对课程内容和实训方式进行调整和优化，确保人才培养目标与市场需求同步。通过与杭州汽轮机股份有限公司的持续合作，学院不断改进人才培养模式，增加更多与未来制造技术发展趋势相符的新课程和实践机会。

浙江机电职业技术学院的这一教育模式展示了教育与工业需求之间的成功桥接，为机械制造与自动化及相关工程专业的学生提供了一个全面、实用的学习和成长平台。

（三）德国柏林职业学院的产学研用人才培养模式创新（机械工程专业）

1. 背景与目标

德国柏林职业学院致力于培养适应现代制造业需求的机械工程专业技术型人才。在德国"双元制"教育体系的框架下，学院通过与博世（Bosch）公司合作，旨在实现教育资源与产业需求的高效对接，培养学生的实际操作能力和创新思维，推动机械制造领域的技术进步和产业升级。

2. 合作实施

德国柏林职业学院与博世公司的合作基于深化学生理论知识与实际工作经验的结合。合作的核心在于共同设计和实施人才培养方案，聚焦市场需求与未来技术发展趋势。合作模式包括但不限于以下几种方式。

（1）企业实训基地：在博世公司设立实训基地，使学生能直接接触实际工业生产环境。

（2）技术交流和工作坊：定期组织有博世公司技术人员参与的专业技术交流和工作坊，直接参与学生的课程教学和项目指导。

（3）企业导师制：邀请博世公司工程师担任企业导师，指导学生的毕业设计和科研项目，提供行业前沿技术支持。

3. 课程与实践

在课程设计方面，柏林职业学院注重理论与实践的结合，主要课程包括机械制图、数控技术、自动化控制系统等，旨在培养学生的技术转化能力和工程实践能力。此外，学院特别强调实践环节。

（1）实践课程：设立机械加工实训、数控编程与操作、自动化生产线设计与调试等实践课程，以增强学生的动手能力。

(2) 项目驱动学习：通过实际项目的执行，如自动化设备的设计与制造，学生能用所学知识解决具体问题，完成从设计到产品实现的全过程。

4. 成果与评价

德国柏林职业学院机械工程专业的产学研用模式已取得显著成效。学生不仅在理论知识上得到系统的学习，更通过实际操作深化了对专业知识的理解和应用。学生的就业竞争力得到显著提高，毕业生在就业市场上表现优异，多数毕业生能够快速适应职场环境，解决实际问题。

根据企业反馈和学生就业后的表现，学院定期对课程内容和实训方式进行调整和优化，确保人才培养目标与市场需求同步。通过与博世公司的持续合作，学院不断改进其人才培养模式，增加更多与未来制造技术发展趋势相符的新课程和实践机会。

德国柏林职业学院的这一教育模式展示了教育与工业需求之间的成功桥接，为机械工程及相关工程专业的学生提供了一个全面、实用的学习和成长平台。

（四）荷兰丰泰职业技术学院的产学研用人才培养模式（可持续能源技术专业）

1. 背景与目标

荷兰丰泰职业技术学院（Fontys University of Applied Sciences）致力于培养适应可持续能源产业需求的技术型人才。学校通过与荷兰皇家壳牌公司（Royal Dutch Shell）的合作，旨在实现教育资源与产业需求的高效对接，培养学生的实际操作能力和创新思维，推动可持续能源领域的技术进步和产业升级。

2. 合作实施

荷兰丰泰职业技术学院与荷兰皇家壳牌公司的合作基于深化学生理论知识与实际工作经验的结合。合作的核心在于共同设计和实施人才培养方案，聚焦市场需求与未来技术发展趋势。合作模式包括但不限于以下几种方式。

（1）企业实训基地：在荷兰皇家壳牌公司设立实训基地，使学生能直接接触实际能源技术应用环境。

（2）技术交流和工作坊：定期组织有荷兰皇家壳牌公司技术人员参与的专业技术交流和工作坊，直接参与学生的课程教学和项目指导。

（3）企业导师制：邀请荷兰皇家壳牌公司工程师担任企业导师，指导学生的毕业设计和科研项目，提供行业前沿技术支持。

3. 课程与实践

在课程设计方面，荷兰丰泰职业技术学院注重理论与实践的结合，主要课程包括可再生能源技术、能源系统设计、环保科技等，旨在培养学生的技术转化能力和工程实践能力。此外，学院特别强调实践环节。

（1）实践课程：设立能源系统设计实训、环保技术实践、可再生能源项目管理等实践课程，以提升学生的动手能力。

（2）项目驱动学习：通过实际项目的执行，如新能源设备的设计与实现，学生能用所学知识解决具体问题，完成从设计到产品实现的全过程。

4. 成果与评价

荷兰丰泰职业技术学院可持续能源技术专业的产学研用模式已取得显著成效。学生不仅在理论知识上得到了系统的学习，更通过实际操作深化了对专业知识的理解和应用。学生的就业竞争力显著提高，毕业生在就业市场上表现优异，多数毕业生能够快速适应职场环境，解决实际问题。

根据企业反馈和学生就业后的表现，学院定期对课程内容和实训方式进行调整和优化，确保人才培养目标与市场需求同步。通过与荷兰皇家壳牌公司的持续合作，学院不断改进其人才培养模式，增加更多与未来能源技术发展趋势相符的新课程和实践机会。

丰泰职业技术学院的这一教育模式展示了教育与工业需求之间的成功桥接，为可持续能源技术及相关工程专业的学生提供了一个全面、实用的学习和成长平台。

（五）启示与借鉴

上述高等职业教育机构在产学研用模式下的成功实践，为我们提供了许多有价值的启示。首先，各校通过与行业领先企业的紧密合作，实现了教育资源与产业需求的高效对接，为学生提供了丰富的实践机会和培养创新思维的环境。这种合作模式不仅提高了学生的实际操作能力和就业竞争力，还为企业输送了符合需求的高素质技术人才。其次，通过共同设计和实施人才培养方案，学校和企业能够确保课程内容与市场需求同步，持续优化教育质量。最后，定期的技术交流、工作坊和企业导师制等合作形式，确保了理论与实践的有机结合，为学生提供了全面、实用的学习和成长平台。这些成功经验表明，产教融合和多元主体协同育人模式，不仅能够提升教育质量和就业竞争力，还能有效推动科技创新和产业升级，为高等职业教育的发展提供了宝贵的借鉴。

第三节　产教融合多元主体协同育人实践

一、高等职业教育产教融合多元主体协同育人实践

产业融合是推动我国职业教育高质量发展的重要举措，也是构建现代职业教育体系的有效发展途径。

（一）功能定位

1. 教育与培训

产教融合、校企合作，可以开发专业课程和进行专业认证，面向企业职工、行业从业人员和院校学生、企业经理和主管提供教育培训、专题讲座，以及企业管理、营销和技术等培训；利用企业派专家和学院派专家，提供企业内部培训和企业外部培训课程。通过整合省内外专家，对有需求的政府、企业和大专院校进行教育与培训，包括培训方案设计、课程定制、实习实训基地建设等，为需求方提供一体化的教育及培训方案。

2. 产业与政策规划

从政府角度出发，通过对区域发展环境和行业发展趋势等的分析研究，预测区域未来发展需求，提出区域产业发展目标，并对基础设施平台、信息平台、企业培养、政策措施制定等内容提出合理建议。

3. 项目策划咨询

面向企业开展产业规划、行业发展方向等项目的策划咨询业务，包括市场调研、商业策划、项目建议书、可行性研究报告、招商推荐、总体规划与详细规划等。对企业内部及外部情况加以分析，诊断业务流程中存在的问题，结合企业可利用的资源，提出企业发展定位，提出业务流程的优化方向以及支持优化的措施。

4. 工作室服务

基于企业实训基地及校企双方优势，构建工作室，由企业方管理者及资深一线师傅组建"技能大师工作室"，由学校方管理者及资深教师组建"名师工作室"，工作室成员负责完成实训基地日常的培训、讲座、技术服务、教科研、产学研、策划咨询等服务，企业及学校为工作室成员颁发荣誉证书，定期举办研讨会，提高工作室人员整体水平，服务产业、服务区域、服务社会。

（二）改革教育管理机制和运行体系

校企合作、产教融合是职业教育向其内涵发展的回归。将产教融合的理念贯穿到职业教育改革发展当中，将"知行合一、工学结合""产教融合、校企合作"作为深化院校职业教育教学改革，提高专业人才培养质量的原则。将职业教育与区域经济社会产业发展紧密联系起来，充分发挥行业企业对职业教育的指导作用。职业院校要将具有3~5年企业实际工作经历（或经验）作为专业教师的招聘条件之一，确保职业院校专业教师的理实一体化。教育行政管理部门要就区域经济社会产业（行业）人才培养要求、规格要求、评价标准等方面，主动联系行业协会、企业主管部门，作为职业教育发展规划必要决策程序和实施依据。地方政府应深入推进职业院校和行业企业产教深度融合，汇聚产、教两方面力量和资源，建立相应的工作约束机制，共同提高职业教育人才培养质量。

（三）积极推动员工专业技能培训

我国现正处于产业转型升级和经济结构调整发展期，原来的劳动密集型、资源能耗型的低端、污染严重的产业正逐步退出历史舞台，产业结构转型升级后，原有的一部分没有经过正规职业技能培训的下岗工人、农民工、产业工人等人员无法适应现代企业用工的需要。同时大多数企业对从业人员岗位的职业资格证书有明确的规定。

（四）建立和健全职业教育的产学研合作机制

为顺应区域经济社会高质量发展和建立创新型国家的要求，应加快建立和健全我国职业教育产学研合作机制。第一，在职业教育领域牢固树立产学研合作的教育理念，引导和鼓励职业院校、行业企业和科研院所广泛开展产学研合作创新联动机制。第二，加快出台我国职业教育产、学、研合作的相关法律法规，对职业教育产、学、研合作过程中政府、行业企业、学校等的各自权利和义务、责任应制定具体可操作化的管理办法。第三，建立和健全职业院校与区域行业企业联合制定院校专业人才培养方案、联合开设专业、联合开发校本课程的合作管理机制，使职业院校的教学内容与区域发展需求紧密结合。

（五）以思维变革引领产教融合人才培养模式创新

2017年10月，习近平总书记在党的十九大报告中强调："完善职业教育和培训体系，深化产教融合、校企合作。""产教融合"已成为新时代我国深化高职院校人才培养的重要机制。从世界范围来看，产教融合作为一种人才培养模式，发端于1946年美国职业协会发表的《合作教育宣言》，其内涵经历了"工学交替"人才培养模式、教育与企业合作关系、教育与生产交叉的制度三个阶段的演变。我国当前正在经历由高职教育产教融合制度向高职教育产教融合机制与文化的转化与升级。各国的职业教育发展经验表明，每一次职业教育制度的重大变革，都伴随着人才培养理念的重大转变。基于此，新时代我国高职教育产教融合模式改革首先必须从思想观念上予以变革与创新。

正如战略思想家、未来产业平台创始人冯晓哲所说："面对时代变革，必须完成思维的系统跨越和能量跃迁。"新的改革必然呼唤新的思想和理论。思想基础和理论储备不足是制约当前高职教育产教融合人才培养模式改革与创新的瓶颈。从产教融合理论研究的现状来看，存在"理论借鉴多、独立探究少、创新研究不足"的突出问题，即借鉴德国"双元制"、新加坡"教学工厂"、美国"合作教育"等先进职教理论比较多，对具有中国特色的"产教融合"理论独创性的研究比较少。众所周知，理论的发展是受条件制约的，再先进的理论也是有局限的。

德国"双元制"关注对学生硬性技术技能的考核,特别是通过《联邦职业教育法》明确考核的"操作性"要求,并以"考教分离"的方法重点考查学生的知识、技能与职业能力,这种主要以实操为目标的考评标准对于传统工业发展模式是适用的,但是其对思辨能力、创新能力、管理能力、学习能力等并未给予重视,难以适用于"工业4.0"时代(2017,迟俊)。对此,我国在高职教育发展的初期,借鉴其"重技术技能"考核的经验及其做法是非常必要的。但是,在中国特色社会主义新时代,如果仅限于此,而不从中"跳出来",则很难予以深化与创新。其实,从目前学界对产教融合的研究来看,大致涉及"环境融合""标准融合""制度融合""机制融合""文化融合"等方面。比如学者朱永坤认为,产教融合包含制度合作与文化融合两层含义,其中制度合作是产教融合的初级形式,文化融合是产教融合的深层表达,提出以"专业文化"为载体的文化融合。

显然,就目前而言,我国高职教育产教融合模式改革重点还处在"环境融合""标准融合""制度融合"的初级发展阶段,以"机制融合""文化融合"为重点的产教融合改革尚处于探索阶段。比如"现代学徒制"改革试点的核心其实就是探索产教融合人才培养模式改革的"机制融合"。

事实上,人们还没有普遍认识到"机制融合""文化融合"是需要以人的"思想融合"为共识的。关注和加强产教融合思想研究应成为深化产教融合人才培养模式改革的当务之急。具体而言,可从以下三个方面加以研究。

一是深入研究和理解新时代"产教融合"的内涵特征,尤其是对"坚持产教融合、校企合作,坚持工学结合、知行合一"的职业教育发展理念进行深入研究,建构"具有中国特色的产教融合"职业教育理论,即基于主观能动性与物质规律性相统一的"知行合一"职业教育发展理论,用"知行合一"职业教育理论指导产教融合人才培养模式改革。

二是借鉴卡西尔"人学思想"和"符号哲学观点"对高职教育产教融合人才培养模式进行理论研究,即基于"人没有固定的本质、创造才是人的本质"和"人是符号动物"的视野对高职教育进行研究,进而建构起从"工具人"向"文化人"、从"文化人"向"灵性人"发展转变的产教融合人才培养模式。

三是基于张楚廷"教育学是人学"思想及其"人学五公理"理论,即潜在公理、能动公理、反身公理、美学公理、中介公理等五个理论,结合马克思人的全面发展理论,对产教融合人才培养模式的教学组织、教学管理、教学团队、教学模式、教学方法、教学思维、教学合作等进行系统化研究,建立基于需求导向的促进人的发展与社会发展协同统一的产教融合人才培养模式新理论。

(六)推动产教融合思维变革

产教融合人才培养模式改革与创新是一项系统的生态工程,思维变革是深化产教融合改革与创新的思想基础，决定了产教融合人才培养模式改革与创新的深度、宽度与广度。爱因斯坦曾说："大学教育的价值不在乎记住很多事实，而是训练大脑会思考。"

高职教育作为跨界的多元主体协同合作的高等教育类型，除了必须遵循高等教育发展规律、产业发展规律和人的职业成长规律外，应该如何训练人的大脑会思考呢？具体地说，面对新时代质量技术、智能技术和量子技术所引发的教育变革，面对网络化、智能化、数字化的快速推进带来的劳动力市场的瞬息万变和工作世界的深刻变迁，面对人类未来的发展新环境及其可能面临的未知的工作、生活、学习等新习惯，我们应该怎样培养学生"面向未来、适应变化"的能力，就成为高职教育进一步深化产教融合人才培养模式变革与创新所面临新逻辑起点。

从一项覆盖欧盟、日本等17个国家的国际调查项目结论来看，未来员工职业能力包括专业能力、功能灵活性、知识创新与管理能力、人力资源调动能力四个维度。此外，美国教育智库组织提出了"21世纪技能"框架内容，即生活与职业技能、学习与创新技能、信息媒体与技术技能。未来企业对学生的能力要求是一种更为复杂、综合的职业能力，涉及包括工作过程知识、自然科学知识、哲学艺术知识、人文社科知识、生活实践知识、历史文化知识、技术技能知识等在内的多学科、多领域的知识。

基于此，一场新的思维变革已经来临，以工作过程知识系统化课程建构与实施为基础的产教融合教学模式面临升级与创新，特别是面临思维的升级、变革与创新。具体而言，重点从以下两个方面进行思维变革：一是确立"量子思维"的认识主导地位，这是基础和核心。从"牛顿思维"向"量子思维"转变，是人类认识物质世界"质"的变革。"量子力学""量子卫星""量子计算机"等高端新技术的发展所推动和促进社会发展变化的速度已远远超出人们的想象。著名经济学家、新供给主义经济学和软价值理论的创立者——滕泰在其著作《软价值》中首次系统地将"量子理论"引入经济学，揭示了知识产业、信息产业、文化娱乐产业、金融产业和其他服务业完全不同于牛顿物理世界的价值创造和价值实现规律，颠覆了传统的以自然资源为主的"硬价值"财富创造范式，让我们认识步入"量子时代"所面临的以人力资源为主的"软价值"财富创造新范式。因此，面对未来劳动者，首先需要的是学会、掌握和应用"量子思维"的方式、方法和习惯。对高职教育者而言，则需要确立"量子思维"的主导地位，把学习看作一个完整的、充满能量的精神运动过程，注重"跃迁意识"的培育，激发学生的创新意识和创新精神。二是建立基于"复合与关联"并举的产教融合"跨界思维"。在传统的教育与产业模式中，各个领域往往独立发展，缺乏有效的互动和协同。这种"孤岛式"的发展已经无法满足现代社会对复合型人才的需求。我们需要一种"跨界思维",即将不同领域的知识、技术和资源有机结合,通过复合与关联的方式,实现产教融合的创新。"跨界思维"的核心在于打破学科界限,促进多学科的交叉与融合。例如,在高职教育中,可以将工程技术与管理科学、信息技术与艺术设计等多个领域的知识进行整合,形成跨学科的教学内容。这不仅有助于学生全面掌握多方面的技能,还能培养他们的创新能力和综合素质。与此同时,产教融合的"跨界思维"还强调教育与产业的紧密联系。教育机构需要与企业合作,共同设计课程和项目,确保学生在学习过程中能够直接接触到实际的产业需求和最新的技术发展。这种"复合与关联"的模式,不仅可以提高学生的实践能力和就业竞争力,还能推动产业的创新和发展。

高职教育作为跨界的高等职业教育类型,其利益主体是多元的和关联的,如何基于政府、行业、企业、产业、学校、学习者、家长、社会等多元利益主体的需求,建立以学习者为中心、相关利益方为关联、多种复合思维共融的产教融合"跨界思维",是深化和变革产教融合人才培养模式的关键。具体地说,高职院校要以专业(群)为主线、以课程为载体、以学习者为中心,建立集政府"治理思维"、行业"标准思维"、企业"创新思维"、职业"技术思维"、产业"集聚思维"、价值"量子思维"、学校"质量思维"、个体"适应思维"于一体的复合关联思维,跨过传统的经验藩篱,用创造性的未来思维完成价值重建、制度重构和产业支撑,建构"知行合一""文化共融""价值共享"的产教融合发展新理念、新模式。

二、典型案例——昆明工业职业技术学院物流管理专业群产教深度融合的建设与实践

昆明工业职业技术学院(以下简称学校)依托中国宝武昆明钢铁集团公司(以下简称昆钢公司)办学。学校与昆钢公司二级单位属于兄弟单位。2006年,昆钢公司顺应行业发展,对物流板块进行整合,筹建物流中心。学校紧跟公司及区域行业发展需求,深入调研,结合云南省物流行业发展情况,申报了物流管理专业,并于次年开始招生。该专业自开办之初便与昆钢公司物流产业密切相关。

(一)案例背景

1. 昆钢公司物流现状

昆钢公司物流经历了多次起伏和升级整合,从最初的物流中心到云南泛亚物流集团,再到云南宝象物流集团,最终成为5A级物流企业。此外,公司新增了云南物流产业集团和昆焦转型项目组两大物流板块,最终成立了云南物流投资集团,实现了昆钢公司物流的大整合。这一系列举措奠定了昆钢公司在云南省物流业的龙头地位。

2. 物流管理专业群现状

学校物流管理专业群与昆钢公司物流产业一起经历了兴衰变化，从一穷二白，到获得公司经费支持，省政府、中央财政支持，依托昆钢三大产业，由专业发展成了专业群，成为教育部首批现代学徒制试点建设专业；国家级现代物流虚拟仿真培育基地；全国首批"1+X"证书制度试点建设单位；教育部高等职业教育创新发展行动计划"骨干专业"建设示范项目；教育部高等职业教育创新发展行动计划"物流管理生产性实训基地"建设示范项目；云南省专业提升产业服务能力建设项目；云南省优质高职院校重点专业建设单位；云南省高水平骨干专业遴选备案建设单位。学校建有昆钢公司四个产教融合特色实训基地，云南省高等职业教育创新发展行动计划——管道运输应用技术协同创新中心、物流管理生产性实训基地；专业教师主编教材《物流设施与设备》入选国家"十四五规划"教材，获全国物流职业教育教学成果奖四项，云南首届职业教育教学成果奖一等奖一项；指导学生获全国职业技能大赛奖项3项，获省级以上职业技能大赛及创新创业大赛累计奖项50余项；团队成员中有教育部职业院校中国特色学徒制教学指导委员会副主任委员，教育部物流、电子商务、统计职业教育教学指导委员会委员，云南现代学徒制专家委员会主任，云南省教育督导评估专家，云岭大讲堂主讲嘉宾，有全国技术能手1人，全国物流行业劳模1人，云南省"万人计划"教学名师1人，技能大师3人，"兴滇英才"教学名师专项1人，云岭工匠1人。校企一体深度融合实践成果如图9.6所示。

昆钢三大产业之一钢铁主业

昆钢三大产业之一物流产业

昆钢三大产业之一文旅大健康

昆钢双高计划专业群之一黑色冶金专业群

昆钢"双高"计划专业群之一物流管理专业群

昆钢特色专业群之一文旅大健康专业群

图9.6 校企一体深度融合实践成果

3. 发展趋势

2019年，昆钢公司提出"一链一网一圈"发展战略，旨在做强钢铁产业链、优化物流服务网和构建产城生态圈。学校紧跟昆钢公司的发展步伐，构建了黑色冶金专业群、物流管理专业群、文旅大健康专业群等，服务公司和区域经济发展（见图9.6）。

在双高建设中，聚焦物流产业，以"一网——物流服务网"为依托，构建物流智能生态服务人才支撑体系。物流管理专业群作为龙头，搭建专业人才培养平台，以电子商务为保障、统计与会计核算为支撑、工业机器人为特色，利用数字化、信息化、智能化技术提升物流效率，为以工业物流为代表的智能生态服务。2019年12月，教育部和财政部公布了《中国特色高水平高职学校和专业建设计划建设单位名单》，学校物流管理专业群正式成为国家"双高"计划物流管理专业群建设单位。

（二）指导思想及创新

1. 指导思想

坚持产教融合、校企合作，倡导以学生为中心的教育理念，以培养学生职业技能和职业素质为核心。按照"专业与行业对接、课程内容与行业标准对接、教学过程与生产过程对接"的原则，通过"虚拟+真实"的实训教学模式，实现教、学、做一体化。以物流管理专业群为核心，辐射带动统计与会计核算、电子商务和工业机器人专业的发展。将物流管理专业群打造成为中国特色高水平专业群，在昆钢公司相应产业成立产教融合共同体，开展现代学徒制试点工作等产教融合实践（见图9.7）。

图9.7 产教深度融合实践

学校通过专业群人才培养模式创新、课程教学资源建设、教材与教法改革、教师教学创新团队建设、实践教学基地建设、技术技能平台搭建、社会服务提升，以及国际交流与合作等多方面的努力，确保专业群的可持续发展。通过不断探索和优化专业群人才培养模式，开发高质量的课程和教学资源，更新教材内容并采用现代教学方法，组建专业教学创新团队，建立和完善实践教学基地，搭建技术技能平台，强化社会服务功能，以及加强国际交流与合作，学校不断提高人才培养质量，提升专业服务产业的能力，致力于将物流管理专业群建设成为区域人才培养高地和创新服务平台。该专业群将对接昆钢公司产业改造升级、云南十二大重点产业建设、"滇中产业聚集区"建设及"一带一路"倡议,服务区域经济社会发展,力争在云南、西南乃至全国同类专业中处于领先水平,并在南亚、东南亚具有一定影响力,打造特色鲜明的中国特色高水平专业群。

2. 专业群建设创新点

(1) 专业群依托产教融合、校企一体构建。专业群依托产教融合、校企一体的方式构建了"一系统两联网三集成"生态体系,搭建物流管理系统,以大数据、云计算、物联网、区块链和智能服务为基础。第一个联网指的是在生产过程和物流过程中实现"万物互联"的物联网,对接昆钢公司的生产物流特色;第二个联网指的是在供应采购、销售配送等物流服务中实现"万务互联"的务联网。"三集成"中的第一个集成是过程集成,包括从产品到客户的全过程,涉及交付流程、供应链、价值链,集中体现在电子商务与物流管理两个专业;第二个集成是从控制到具体执行层的集成,包括管理运营、大数据分析和智能服务等,集中体现在物流管理、统计与会计核算、工业机器人专业;第三个集成是端到端的集成,涵盖产品设计、生产制造、物流配送、产品全生命周期的使用维护和管理服务,集中体现在专业群所有专业对应的专业领域。专业群组群逻辑图如图9.8所示。

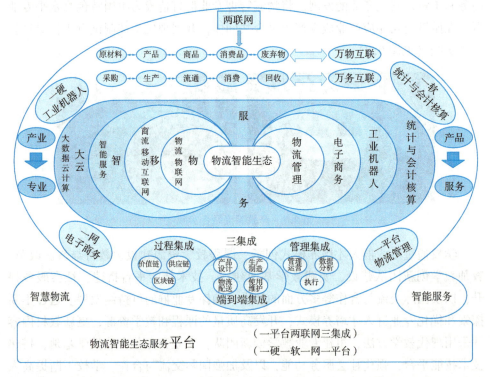

"万物互联"是指所有物理设备和物品通过互联网进行连接和通信,实现信息的互通和智能化管理。
"万务互联"是指所有事务和服务通过网络平台实现无缝连接和协作,优化资源配置和提升效率。

图 9.8　专业群组群逻辑图

（2）精准的专业人才培养定位。物流管理专业群立足区域，服务云南，面向西南，辐射"一带一路"沿线国家，服务行业企业和社会，培养德智体美劳全面发展，具备良好的思想道德素质，熟悉有关计算机技术、电子商务技能，掌握现代物流管理基本原理，懂得使用机器人进行智能服务，学会与现代物流相适应的大数据分析、财务决策支持、统计、会计、理财、营销、法律等综合知识，具备较强的现代物流管理、电子商务、统计分析、财务会计能力，主要在工业、制造业、流通行业各类物流企业从事工业物流运作管理、物流仓储与配送、运输技术与管理、信息技术、大数据分析、统计及会计核算、工业机器人运用等工业物流产业链各环节的业务操作和一线管理工作的高素质技术技能人才。

3. 校企一体、产教融合

专业群将继续坚持以服务为宗旨，以就业为导向的教学方向，以提高质量为核心，以增强特色为重点，紧紧围绕区域经济及社会发展的需要，建设与完善校企"共办、共管、共育、共享"的专业建设校企合作机制；专业群将构建具有职工职业技能培训及学生实训、技能竞赛、社会服务等功能，融产、学、研于一体，物流、商流、信息流和资金流合一的现代智慧物流新平台，校企协同共同开发产学研项目，为区域现代物流板块的发展服务。

（三）校企一体、产教融合历程

1. 同根生

2006年11月，昆钢公司成立了昆钢物流中心，同年，学校开始筹建物流管理专业群，并组织相关专业的专职老师前往昆钢公司物流中心进行调研。在与企业专业技术人员的座谈中，广泛征询了企业专家对课程设置、实习实训组织、专业建设等相关问题的意见。2007年9月，学校开始正式招收物流管理专业群的学生（见图9.9）。昆钢公司物流中心成立后，建立了昆钢物流园（见图9.10），选址毗邻学校，为专业实习实训提供了"出校门左转即到"的便利。

图9.9　2007年9月学校物流管理专业群正式招生

图9.10　2007年建设的昆钢物流园

专业建立之初，师资力量由三部分组成：一部分是学校相近专业的教师，另一部分是新招聘的物流相关专业教师，还有一部分则是昆钢公司从事物流岗位工作的管理者及一线师傅。昆钢公司在专业建立之初，一方面出于公司对人才的需求，另一方面出于对专业的支持，在物流管理专业群学生毕业后吸纳至少50%的毕业生，为专业的发展奠定了良好的基础。

昆钢公司物流板块和学校物流管理专业群在2007年都处于初创阶段，条件较为艰苦。企业员工克服各种困难，励精图治，逐步将物流中心建设得红红火火，实现了昆钢公司对物流板块的整合目标。与此同时，学校师生积极努力，兢兢业业，为专业建设不断努力，取得了显著进展。

在早期合作中，尽管双方资源都较为紧张，企业仍在学校新建实训室尚未完工的情况下，支援了一些托盘，用于日常仓储实践（见图9.11），并提供了校外储配方案实操场地（见图9.12），为备战现代物流储配方案设计与实操大赛奠定了基础。此外，学校专业教师在学校培训鉴定处的组织下，为企业员工开展了物流师、仓管员等职业资格证的认证和培训。通过这些合作，校企双方建立了良好的合作基础。

图9.11　专业初期艰苦的仓储实训

图9.12　校外储配方案实操场地

2. 共命运

昆钢公司最早的物流机构——昆钢物流中心成立于2006年下半年。当时正值昆钢公司钢铁主业最辉煌的时期，也是我国经济快速发展的阶段。昆钢公司物流中心在这一背景下迎来了跳跃式发展，于2009年重组为云南昆钢公司现代物流有限公司，2010年整合为云南泛亚物流集团（见图9.13，以下简称泛亚物流）。经过几年的发展，规模不断扩大，利润逐年上升，并于2012年被评为中国物流企业综合实力百强企业。

昆明工业职业技术学院物流管理专业群在2007年成立，专业一开设就招到了两个班的学生，而且第一批学生的就业率高达99%，需求远超供给。专业的迅速发展，以及与泛亚物流的校企一体、产教融合的特色合作，使该专业从一开始就得到了强有力的发展支持和良好的口碑。学校狠抓教育教学内涵，确保教学质量提升，深入教学一线，与师生共谋专业发展（见图9.14），使物流管理专业成为云南省省级示范高职院校项目验收特色汇报专业和特色评估重点建设专业，在评估中受到好评，得到专家的认可。

图9.13　泛亚物流成立揭牌仪式

图9.14　教育教学内涵提升

然而，从2014年开始，昆钢公司钢铁主业进入寒冬，就业市场严峻，依托昆钢公司钢铁主业的泛亚物流也面临艰难的困境。与此同时，云南省的高考学生人数趋于稳定，新建职业院校增多，开办物流管理/工程专业的院校超过20家，外部竞争日益激烈，学生的就业也受到了影响，校企双方都陷入了发展的低谷期。

3. 互扶持

在钢铁行业整体不景气的情况下，昆钢公司重视学校发展的同时，整合公司实力，抽调精兵强将，在昆明王家营片区打造宝象物流中心，寻找企业发展的突破口（见图9.15），为公司带来了新活力。学校也为泛亚物流的人才调整出主意、想办法，并承担起昆钢公司培训中心的责任，为企业员工进行技能及管理水平提升培训，推荐了优秀毕业生为昆钢公司物流的发展贡献力量。

图9.15　王家营宝象物流中心

在一系列的整合重组之后，2016年泛亚物流正式更名为云南宝象物流集团有限公司（以下简称宝象物流）。昆钢公司通过对泛亚的整合感受到了物流行业的巨大潜力，重点打造宝象物流产业园转型项目，得到了政府的重点支持。

学校物流管理专业群经过7年左右的飞速发展，专业发展速度快的弊端逐渐凸显，课程内涵建设急需加强，专业培养质量有待提高。为此，多次召开专业建设委员会进行探讨，利用校企一体优势，加深与泛亚物流集团的深入合作，签订校企深度合作协议。以泛亚物流为第三方，从学生人才培养方案的修订开始，到课程建设，再到毕业生质量的监控，都由第三方——泛亚物流专家组成员给予建议，充分采纳，保证专业质量。

物流管理专业群通过与泛亚物流的深度合作，提炼出自己的专业特色，紧跟产业发展，产教融合，结合昆钢公司物流重点打造生产物流特色方向，并与企业专家一起，共同进行专业群内涵建设，同时逐步提升专业服务产业的能力。通过以上举措，学校专业内涵建设得到了大幅提升，校企一体程度也更加深入，专业质量得到保证，培养的学生越来越受到社会的认可。从2015年开始，学校分别获得了云南省专业提升产业服务能力建设项目、教育部及云南省现代学徒制试点专业项目、云南省创新发展三年行动计划骨干专业建设项目、优质院校高水平专业建设项目等，为专业的发展和质量保证指明了方向，专业人才培养质量得到提升，校内实训室和校外实训基地得到增强，如图9.16和图9.17所示。

图9.16　校内物流实训室

图9.17　校外实训基地

4. 铸辉煌

2018年1月26日，中国物流与采购联合会公布了全国第二十五批A级物流企业评选名单，358家物流企业被评为本批次A级物流企业，其中5A级物流企业共计11家，云南宝象物流集团有限公司成功入选，标志着宝象物流集团的发展翻开了新的篇章。

与此同时，借助近年来云南省物流行业飞速发展的东风，公司加大投资打造昆焦产业转型项目组，优化升级昆钢公司物流板块。2018年上半年，云南省物流产业集团整体并入昆钢公司进行重组。2019年10月，昆钢公司将云南宝象物流集团有限公司、昆明宝象万吨冷储物流有限公司、云南新储物流有限公司、安宁浩中小额贷款股份有限公司、和谐汽车有限公司、西双版纳物产国际物流有限公司进行整合，组建了云南省物流投资集团有限公司，2024年伴随着中国宝武对昆钢公司进行整合和托管，公司有了新的发展。

2019年12月，教育部、财政部公布《中国特色高水平高职学校和专业建设计划建设单位名单》，正式公布中国特色高水平高职学校和专业建设高校及建设专业名单，物流管理专业群成为国家"双高"计划物流管理专业群建设单位，专业群紧跟昆钢公司产业发展，对接产业高端和高端产业，以物流管理专业群为核心，辐射带动统计与会计核算、电子商务和工业机器人专业的发展。经过物流管理高水平专业群建设，物流管理专业群人才培养质量大幅度提升，产出省级标志性成果172项，国家级标志性成果38项，在"一带一路"倡议中，立足云南现代物流重点产业，打造了特色鲜明的工业物流专业群，引领了职业院校物流产业建设，较好地服务了云南物流产业对技术技能人才的迫切需求。

学校物流管理专业群历年的积累，与昆钢公司物流10多年的精诚合作，成就了自己，也造就了伙伴，实现了共赢。新成立的云南物流投资集团及昆明工职院新校区如图9.18所示。

图9.18　新成立的云南物流投资集团及昆明工职院新校区

（四）未来的建设实践与推广

1. 继续发挥校企一体优势，做好产教融合

昆钢公司物流板块整合为云南省物流投资集团有限公司，目前在云南省物流领域属于龙头企业，昆明工业职业技术学院物流管理专业群紧跟产业发展，不断前进，更应立足职业教育的本质，为企业的发展和区域经济贡献自己的力量。校企双方就下一步的合作与发展达成了新一轮的共识，并确定了以下十项措施以推动校企深度产教融合。

一是软件共用：共享智慧物流供应链平台，共同完善软件平台。

二是体验中心共建：联合建立物流体验中心。

三是资源共享：共享设施设备等资源。

四是课题建设和研发：共同进行课题的建设和研发。

五是双加入：学校加入云南物流与采购联合会，云南物流加入云南工业职业教育集团，互融共进，共谋发展。

六是深度培训和交流：进行深度的人才培训和交流。

七是工作室共建：企业建技能大师工作室，学校建名师工作室，资源共享，成果共有。

八是社会影响力共振：共同提升社会影响力。

九是潜在市场开发：做好潜在市场开发。

十是国际化：面向南亚、东南亚进行人才培养模式和管理模式创新。

同时，云南省物流投资集团有限公司也提出了六项保障校企良性合作基础的建议：一是企业提供教学支撑，作为学校物流管理专业群的校外实训基地；二是教学与产业发展的合作是未来共同发展的基础；三是完善的"智慧供应链平台"作为教学系统的输出，解决学校教学与企业实际工作对接的痛点；四是开展产学研合作，推动技术进步；五是成立研究院，将其作为推进工作的载体；六是在人才培养、培训方面开发深度合作项目。双方多次对接洽谈，最终就合作内容签署了校企战略合作协议（见图9.19）。

图9.19　签署校企战略合作协议

通过这些措施和建议，校企一体，产教融合必将为昆钢公司物流和昆明工业职业技术学院物流管理专业群的发展带来持续的驱动力。在未来的物流行业发展中，双方将继续深化合作，争取铸就辉煌，并将"校中企、企中校"的产教融合模式持续推进。"校中企、企中校"鸟瞰图如图9.20所示。

2. 开拓进取，借智借力谋划未来

物流管理专业群经过十余年的建设，已初步成形。学校立足于中国特色高水平专业群建设需求，依托学校办学主体昆钢公司，但不完全依赖公司，积极请进来，并走出去。学校先后走访了国内优质物流高校及行业企业，建立校企合作关系的同时，验证专业群组群逻辑，为下一步发展奠定基础。

图 9.20 "校中企、企中校"鸟瞰图

在与京东集团交流的过程中，发现其产业业态与学校物流管理专业群组群契合度非常高。京东智慧物流对应专业群物流管理专业，京东大数据分析可对接统计与会计核算专业，京东机器人技术与专业群内工业机器人专业不谋而合，京东的电子商务则与专业群内电子商务专业深度契合。这样的合作为专业群的发展和未来的产教融合工作给予了强有力的支撑。

学校物流管理专业群将继续坚持以服务为宗旨、以就业为导向的教学方向，以提高质量为核心、以增强特色为重点，紧紧围绕区域经济及社会发展的需要，建设与完善校企"共办、共管、共育、共享"的专业群合作机制。通过推进"双高"计划，物流管理专业群将实现校企一体、产教深度融合，真正做到地方离不开、行业都认可、国际能交流、学生有发展。

总　　结

本章探讨了高职院校在产教融合和多元主体协同育人模式方面的实践与探索，重点介绍了校企合作的现代学徒制模式及其内涵。通过现代学徒制，学校和企业在培养高素质技术技能型人才方面达成一致，共同制定人才培养方案和教学标准，实现资源共享。现代学徒制的实施路径包括强化内涵建设、推进招生招工一体化、改革创新人才培养模式、建设校企互聘共用的师资队伍等。此外，本章还探讨了云南省的现代学徒制实践案例，展示了高职院校在推进产教融合中的创新举措与成效，总结了校企合作中的成功经验和面临的挑战，并提出了具体的对策与建议。

第十章
构建实体化机构运作的探索与实践

第一节 现代职业教育体系改革

一、改革任务

（一）背景

如今，职业教育在推动经济发展和社会进步中发挥着越来越重要的作用。当前，我国正面临产业升级转型和新旧动能转换的双重挑战，需要大量具备高技能和创新能力的人才，以支撑经济的高质量发展。职业教育在这一过程中，担当起了培养高素质技术技能人才的重任，成为实现产业结构优化、推动经济持续健康发展的重要力量。

随着国家对职业教育的重视程度不断提高，政府陆续出台了一系列政策文件，旨在推动职业教育与产业的深度融合，构建一个与经济社会发展紧密相连的现代职业教育体系。这些政策文件不仅强调了职业教育在提升国民素质、促进就业创业中的重要作用，还明确了其在服务区域经济发展和推动科技创新中的关键地位。

为了应对产业转型升级的需求，现代职业教育体系必须不断改革和创新。在这一背景下，国家提出了打造市域产教融合联合体和行业产教融合共同体的战略举措。市域产教融合联合体通过整合地方政府、企业和职业院校的资源，形成区域性教育与产业合作平台，促进本地人才培养与产业发展的深度融合。行业产教融合共同体则通过联合相关行业的龙头企业和职业教育机构，打造行业内人才培养和技术创新的高地，推动行业整体水平的提升。

这些战略举措不仅是职业教育改革的需要，也是经济社会发展的迫切需求。通过构建实体化运作的产教融合机构，我国可以实现教育资源与产业资源的优化配置，提高职业教育的针对性和实效性，培养出更多符合现代产业需求的高素质技术技能人才，从而为经济的高质量发展提供人才支持。这一改革方向将进一步增强职业教育的吸引力和影响力，使之成为推动社会进步和经济发展的重要支撑。

（二）重点任务

根据《关于深化现代职业教育体系建设的改革意见》，当前和今后相当一段时期内，职业教育改革发展的主要目标是建立现代职业教育体系。教育部将主要任务概括为"一体、两翼、五重点"。

1. "一体"

教育部和有关省份共同探索省域现代职业教育建设新模式。鼓励地方围绕国家重大战略布局和本地区产业发展需求，一省一策，形成符合地方实际的现代职业教育体系，营造有利于职业教育发展的制度、环境和生态。

2. "两翼"

一是聚焦区域。以产业园区为基础，整合优质资源要素，推动各类主体深度参与职业学校办学，打造兼具人才培养、科技创新、创新创业和促进产业经济高质量发展的市域产教融合体，将职业教育改革下沉到市域层面。

二是聚焦行业。企业牵头整合上下游资源，联合学校和科研机构共同建设一批优势互补、资源共享、联合育人、协同创新、融合发展的跨区域行业产教融合共同体。

3. "五重点"

一是提升职业学校关键办学能力。围绕现代制造业、现代服务业、现代农业的亟需专业领域，组建国家级职业教育核心能力建设专家团队，打造核心课程、优质教材、教师团队和实践项目，建设国家级职业教育专业教学资源库、在线精品课程和虚拟仿真实训基地，做大做强职业教育智慧教育平台，扩大优质资源共享，服务全民终身学习和技能型社会建设。

二是建设"双师型"教师队伍。依托头部企业和高水平大学建设国家级职业教育"双师型"教师培养基地，推进职业教育"双师型"教师认定工作，实施全国职业院校教师素质提高计划，遴选高校开展职业学校教师专业学位研究生定向培养，实施职业学校名校长名师（名匠）培育计划，吸引行家里手到职业学校任教。

三是建设开放型区域产教融合实践中心。启动高水平实践中心建设项目，通过政府搭台、多元参与、市场驱动，对地方政府、企业、学校实行差别化支持政策，分类建设集实践教学、社会培训、真实生产和技术服务功能于一体的公共实践中心、企业实践中心和学校实践中心。

四是拓展学生成长成才通道。建立符合职业教育办学规律和技能人才成长规律的考试招生制度，支持各省制订职教高考方案，扩大应用型本科学校在职教高考中的招生规模；制定职业教育贯通培养指导意见，支持各省开展中职与高职（3+2）五年贯通、中职与职业本科或应用型本科（3+4）七年贯通、高职专科与职业本科或应用型本科（3+2）五年贯通培养；完善本科学校招收具有工作经历的职业学校毕业生的办法，完善专升本考试办法和培养方式，支持高水平本科学校参与职业教育改革，推进职普融通、协调发展。

五是创新国际交流与合作机制。办好世界职业技术教育发展大会和世界职业院校技能大赛，推动教随产出、产教同行，打造职业教育国际合作平台，将职业教育打造成国际合作的战略资源。启动高水平国际化职业学校建设项目，遴选国际化标杆学校，推出具有国际影响力的专业标准、课程标准和优质教学资源。

二、改革意义及目标

构建市域产教融合联合体和行业产教融合共同体，是现代职业教育体系改革的重要举措。这一举措不仅服务于地方经济社会发展，还在资源整合、体制创新和国际合作等方面发挥着重要作用。通过这些创新模式，职业教育能够更好地对接市场需求，提升教育质量，培养高素质技术技能人才，进而推动社会经济的高质量发展。

（一）改革意义

市域产教融合联合体与行业产教融合共同体的建设，旨在解决职业教育与产业发展脱节的问题，促进职业教育与区域经济的深度融合。通过这种方式，职业教育能够更好地服务于地方经济社会发展，形成职教集团、职教联盟等新型办学体系，有效对接学校教育与企业需求，提升职业教育的实际应用性和市场适应性。

1. 服务地方经济社会发展

市域产教融合联合体与行业产教融合共同体的建设，旨在促进职业教育与区域经济的深度融合。通过这种方式，职业教育能够更好地服务于地方经济社会发展，形成职教集团、职教联盟等新型办学体系，有效对接学校教育与企业需求，提升职业教育的实际应用性和市场适应性。

2. 整合资源，提高教育质量

市域产教融合联合体与行业产教融合共同体的建设，可以有效整合各类教育和产业资源，促进校企合作和工学结合的人才培养模式。这为学生提供更多的实践机会和就业渠道，从而提升职业教育的吸引力和社会认可度，同时显著提高职业教育的质量。

3. 推动体制机制创新

这种模式的推广有力推动职业教育体制机制的创新。通过构建市域产教融合联合体和行业产教融合共同体，职业教育能够不断改革创新，注入新的动力，为实现高质量发展提供必要的人才保障和技术支撑。

4. 贯彻"三服务"战略

市域产教融合联合体与行业产教融合共同体的构建，是贯彻"服务人的全面发展、服务经济社会高质量发展"的具体实践。政校企合作，有助于实现职业教育的内涵式发展和质量效益的双重提升，为培养高素质技术技能人才、推动社会经济高质量发展提供强有力的支撑。

（二）改革目标

市域产教融合联合体与行业产教融合共同体的建设，不仅在服务地方经济发展方面具有重大意义，还明确了提升教育质量、培养高素质人才和促进国际交流与合作等目标。这些目标的实现将为职业教育的全面改革和持续发展提供有力保障。

1. 构建现代职业教育体系

建立与地方经济社会发展相适应的现代职业教育体系，通过市域产教融合联合体和行业产教融合共同体的建设，形成职业教育与产业紧密结合的发展模式，打造多层次、多形式、多领域的职业教育体系。

2. 提升职业教育质量和效率

通过优化资源配置，提升职业教育的办学质量和教育效率。推进职业教育课程体系和教学内容的改革创新，确保教育质量与产业需求同步，提高学生的职业技能和综合素质。

3. 培养高素质技术技能人才

着力培养具有创新精神和实践能力的高素质技术技能人才。通过校企合作、工学结合的培养模式，使学生在校期间就能积累丰富的实践经验，增强就业竞争力和社会适应性。

4. 加强国际交流与合作

推动职业教育的国际化发展，借鉴国外先进的职业教育理念和实践经验，提升职业教育的国际化水平。通过国际交流与合作，拓展职业教育的发展空间，提升我国职业教育在国际上的影响力和竞争力。

5. 推进教育公平和终身学习

坚持教育公平的原则，确保职业教育资源的公平分配，为不同背景的学生提供平等的受教育机会。构建终身学习体系，为社会成员提供多样化的学习路径和发展机会，促进全民素质的提升和社会的可持续发展。

第二节 市域产教融合联合体

一、概念界定

市域产教融合联合体是我国现代职业教育体系构建中的重要组成部分，旨在通过区域性的合作式，实现教育资源与产业需求的深度融合，促进职业教育与地方经济发展的互动共进。

（一）市域产教融合联合体的内涵

市域产教融合联合体指的是在一定的市域范围内，通过政府主导，企业、教育机构、科研单位等多元主体的共同参与和资源整合，形成的职业教育与产业深度融合的组织形态。该联合体不仅覆盖职业教育的全过程，包括人才培养、技术研发、成果转化等，同时也涵盖产业链的各个环节，实现教育资源与产业需求的有效对接。

（二）重要性

1. 区域经济发展的推进器

市域产教融合联合体通过整合区域内外优质教育与产业资源，为地方经济发展提供强有力的人才支撑和技术支持，促进产业结构优化升级。

2. 职业教育质量的提升平台

通过与企业的深度合作，市域产教融合联合体能够实时反馈产业最新需求，引导职业教育内容的更新，提高教育质量和培养模式的现代化水平。

3. 多元主体协同育人的典范

市域产教融合联合体实现了政府、企业、教育机构等多元主体的共同参与和资源共享，是多元主体协同育人理念的具体体现，为职业教育提供了更为广阔的发展空间和实践平台。

二、理论基础

市域产教融合联合体的建设有其理论基础。以下几个关键理论对市域产教融合联合体建设具有支持作用。

（一）产教融合理论

产教融合理论是职业教育领域的一个重要的理论基础，其核心观点在于通过教育与产业的紧密结合，实现教育内容、教育模式与市场需求的高度一致，从而培养出符合社会与经济发展需求的高素质技术技能人才。

在市域产教融合联合体的背景下，产教融合理论具体表现为教育资源与产业需求在地理和功能上的密切结合，进而推动区域经济发展和教育改革的实践理念。

1. 教育资源与产业需求的地理密切结合

市域产教融合联合体的首要特征是教育资源与产业需求在地理上的集聚。这种地理上的密切结合使职业教育能够直接服务于本地区产业链的各个环节，实现教育资源的高效利用和产业需求的精准对接。这不仅有助于优化地区内的教育资源配置，也促进了地方产业的快速发展和升级。

2. 教育与产业深度融合的组织形态

在产教融合理论的指导下，市域产教融合联合体突破了传统教育与产业分割的局限，通过政府、企业、教育机构等多元主体的紧密合作，形成了一种新型的教育与产业深度融合的组织形态。这种形态不仅涵盖了人才培养、技术研发、成果转化等多个层面，还包括了资金、技术、信息等多方资源的共享与交流，为职业教育和产业发展提供了强有力的支持。

3. 职业教育内容与产业技术同步更新

市域产教融合联合体强调教育内容与产业技术的同步更新。通过校企深度合作，企业的最新技术需求和行业发展趋势能够直接体现在职业教育课程和教学内容中，确保教育培养方案与市场需求一致。这种同步更新机制不仅提高了教育的针对性和实效性，也加速了技术创新和应用人才的培养。

4. 协同育人模式的实践探索

在市域产教融合联合体框架内，产教融合理论进一步拓展为多元主体协同育人模式的实践探索。除了学校和企业，政府、行业协会、社会组织等也参与到人才培养过程中，共同构建起一个覆盖学习、实习、就业全过程的协同育人网络。这种模式有助于学生获得更全面的职业能力培养，同时为社会和经济发展培育了更多高素质的技术技能人才。

（二）区域发展理论

区域发展理论着眼于如何通过政策引导、资源配置和产业规划等手段促进特定区域经济和社会的全面发展。在市域产教融合联合体的构建中，该理论提供了强大的理论支持，特别是如何将职业教育资源有效整合进区域发展战略中。以下是区域发展理论在市域产教融合联合体建设中的具体应用。

1. 支撑区域经济结构优化

区域发展理论强调根据区域经济特点和产业结构调整教育规划，市域产教融合联合体正是实践这一理念的典范。通过对接区域内主导产业和新兴产业的人才需求，职业教育能够更加精准地调整培养方向和专业设置，促进区域经济结构的优化与升级。

2. 促进区域经济发展的内生动力

依托区域发展理论，市域产教融合联合体通过促进教育与产业的深度融合，为区域经济发展提供了内生动力。市域产教融合联合体不仅促进了人才和技术的本地化培养和应用，还通过校企合作和产学研结合，加速了知识创新和技术转移，进一步激活了区域内生增长潜力。

3. 增强区域竞争力

区域发展理论注重通过构建区域品牌和发展特色产业来增强区域竞争力。市域产教融合联合体通过紧密结合地方产业特色，培养符合地方特色产业发展需求的高素质技术技能人才，有助于提升区域产业的核心竞争力和影响力，同时为区域品牌建设提供了人才和技术支持。

4. 促进区域社会和谐发展

根据区域发展理论，促进区域经济和社会的均衡发展是区域规划的重要目标之一。市域产教融合联合体通过整合教育资源，提供更多的就业和学习机会，有助于缩小区域内的教育差距，促进社会公平与和谐。同时，市域产教融合联合体内部的资源共享和互助机制，也为边远地区和弱势群体提供了更多的发展机遇。

区域发展理论不仅为市域产教融合联合体的构建提供了理论依据，还指导了联合体如何更好地服务于区域经济发展，促进教育资源与区域发展的深度融合，实现区域经济、社会和教育的协调进步。

（三）系统理论

系统理论强调整体性、相互关联性及动态变化性，认为系统的各个部分之间存在紧密的联系和相互作用，整体功能和性能受到各部分相互作用的影响。系统理论为理解和指导市域产教融合联合体的建设和运作提供了重要视角和方法论。

1. 整体观和协同效应

市域产教融合联合体被视为一个整体系统，该系统内部包含多个子系统，如教育系统、产业系统、政府管理系统等。系统理论强调整体优先于部分，市域产教融合联合体的成功运作需要所有子系统之间的有效协调和整合。

（1）协同效应。各子系统之间的良好互动能产生协同效应，通过资源共享、信息互通，使整个市域产教融合联合体的综合效能大于各部分之和，实现1+1>2的效果。

（2）动态平衡和自适应调整。系统理论认为，系统需要在不断变化的外部环境中保持稳定。市域产教融合联合体在面对区域经济发展、产业结构调整等外部变化时，需要通过内部调整来保持系统的稳定性和发展性。

（3）自适应调整。市域产教融合联合体应具有自适应能力，能够根据外部环境的变化和内部需求的变动，及时调整合作策略、培养方案和资源配置等，确保系统的有效运作和持续发展。

2. 边界开放性和环境互动

（1）边界开放性。系统理论中的开放系统具有与外部环境进行物质、能量和信息交换的特点。市域产教融合联合体是一个开放系统，需要与外部环境（如全球产业链、国家政策等）进行广泛的互动，吸纳外部资源，输出教育成果。

（2）环境互动。市域产教融合联合体的建设和发展不仅受到内部因素的影响，还受到外部环境的影响。因此，市域产教融合联合体需要主动适应和影响外部环境，通过与外部的积极互动，获取支持、资源和发展机会。

系统理论为市域产教融合联合体提供了一套理解联合体内外部相互作用、指导联合体有效运作和持续发展的方法论。通过应用系统理论，我们可以更深刻地认识到联合体作为一个复杂系统在区域产教融合和协同育人过程中的动态性、整体性和开放性，为其建设和优化提供科学指导。

（四）创新驱动发展理论

创新驱动发展理论强调创新是推动经济增长和社会进步的关键力量，主张通过科技创新、制度创新、管理创新等多方面的创新活动，实现经济结构的优化升级和可持续发展。这一理论为市域产教融合联合体内的创新活动提供了理论支持和行动指南，具体体现在以下几个方面。

1. 科技创新与人才培养的紧密结合

创新驱动发展理论指出，科技创新的核心是人才。市域产教融合联合体通过校企合作、产学研结合的方式，将最新的科技成果和行业需求直接引入教育教学，不仅促进了教育内容和方式的创新，也培养了一大批能够适应未来科技发展和产业转型需要的创新型人才。

2. 产业升级和经济增长的新动力

市域产教融合联合体在推动地区产业结构调整和产业升级方面发挥着重要作用，通过引入新技术、新方法和新思维，促进了地方产业的技术改造和模式创新，为区域经济增长提供了新的动力和支撑。

3. 创新生态系统的构建

创新驱动发展理论强调构建包容、开放的创新生态系统。市域产教融合联合体正是这一生态系统的重要组成部分，它通过整合政府、企业、教育机构、研究院所等多方力量，形成了一个促进知识共享、技术交流和创新合作的良好环境，加速了创新成果的孵化和应用。

4. 制度创新和管理创新的推进

为了更好地适应和引领经济社会发展的新常态，市域产教融合联合体还需要在制度设计和管理模式上进行创新。这包括推动校企合作的政策创新、优化联合体的管理机制、探索多赢的合作模式等，从而为联合体的健康发展提供有力的保障。

创新驱动发展理论为市域产教融合联合体的建设与优化提供了明确的方向和强大的动力。通过将创新贯穿于人才培养、产业发展、生态构建和制度管理的全过程，市域产教融合联合体不仅能够促进区域经济的高质量发展，还能为社会进步和人的全面发展打下坚实的基础。

三、国内实践案例分析

（一）无锡市产教融合联合体

1. 背景

无锡市利用其在智能制造和信息技术领域的产业优势，构建了产教融合联合体。该联合体通过整合地方政府、教育机构和行业资源，形成了教育与产业深度融合的新模式。

2. 实践举措

无锡市产教融合联合体主要通过以下几个方面进行实践。

（1）产学研合作。加强与企业的合作，推动校企合作项目，提升学生实践能力和创新能力。

（2）课程体系改革。依托产业需求优化课程设置，实施以工作任务为导向的教学模式，更好地满足产业发展需求。

（3）师资队伍建设。引进行业专家参与教学，通过"双师型"教师团队，提高学校教学质量和学生实践能力。

3. 成效与挑战

无锡市产教融合联合体的建设有效地促进了地方经济发展和人才培养，但也面临着企业参与度低、教育资源分布不均等挑战。

（二）成都市产教融合联合体

1. 背景

成都市依托在电子信息、生物医药等领域的产业基础，构建产教融合联合体，通过政府、高校、企业三方合作，推进产教融合发展。

2. 实践举措

成都市产教融合联合体的实践主要集中在以下几个方面。

（1）专业建设与优化。结合地方产业布局，开展专业建设和优化，培养适应产业发展需求的高素质技能人才。

（2）实训基地建设。充分利用企业实训基地，为学生提供实践机会，加强理论与实践的结合。

（3）创新创业教育。加强创新创业教育，鼓励学生参与科技创新和创业实践，提升学生的创新能力和创业意识。

3. 成效与挑战

成都市的产教融合联合体不仅提升了教育质量，也促进了产业升级和经济发展，但同样在产教融合深度、教育改革持续性等方面面临挑战。

（三）楚雄彝族自治州产教融合联合体

1. 背景

楚雄彝族自治州位于滇中城市经济圈，是云南省向南亚东南亚辐射中心的重要枢纽。楚雄高新区作为楚雄彝族自治州的工业经济和科技创新的主阵地，致力于推动产教联合体建设，通过整合地方政府、教育机构、企业和科研院所等多方资源，形成了具有民族特色的创新创业高地。

2. 实践举措

（1）产业发展与教育融合。楚雄高新区聚焦生物医药、新材料和先进制造为主，绿色食品、绿色化工、现代服务业为辅的产业，构建以产业需求为导向的教育体系，促进产教深度融合。

（2）政校企合作模式。通过政府牵头，联合省级龙头学校和相关企业、院校等248家理事单位，构建政校企研紧密合作的命运共同体，推动教育链与产业链的高效对接。

（3）校企合作平台搭建。积极搭建校企合作平台，通过举办产教联合体年会和人才供需见面会，加强企业与教育机构的直接沟通与合作。

3. 成效与挑战

（1）产教融合成果显著。楚雄高新区的产教融合联合体成功推进了校企合作的实质性开展，特别是在人才培养、科技成果转化方面取得了显著成效，为区域经济发展提供了有力支撑。

（2）创新发展。通过创新实体化运行模式，如成立楚雄领创人力资源产业园有限公司，进一步深化校企合作，激发产教融合联合体的内生动力和创新能力。

（3）挑战。在推动产教融合联合体的过程中，楚雄高新区面临着如何进一步深化校企合作、提高企业参与度、均衡教育资源分布等挑战。

楚雄彝族自治州的产教融合联合体建设实践，展示了如何在少数民族自治地区通过产教融合推动地方经济和职业教育的高质量发展，其经验和做法为其他地区提供了宝贵的参考。

四、策略优化与模式创新

（一）强化政策支持和激励机制

地方政府应出台更具吸引力的政策，以鼓励和引导更多企业积极参与到产教融合联合体中。这包括税收减免、财政补贴、资金支持、人才培训等措施，旨在降低企业参与的门槛和成本，增强企业参与的积极性和主动性。

（二）完善多方合作机制

建立政府、企业、教育机构和行业组织等多方参与的合作框架，明确各方职责、权益和义务，保证联合体内各参与主体的利益得到有效协调和平衡。通过签订合作协议、建立常态化沟通机制等方式，促进资源共享、信息互通和协同创新。

（三）创新人才培养模式

探索与市域产业发展紧密结合的人才培养模式，如项目制学习、工学交替、实习实训等，提升学生的实践能力和创新能力。同时，鼓励教育机构根据市场需求调整教育内容和课程设置，实现教育与市域经济社会发展的深度融合。

（四）提升服务质量和效能

通过技术创新和管理创新，提高联合体内部的服务效率和质量。例如，利用信息技术手段建立高效的信息共享和资源管理平台，加强联合体成员之间的互动交流，提升联合体对外服务的响应速度和解决问题的能力。

（五）关注区域均衡发展

在推进市域产教融合联合体建设时，注重区域均衡发展，通过政策倾斜、资源配置等措施，支持欠发达区域和薄弱环节，促进区域教育资源和产业资源的均衡分配，实现共同发展。

（六）持续跟踪评估与反馈机制

建立科学的评估体系和反馈机制，定期对市域产教融合联合体的建设情况和运行效果进行评估和监测。根据评估结果及时调整改进策略和措施，确保市域产教融合联合体建设始终符合市场需求和发展趋势。

第三节　行业产教融合共同体

一、概念界定

（一）行业产教融合共同体的内涵

行业产教融合共同体是指在特定行业内，教育机构与产业企业之间形成的紧密合作网络。这一概念基于深度融合教育资源和产业发展的需求，通过校企合作模式，旨在直接对接行业技术进步和人才培养的实际需求。它强调的是针对某一行业或产业链，实现教育内容、教学方法、人才培养等与行业最新技术标准和技能需求的高度一致性。行业产教融合共同体通过整合行业内外的教育资源、科研能力和企业实践，共同推进行业标准的制定、新技术的研发和应用，以及专业人才的培养，形成行业发展和教育改革相互促进的良性循环。

（二）价值和意义

行业产教融合共同体在推动行业发展和职业教育现代化方面具有重要的价值和意义。

1. 促进人才培养与行业需求对接

通过与企业的紧密合作，教育机构能够实时更新教育内容和教学方法，确保培养出的人才能够满足行业发展的实际需要，提高毕业生的就业率和行业的人才供给质量。

2. 推动技术创新和应用

行业产教融合共同体为企业和教育机构提供了共享研发资源和合作创新的平台，有助于加速新技术的研发和产业化进程，推动行业技术进步和升级。

3. 加强行业标准和质量建设

共同体内的企业和教育机构可以共同参与行业标准的制定和修订，促进行业内标准化、规范化水平的提升，提高整个行业的竞争力。

4. 构建开放共享的教育资源体系

通过校企合作，实现教育资源与行业资源的互联互通和共享，打破传统教育与行业之间的隔阂，构建更为开放和灵活的教育培训体系，满足终身学习和持续发展的需求。

行业产教融合共同体通过整合各方资源，不仅可以为特定行业的快速发展提供人才和技术支持，也可以为职业教育的创新和改革开辟新路径，是产教融合、多元主体协同育人战略的重要实践形式。

二、理论基础

行业产教融合共同体的构建与运作受多种理论的影响和指导。这些理论为其提供了理论基础和发展方向。

（一）行业需求驱动理论

1. 关键要素

（1）需求识别与分析。行业产教融合共同体首先需要准确识别和分析行业的技术发展趋势、岗位技能要求和未来人才需求。这通常通过与行业企业的深入合作、市场调研和专家咨询等方式完成。

（2）教育内容的动态调整。基于行业需求的持续变化，教育机构必须保持教学内容的灵活性和时效性，通过课程体系的不断更新和教学方法的创新，确保培养出的人才能够满足行业即时和未来的需求。

(3) 实践教学与项目合作。强化学生的实践技能培养，通过校企合作项目、实习实训、工作坊等形式，使学生在学习过程中就能深度参与行业实际工作，提前适应行业环境。

2. 实施影响

(1) 教育与行业的紧密融合。行业需求驱动理论的应用促进了教育内容和教学方式与行业实际需求的无缝对接，强化了教育服务行业发展的针对性和有效性。

(2) 增强学生的就业竞争力。学生在校期间所接受的教育与行业标准同步，技能和知识更加符合企业的实际需求，从而显著提高了其毕业后的就业竞争力。

(3) 促进行业创新与发展。通过行业需求驱动理论的实践，教育机构与企业间形成了互动合作的良性循环，为行业提供了持续的创新动力和人才支持，推动了行业的可持续发展。

行业产教融合共同体通过行业需求驱动理论的实施，实现了教育改革与行业发展的双赢，为特定行业的快速发展提供了教育支撑和人才保障。

(二) 资源共享与互惠合作理论

资源共享与互惠合作理论在行业产教融合共同体中发挥着至关重要的作用，特别是在推动教育资源与行业资源有效整合、促进共赢发展方面。该理论基于相互依赖的原则，强调通过资源共享和合作互利，可以实现更高效的资源利用，提升整体的教育质量和行业发展水平。

1. 关键要素

(1) 共享机制的建立。行业产教融合共同体通过建立开放共享的平台，促进教育资源（如课程内容、教学设施、教研成果）与行业资源（如实训基地、项目合作、技术支持）之间的互联互通。这种共享机制确保了双方资源的最大化利用和优势互补。

(2) 互惠合作的模式。基于共同的发展目标，教育机构与行业企业建立了长期稳定的合作关系。通过定期沟通、合作项目、联合研发等方式，双方在保证各自利益的同时，共同推进人才培养和技术创新。

2. 实施影响

(1) 提升教育质量和适应性。资源共享与互惠合作理论的实践使教育内容和方式更加贴近行业实际，提高了教育的适应性和针对性，同时丰富了教学资源，提升了教育的整体质量。

(2) 加速技术创新和应用。行业产教融合共同体内的资源共享和合作模式，为技术创新提供了肥沃的土壤，加速了新技术的研发和在行业中的应用，推动了行业的持续创新和升级。

（3）促进共赢发展。有效的资源共享和互利合作，不仅促进了教育机构和行业企业的双方发展，也为学生提供了更多的学习和实践机会，为行业注入了新鲜血液，实现了多方共赢。

资源共享与互惠合作理论为行业产教融合共同体提供了一种高效互动、合作共赢的工作模式，这种模式不仅优化了资源配置，加强了教育与行业的联系，也为共同体内的各方参与者带来了实质性的利益和发展机遇。

（三）创新生态系统理论

创新生态系统理论在行业产教融合共同体的构建和运营中提供了重要的理论基础，强调在开放的系统环境中，通过不同组织和个体之间的互动合作，共同促进创新的产生和发展。这一理论的应用，旨在构建一个促进教育、行业、研究与创新活动有机结合的生态系统，从而推动行业及其相关领域的持续进步和发展。

1. 关键要素

（1）多元主体的互动。创新生态系统包括教育机构、企业、政府、研究院（所）等多种主体，它们在系统中相互作用、相互依存。这种多元主体的合作和交流是创新生态系统中创新活动的关键驱动力。

（2）开放性与动态性。创新生态系统具有开放性，能够吸引和汇聚外部资源和新鲜血液，促进知识和技术的交流与融合；同时，系统具有动态性，能够随外部环境和内部条件的变化而适时调整，保持生态系统的活力和创新能力。

（3）支持机制与平台。有效的支持机制和平台建设是创新生态系统顺利运行的基础，包括政策支持、资金投入、技术服务、信息共享等，这些机制和平台为系统内创新活动提供了必要的资源和条件。

2. 实施影响

（1）促进跨界创新。通过建立行业产教融合共同体，形成的创新生态系统能够促进不同领域和专业之间的跨界合作，激发新的创新思路和解决方案，推动技术创新和应用的多样性和深度。

（2）加强人才培养与流动。创新生态系统为人才提供了广阔的学习、实践和发展空间，加强了学校教育与行业实践的结合，促进了人才的跨界流动和职业发展，为行业输送了大量高素质、创新型人才。

（3）推动产业升级与可持续发展。行业产教融合共同体内部形成的创新生态系统，为产业提供了持续的创新动力和技术支持，有助于推动产业结构优化、升级换代和可持续发展。

创新生态系统理论为行业产教融合共同体提供了一种全新的视角和实践路径，通过构建多元互动、开放共享的创新环境，有效地促进了教育创新、技术进步和人才成长，为行业及社会的发展注入了强大的活力和创新动能。

三、国内实践案例分析

（一）天津卫生职业教育集团产教融合共同体案例分析

1. 背景

天津卫生职业教育集团在国家示范性职教集团建设期间，针对卫生行业的需求，充分发挥天津的行业办学优势。面对产教互动平台建设的需求、医教协同和科创融教机制的深化，以及职前职后贯通培养模式的创新需要，天津卫生职业教育集团优化了职业教育的类型定位，并不断推进内部治理结构和运行机制的建设。

2. 实践举措

（1）优化职业教育类型定位。通过全国卫生健康行业教学指导委员会的支持，天津卫生职业教育集团不断优化职业教育的类型定位。

（2）内部治理结构和运行机制建设。努力打造政、产、学、研、用紧密衔接的人才培养链条，采用项目化管理和实体化运作。

（3）"四个合作"的发展模式。基于合作办学、合作育人、合作就业、合作发展的原则，形成了独特的发展模式。

3. 成效与挑战

天津卫生职业教育集团成为天津市职业教育教学成果特等奖的获得者，为行业产教融合共同体建设奠定了坚实的基础。

面对产教融合可持续发展路径的探索、医教协同和科创融教机制的深化等挑战，天津卫生职业教育集团需要进一步努力和创新。

（二）云南物投智慧物流园区产教融合共同体案例分析

1. 背景与构建

云南物投智慧物流园区产教融合共同体（以下简称"共同体"）于 2023 年 3 月 31 日正式成立，在云南省教育厅的指导下，由云南省物流投资集团有限公司（王家营宝象物流园区、大理现代物流园区）、昆明理工大学、昆明工业职业技术学院牵头，与物流产业相关企业、职业院校、上下游企业、科研机构、政府部门等组织在自愿、平等、互利的基础上，跨区域、跨行业自愿组成的园区产教融合共同体。

2. 实践举措

（1）实体化运作基础。学校与企业统筹，形成校企一体化的运作模式，建立现代物流园区作为产业聚集的实体模式，包含供应链上下游企业，提供全面的实践教学平台。

（2）构建产教供需对接机制。各成员单位根据需求和资源优势，明确合作意向，提高供需信息的准确性和针对性，通过定期沟通及时调整和优化合作方案。

（3）联合开展人才培养。开展现代学徒制试点，构建一体化的校企命运共同体，设立实训基地，共同开发校企双元教材和专业课程资源。

（4）协同开展技术攻关。建立科教融汇的资源共享机制，共建现代物流技术创新中心，推动高素质技术技能人才培养，服务企业技术改造、工艺改进和产品升级。

（5）政策支持保障。制定完善共同体章程和管理制度，对项目实行过程监控的动态管理，确保项目顺利实施，建立健全支持保障制度。

3. 成效与挑战

共同体在推动物流产业技术创新、提升职业教育质量和促进区域经济发展方面取得了显著成效。通过联合开发教材、共建技术技能平台和实施现代学徒制培养模式，共同体有效提升了学生的实践能力和就业竞争力。同时，通过产教融合共同体的运作，企业与学校之间的合作更加紧密，形成了良好的校企互动和资源共享机制。

然而，共同体在运行过程中仍面临一些挑战，如缺乏有效的合作机制、资金和资源投入不足以及评价体系不完善等。为解决这些问题，共同体将进一步建立有效的合作机制，加大资金和资源投入力度，并完善评价体系，确保产教融合的可持续发展。

通过这些努力，云南物投智慧物流园区产教融合共同体将继续深化产教融合实践，提升职业教育质量和效能，为区域经济社会发展提供强有力的人才支撑和技术支持。

四、策略优化与模式创新

在行业产教融合共同体的发展过程中，策略优化与模式创新是确保其持续有效运作的关键。

（一）强化产业链内部的合作机制

（1）优化合作框架。建立更加灵活和开放的合作框架，鼓励行业内不同规模和类型企业参与共同体活动，增加跨领域合作的机会。

（2）共建共享平台。利用数字化手段建立行业共享平台，促进资源、信息和创新成果的共享。

（二）提升教育培训的针对性和实效性

（1）紧贴行业技术发展。定期更新教学内容和培训方案，确保与行业技术进步同步，提高培训的实效性和前瞻性。

(2) 实施项目导向教学。采用项目导向的教学模式，将真实的行业项目引入课程，提升学生的实践能力和解决实际问题的能力。

（三）加强跨界融合与创新

(1) 跨界人才培养。探索跨学科教育模式，培养具有跨界视野和技能的新型人才，满足行业融合发展的需求。

(2) 创新研发机制。鼓励企业、教育机构和研究院（所）联合开展研发项目，推动行业技术创新和应用。

（四）优化政策支持与激励措施

(1) 政策引导与支持。出台相关政策，为行业产教融合共同体提供财政补助、税收优惠等支持措施，激发企业参与的积极性。

(2) 建立激励机制。对于在人才培养、技术创新等方面做出突出贡献的企业和个人，给予一定的奖励和表彰，鼓励更多的行业主体参与到共同体建设中来。

通过上述策略的优化和模式的创新，有效提升行业产教融合共同体的运作效率和创新能力，更好地服务于行业发展和人才培养的双重目标。

第四节　产教融合下多元主体协同育人构建实体化运作共同体的实践

高职产教融合协同育人共同体的建设涉及多方主体，统合多元要素，影响因素复杂多样，各因素相互联系、相互影响。一方面，各主体存在参与动力不足，合作目标不协同等问题；另一方面，共同体的建设缺乏良好的内外部环境。目前，推动高职产教融合协同育人共同体建设的关键在于，完善顶层设计，完善保障共同体顺畅运行的利益驱动和保障体系；加强主体建设，转变主体的观念和行为，催生主体的内驱动力，提升主体的相关能力；健全运行机制，构建共同体的长效运行机制，推动共同体的长效发展。

一、实施路径建议

（一）完善顶层设计

高职产教融合协同育人共同体的建设与发展，离不开顶层设计的支持，完善顶层设计是高职产教融合协同育人共同体建设的基本保障。完善顶层设计的首要问题就是坚持党的组织领导，充分发挥党组织的作用和力量。同时，要逐步完善利益驱动制度体系、建设多元制度保障体系，保障高职产教融合协同育人共同体的顺利建设和运行。

（二）加强党的组织领导

加强党的组织领导是坚持高职产教融合协同育人共同体建设正确方向，推动政府履行高职教育发展责任和增进高职产教融合协同育人实效的基本保障和内在要求。应该从以下几个方面加强党的组织领导，落实党在职业教育领域中的决策部署，从而引导共同体建设向正确方向前进。

一是明确共同体建设的人才培养目标，落实立德树人根本任务。高职产教融合协同育人共同体建设的首要问题就是"培养什么人"，坚持党的领导，全面贯彻党的十九大精神，紧扣人才培养的核心问题，才能紧跟高职教育建设的内在要求。一方面，坚持党的领导，明确共同体建设的最终指向，耦合各主体的参与目标，形成共同愿景。《国家职业教育改革实施方案》指出，要将高职教育作为培养大国工匠的重要方式，高职院校要培养服务区域发展的高技能人才。在此引领下，高职产教融合协同育人共同体的建设目标统整了各主体的参与需要，如企业高技能人才的需要、区域经济发展的需要等，最终形成了引导共同体运行的共同愿景。另一方面，坚持党的领导，树立正确的人才观，落实立德树人的根本任务。在党的指导下，将"立德树人"融入贯穿到高职产教融合协同育人共同体建设的全方位全过程，落实社会主义核心价值观教育，培育具备工匠精神的技术技能人才。

二是发挥基层党组织在共同体建设中的战斗堡垒作用。一方面，将党组织作为连接高校、企业以及学生等主体的纽带，在高职产教融合协同育人共同体建设过程中发挥桥梁作用。学校党组织、学生党支部、企业等社会基层党组织可以积极构建联络系统，协商共建高职产教融合协同育人的实践平台，发挥党员在共同体建设中的先锋模范作用，引领共同体成员的价值追求和行为选择。另一方面，充分发挥党组织的治理效能。有学者研究指出，党组织能够改善企业的治理水平，规范员工的行为习惯，发挥企业的社会效能。在党的思想引领和价值引领下，各主体党组织中的成员是由共同目标和愿景引领的利益整体，因此，在共同体建设中能够更加容易地形成目标耦合，从而通过"以党带群"等方式促进共同体所有成员的目标耦合。同时，党组织能够推动企业贯彻落实党的教育方针，激发企业的参与动力，督促企业履行社会责任，从而推动共同体的建设。

三是完善党在高职产教融合协同育人共同体建设中的领导运行机制。要想切实落实党的领导作用，发挥党的治理效能，需要构建在共同体建设中行之有效的党的领导运行机制。一方面，落实学校党委的主体责任。为保障共同体建设和运行，始终坚持"以学生为本"，突出服务区域发展的重要作用，需要学校党委在共同体建设过程中积极传达落实上级精神，率先垂范，履行自身责任，满足和保障企业等主体的合理需要。另一方面，完善党委管理监督机制，将党的领导落到实处。通过相关机制的建设，保障党对高职产教融合协同育人共同体建设的全面领导，结合实际情况，充分发挥党的领导作用和治理效能，实现高职产教融合协同育人共同体的长远发展。

（三）完善利益驱动机制

高职产教融合协同育人共同体的有效运行以及持续发展需要相应的驱动体系支持，政府通过制定法律法规，完善现有的支持体系，激发各主体的参与动力，具体表现为利益均衡制度体系、政策激励制度体系、科研资源制度体系。

一是政府搭建利益均衡制度体系以实现利益合理分配。利益获得直接影响各主体的参与动力，因此，需要搭建利益均衡制度体系以保障各主体的相关利益，从而驱动其自愿参与共同体。利益均衡制度体系建设的关键和前提是明确各主体的利益需求，找到各主体的利益结合点以实现各主体的利益耦合。在此基础上，应对共同体运行过程中产生的利益进行合理分配。为保障利益分配的有效性和适用性，共同体可以先构建相应的利益分配制度，并遵循相应的利益分配原则，如平等性原则、互惠性原则、公平性原则、合理性原则等。

二是完善政策激励体系，激发共同体各主体的参与动力。一方面，政府通过建立经费投入制度激发各主体特别是企业的参与动力。政府的经费投入一般分为直接财政拨款、间接税收优惠，政府一般将二者结合以组合拳的形式为共同体的建设提供支持。前文指出，参与成本是影响企业参与共同体建设的重要影响因素，因此，政府的经费投入需聚焦企业的成本负担，建立成本补偿制度。政府可以设立专项资金对企业直接进行财政拨款以弥补成本开支，也可以通过优惠的税收政策等间接政策支持企业参与，实践证明，此举能推动共同体的建设与发展，如德国政府"提供相应的补助和税收优惠政策，设立中央基金统一分配和发放，基金来源于企业上缴的培训费用，企业可以获得其净培训费用50%～80%的培训补助，甚至有些企业可以获得全额的培训经费资助"。另一方面，政府通过完善法律法规体系进行行政支持。我国政府实际上已经构建一定的制度环境，出台了相应的政策进行宏观调控和科学引导。但是，我国目前政策存在鼓励性大于操作性的问题，即缺乏可操作性的具体细则，这使企业等营利性主体在参与合作时存在顾虑，如担心政策难以落实及合作无法可依等。因此，完善产教融合的相关法律法规，形成完备的可操作的政策体系，十分必要。中央政府协调各相关部门共同制定促进共同体发展的具体细则，地方政府在此基础上，依据自身实际情况制定相应的政策细则。

三是充分建设和利用高职院校的科研资源。前文指出，学校的科研实力是影响企业参与的重要因素之一。部分企业希望通过参与合作以获得学校的科研支持，减轻自身的研发成本，因此，高职院校需要提升自身的技术研发水平，吸引企业参与合作。在此基础上，搭建相应的政策制度体系以促进技术研发合作和科研资源利用。基于此，可以从以下两个方面建设科研资源制度体系。一方面，完善科研成果转化机制。建设科研成果转化机制的核心问题是厘清产权归属问题，因此，政府应该据此建立相应的法律制度体系，缓解因产权问题造成的合作冲突，实现产权分明，如英国研究委员会设计了大量的"模板协议"以解决相应问题，其中，"最具代表性的为Lambert工具包，目前，该工具包已经被英国运用到国际合作中的协议商定，比如与来自中国、印度、韩国等国家的高校或企业的独立协议"。另一方面，政府可以在"课题立项"中，精准对接企业实际需求，科研合作以企业需求为重点。在高职产教融合协同育人共同体建设的过程中，科学研究的相关主题可以参考企业需求，紧跟实际业务需要，以此提高企业的参与动力。

（四）建设多元保障体系

高职产教融合协同育人共同体的保障体系是指政府通过制定相应法律法规以保障共同体顺畅运行和质量稳步上升的制度体系，具体表现为风险保障制度体系、学生质量保障制度体系、高技能人才保障制度体系。

一是建设风险保障制度体系，推动企业"无忧"参与。前文指出，企业在参与共同体时，会存在"搭便车"等顾虑，因此，政府需要建立风险保障制度体系，以减轻企业参与顾虑。一方面，加强相关制度建设，完善政策保障体系，不仅可以给参与企业提供财政补贴和税收优惠，而且可以建立相关专项资金筹集制度，让未参与企业缴纳相应的资金，由政府统一协调分配。另一方面，积极探索推行产教融合协调育人的负面清单制度，由政府划定合作过程中的红线，明确合作过程中的禁止和限制的行为，消除企业参与的合作隐患和隐性壁垒，为其提供自由的发展空间。在此基础上，建立产教融合协同育人容错机制，鼓励学校和企业大胆合作、大胆尝试。

二是建立学生质量保障制度体系。前文指出，学生的质量是学校和企业长久合作的重要影响因素之一，因此，需要制定合适的制度以保障人才培养的质量。一方面，提升相应的考核标准。依据高职产教融合协同育人的成功经验，提升考核标准是促进人才培养质量提高的重要手段之一，表现为提升毕业前的教学考核和毕业的标准要求。学校不仅可以在教学中提高考核学生的标准，督促学生认真完成每一学期的教学任务，而且可以通过提高毕业标准，完善就业准入制度，为学生认真学习提供外部动力。另一方面，通过设立职业技能证书及其标准确定科学公认的质量评价标准体系。政府、学校及行业企业协同开发质量评价体系，确定与行业企业适配的职业技能标准，形成对应的等级证书制度体系，做好1+X证书实施工作。

三是通过建设高技能人才的保障制度体系，提高学生提升技能的驱动力。一方面，提升高技能人才的工资福利待遇水平。通过市场运行和宏观调控等方法提高高技能人才的工资和福利待遇，从而提高技能人才的社会地位，营造良好的社会氛围，吸引优秀生源选择职业教育，形成良性循环。另一方面，建设相应的法律法规督促工资待遇的落实。政府通过发挥监管职能，规范监管程序，建立反馈渠道，对未能提供合理待遇的企业给予相应的处罚，以维护高技能人才的合理权益，促进高技能人才队伍建设。

二、评价模型建立

高职产教融合协同育人共同体核心主体的个性特征是影响共同体建设的重要因素之一，因此，加强主体建设，对于提升高职产教融合协同育人共同体建设质量具有重要意义。在高职院校中，一般来说，产教融合协同育人，是以专业或者专业群对应产业或产业集群来推进工作的，同时引入外部的企业资源，对外，共同体需要制定评价标准，对内，其实施的主体自然对应高职院校的二级学院或者系部，因此，对二级学院来说，建立科学的评价模型，有利于更好地开展产教融合多元主体协同育人工作。

（一）外部评价

评价产教融合共同体的过程涉及对一系列基本指标、过程指标、产出指标及特色与创新的综合考量。评价指标包括牵头高等职业学校的基本条件，如校企合作项目、双高校属性、参与区域产教融合联合体的贡献等，同时考察行业协会及企业的参与度和合作成效，如行业协会的影响力、企业与职业院校的合作深度等。

在运行机制方面，重点检视共同体的制度建设情况和运行效果，包括章程、管理规划、运行办法的完备性，以及理事会管理、秘书处工作等的具体运作情况。保障措施的评估聚焦于经费和制度的保障，确保有稳定的资金支持和高效运行的组织机构。

信息交流则通过评估信息管理系统的建设和共性技术服务平台的实施来进行，旨在提高共同体内部的信息共享和技术支持能力。通过这些指标的系统评价（见表10.1），我们可以全面了解共同体在各方面的表现及其对行业和教育培养的具体贡献，从而作出客观公正的评价。

表 10.1　行业产教融合共同体建设评价指标体系

一级指标	二级指标	主要评测点	分值	评分
1. 基本指标（30分）	1.1 基本条件（9分）	1.1.1 牵头职业学校基本情况	5	
		①办学基本条件符合行业产教融合共同体要求	1	
		②有相关行业产教融合、校企合作项目	1	
		③学校为双高校或共同体专业为"双高"专业群	1	
		④有相关行业职教集团或产业学院	1	
		⑤参与区域产教联合体建设并发挥有效作用	1	
		1.1.2 行业协会、企业基本情况	4	
		①行业协会指导、参与共同体建设，包括行业协会在业内的影响力，行业协会所包含企业数量、规模、年产值	1	
		②行业协会、企业积极与职业院校合作，包括开展学徒制人才培养、参与职业院校人才培养方案制定、企业专业技术人员参与职业教育教学科研的情况	1	
		③共同体内企业近三年接收职业院校学生实习数量（大于100人）、近三年招聘职业院校毕业生就业数量（大于100人）	1	
		④企业积极与职业院校合作开展技术研究，与职业院校合作开展职工培训	1	
	1.2 运行机制（9分）	1.2.1 制度建设情况	5	
		①有章程	1	
		②有科学的共同体建设规划方案	1	
		③有运行管理相关办法	1	
		④有年度工作要点或计划	1	
		⑤每年编制行业发展趋势、人才需求情况等报告、清单	1	
		1.2.2 运行情况	4	
		①有理事会（董事会）管理决策会议记录及文件	1	
		②秘书处（办公室）日常工作有序开展，有记录	1	
		③配备充足、结构合理的专兼职人员，负责日常工作	1	
		④有共同体考核评价体系，有评价记录	1	
	1.3 保障措施（8分）	1.3.1 经费保障	4	
		①共同体有稳定的建设经费投入	2	
		②经费管理规范，有相关记录	2	
		1.3.2 制度保障	4	
		①制定适应共同体发展的运行保障制度、专项政策，有相关文件	2	
		②产权制度明晰、组织完备、机制健全、运行高效，具有实体化运作要求	2	
	1.4 信息交流（4分）	1.4.1 信息管理系统	2	
		①建立共同体管理与信息服务平台，搭建信息沟通平台	1	
		②发布共同体内学校、企业信息，共享资源，合作内容丰富	1	
		1.4.2 建设共性技术服务平台	2	
		①行业产教融合共同体内职业院校、科研机构与企业开展协同攻关，为行业企业提供技术咨询与服务，有记录证明	1	
		②共同促进技术创新、工艺改进、产品升级，解决生产实际问题情况，有成果、证明	1	

续表

一级指标	二级指标	主要评测点	分值	评分
2. 过程指标（30分）	2.1 共建共享（30分）	2.1.1 共建产教融合型企业	3	
		共同体内的企业被评为国家或省级建设或培育的产教融合型企业数量，国家级2分/家，省级1分/家，3分为满分	3	
		2.1.2 共建专业	5	
		①校行企共建专业情况，有共建记录、省教育厅批复	1	
		②开展"岗课赛证"的人才培养模式改革，有相关材料	1	
		③利用行业标准指导专业建设，制订人才培养方案	1	
		④开展中国特色学徒制和现场工程师人才培养，有学生培养信息及记录	1	
		⑤及时把行业新方法、新技术、新工艺、新标准引入教育教学实践，有教学实践相关记录	1	
		2.1.3 共同开发教材	4	
		①共同开发新型活页式、说明书式、数字化教材	2	
		②共同开发员工培训教材	2	
		2.1.4 共同开发课程、实践能力项目	4	
		①共同开发基于岗位职业能力的核心课程，有授课记录	2	
		②共同开发教学实践能力项目，有教学、评价过程记录	2	
		2.1.5 共建团队	4	
		①校行企共建教师教学创新团队，设立大师名师工作室，共同培养高水平"双师型"教师队伍，有培养记录	2	
		②互派兼职人员且开展了实际工作，效果明显，有兼职记录	2	
		2.1.6 共建实训基地	4	
		①以校企合作、行业参与等方式共建产教融合实训基地	2	
		②在校内建职工培训基地，在企业建立学生实训基地	2	
		2.1.7 共建产业学院	2	
		共同体内企业、学校共建行业相关产业学院，推进产教融合	2	
		2.1.8 共同培养学生	4	
		①开展订单培养、中国特色学徒制和现场工程师等人才培养模式，有典型案例，培养质量高，有相关培养记录	2	
		②接收学生实习实训和就业：学生在共同体成员单位实习和就业，有一定占比	2	

续表

一级指标	二级指标	主要评测点	分值	评分
3. 产出指标（32分）	3.1 育人成效（10分）	3.1.1 学生发展、教学成果、职业大赛	10	
		①学校毕业去向落实率高，就业质量好，毕业生在共同体内企业就业人数多，就业后稳定，流失率低，毕业生在企业发展情况较好	1	
		②共同体内教学成果奖省级、国家级获奖情况，（国家级特等奖一等奖、二等奖分别为5分、4分、3分，省级教学成果奖特等奖、一等奖、二等奖分别为3分、2分、1分）	5	
		③共同体内学校举办、承办、参加大赛获奖	2	
		④相关专业大师名师工作室，开展共同体相关工作，有明显带头示范作用	2	
	3.2 产学研用（12分）	3.2.1 共同体内单位合作开展产学研用合作成果显著，获得国家级、省部级科研成果数量多，且成果转化率较高	12	
		①联合申报国家级、省级横向课题数（国家级2分/课题，省级1分/课题）	3	
		②社会咨询服务及成果，有记录及成果展示	1	
		③社会培训开展情况及成果，有记录及成果展示	1	
		④发明专利、实用新型专利申报数（发明2分、实用1分/专利）	2	
		⑤共同研制优质教学装备并推广应用	1	
		⑥共建技术创新中心、产学研用协同创新平台、重点实验室（三个中有一个得2分）	2	
		⑦编写出版"十四五"规划教材数量（一本1分，两本及以上2分）	2	
	3.3 服务发展（10分）	3.3.1 服务国家战略：教育强国，制造强国，乡村振兴	3	
		3.3.2 服务"一带一路"倡议，或服务其他国家发展规划及战略，服务云南"3815"战略	2	
		3.3.3 服务行业发展	5	
		①服务本行业情况好，有相关服务数据、资料	1	
		②学校面向行业内部企业员工开展岗前培训、岗位培训，有培训记录	1	
		③学校面向行业内部企业员工开展继续教育，有记录	1	
		④提升企业员工的技能水平和岗位适应能力，取证情况，培训效果好（满意度）	1	
		⑤学校支持企业竞赛情况，有记录	1	

续表

一级指标	二级指标	主要评测点	分值	评分
4. 特色与创新（8分）	4.1	共同体在制度建设、运行机制等方面特色明显，对地方经济社会发展贡献较大，能够起到引领改革，服务国家战略、服务行业发展、促进学生全面发展的示范作用，在校行企合作促进职业教育实体化运作等方面取得明显成效和可推广可复制的经验	4	
	4.2	推动教随产出、产教同行，探索职业教育国际合作新路子，建设具有国际影响力的专业标准、课程标准和优质教学资源	4	
合计		100分		

在评价产教融合共同体的综合表现时，不仅要综合考量各类指标的得分，还需关注共同体在推动教育与产业深度融合方面的实际效果。这包括共同体在基本条件、运行机制、保障措施及信息交流等方面的具体表现，以及在过程和产出指标中所体现的共建共享、育人成效和服务发展的成果。此外，特色与创新指标反映了共同体在制度创新、服务行业和社会经济发展等方面的贡献，这对于评估其在地方经济社会发展中的引领作用及可推广性具有重要意义。总体而言，这一评价体系有助于全面理解共同体在产教融合中的综合效能和潜在价值，为其持续优化和提升提供依据。

（二）学校内部评价

对于高职院校来说，经常需要评价具有相同目标的机构的相对效率，这有利于为学院管理层在资源优化配置上的决策提供数据支持。而数据包络分析（Data Envelopment Analysis，DEA）正是用于此类分析的一种方法。根据目前常见高职院校的组织结构情况，一般高职学院下设若干二级学院，为了评价各二级学院在产教融合共同体工作中不同的投入和产出上的效率差异，以纠正低效率的二级学院，可以采用数据包络分析（DEA）对其进行分析。

1. DEA 模型指标选择

在数据包络分析中，每个机构或组织的绩效是相对于同系统中所有运行单位的绩效来测量的。大部分的机构有多个输入，比如在高职院校中，员工的规模、薪水、资金投入、项目经费、教学仪器设备等，同时也存在多个输出，比如培养学生人数、科研产出、社会培训及服务等，在这种情形下，管理者常常很难确定哪个机构在转化他们的多个输入为输出时是低效率的。针对这一特殊情况，数据包络分析被认为是非常有助于管理决策的工具，下面举例说明。

本例中选取某高职院校下设的 4 个二级学院作为评价对象，分别为管理学院、机械学院、工程学院和建筑学院。为了给学校的管理者提供各二级学院绩效情况，采用数据包络分析（DEA）来测量每个二级学院的各项指标。为此，确定了以下三种输入测量指标和四种输出测量指标。

输入测量指标包括教职工人数（不含外聘）、资金投入、教室数（含实训室），输出测量指标包括培养学生人数、培训次数、科研项目、获奖次数。

输入和输出的指标可根据学校近年来的发展方向和评价倾向进行选取，表 10.2 和表 10.3 是 4 个二级学院的年测量结果。

表 10.2 4 个二级学院年消耗的资源（输入）

投入测量	管理学院	机械学院	工程学院	建筑学院
教职工人数（不含外聘）/人	30	28	29	45
资金投入/万元	646.2	835.8	1 230.9	560.5
教室数（含实训室）/间	22	25	25	27

表 10.3 4 个二级学院提供的年服务（输出）

产出测量	管理学院	机械学院	工程学院	建筑学院
培养学生人数	2 036	1 277	890	2 460
培训次数	10	7	6	12
科研项目	8	6	5	10
获奖次数	12	8	8	3

2. DEA 方法说明

在对高职院校进行数据包络分析时，为每个要评价其效率的二级学院都建立一个线性规划模型，为了说明建模过程，可以构造一个用来确定二级学院相对效率的线性规划模型。

选取一个线性规划模型，其前提是基于相同目标二级学院的输入和输出，构建一个假定的虚拟二级学院，可以称其为"合成"学院，它的输出是由全部 4 个二级学院对应输出的加权平均计算而得，输入则根据二级学院对应输入的加权平均计算得到。线性规划模型中，"合成"学院的所有输出都应大于或等于要评价的二级学院的输出，如果在此情况下，"合成"学院的输入少于某二级学院的输入，就说明"合成"学院能用较少的输入产出一样或更多的输出。此线性规划模型的目的就在于说明"合成"学院比某二级学院更具有效率，或者反过来，可以说，被评价的某二级学院比"合成"学院效率更低，因为这里的"合成"学院是基于全部 4 个二级学院的输入输出数据得出，所以在与同组内其他学院相比时，被评价学院就可以判定为是相对低效的。

需要注意的是，在使用 DEA 评价机构是否无效时，每评价一个机构都需建立一个线性规划模型，下面以工程学院作为评价主体建立线性规划模型对其进行评价。

3. DEA 线性规划模型的建立

为了评价工程学院是否低效，首先需要确定"合成"学院的输入和输出，第一步就是确定各个二级学院所占的权重，假设出决策变量。

wg＝管理学院输入和输出采用的权重

wu＝机械学院输入和输出采用的权重

wc＝工程学院输入和输出采用的权重

ws＝建筑学院输入和输出采用的权重

数据包络分析要求权重的总和为1，可以得到第一个约束条件：

$$wg+wu+wc+ws=1$$

一般而言，每个DEA的线性规划模型都有要求各机构权重之和为1的约束条件。

下面，就可以根据前文提到的输入输出指标计算方法对"合成"学院的输入输出进行计算。首先，对输出的各项指标进行计算，比如，指标1——培养学生人数，"合成"学院的输出可以通过下式进行测算。

"合成"学院的培养学生人数＝（管理学院的培养学生人数）wg+

（机械学院的培养学生人数）wu+

（工程学院的培养学生人数）wc+

（建筑学院的培养学生人数）ws+

对输出指标进行分析，可根据各个学院的指标参数得出分析结果，对应每一个指标的评价参数和输出测算公式，此时，可以得出"合成"学院培养学生人数的表达式：

"合成"学院培养学生的人数＝2 036wg+1 277wu+890wc+2 460ws

用相同的方法可以计算出"合成"学院的其他输出指标，如图10.1所示。

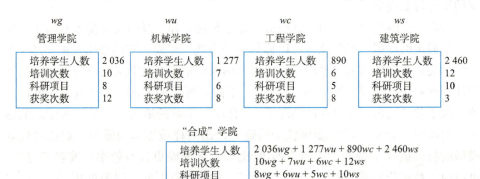

图10.1　4个学院输出指标与"合成"学院输出指标间的关系

对图10.1中4个输出指标中的每一个，我们都需要寻找出一个限制"合成"学院输出大于等于工程学院输出的约束条件。因此，输出的约束条件的总形式为：

合成学院的输出≥工程学院的输出

因为工程学院培养学生的人数是890,因此培养学生人数对应的输出约束为:

$$2\,036wg + 1\,277wu + 890wc + 2\,460ws \geq 890$$

以相同的形式,我们列出其他3个输出指标的约束条件,结果为:

$$10wg + 7wu + 6wc + 12ws \geq 6 \quad 培训次数$$
$$8wg + 6wu + 5wc + 10ws \geq 5 \quad 科研项目$$
$$12wg + 8wu + 8wc + 3ws \geq 8 \quad 获奖次数$$

这4个输出的约束条件的目的就在于令线性规划的解能得到一组权重,使"合成"学院的每个输出指标都大于或等于工程学院对应的输出指标。因此,如果能找到一个满足输出约束条件的解,"合成"学院的每个输出将生产与工程学院至少一样多的产出,这有利于接下来通过对比来判断工程学院相对于"合成"学院来说是否低效。

输出部分分析完之后,需要考虑输入的指标及其参数,构建出"合成"学院输入与"合成"学院可用资源之间关系的约束条件。输入指标都需要一个约束条件。输入的约束条件总形式为:

"合成"学院的输入 ≤ 合成学院可用的资源

对于每个输入指标,"合成"学院的输入是4个学院每个对应输入的加权平均。因此,对于输入指标1——教职工人数,"合成"学院的输入为:

"合成"学院教职工人数 = (管理学院教职工人数)wg +
(机械学院教职工人数)wu +
(工程学院教职工人数)wc +
(建筑学院教职工人数)ws

用表中所示的数据代替每个学院教职工的人数,就可以得到"合成"学院教职工人数的表达式:

$$30wg + 28wu + 29wc + 45ws$$

以相同的方式,我们可以写出其余两个输入指标的表达式。4个学院输入指标与"合成"学院输入指标间的关系如图10.2所示。

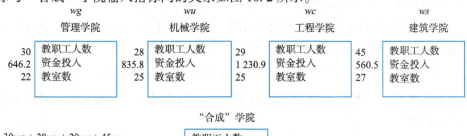

图10.2 4个学院输入指标与"合成"学院输入指标间的关系

在确定了输入指标的表达式之后，为了完成输入的约束条件公式，完成模型的建立，需要写出约束条件右侧值的表达式，此时，需要注意到右侧是"合成"学院的可用资源。在本方法中，右侧值是工程学院输入指标的一个百分比，可以引入下面的决策变量辅助建模：

E=工程学院输入的资源可用于合成学院的百分比

这里引入的决策变量 E 在数据包络分析中起到重要作用，由表10.2可知，工程学院拥有的教职工人数为29人，就可以用 $29E$ 来表示"合成"学院可用的教职工资源。如果 $E=1$，则"合成"学院可用的教职工人数就为29人，与工程学院拥有的人员数相同；如果 $E>1$，则"合成"学院就按比例拥有更多的教职工人数；而当 $E<1$ 时，"合成"学院就按比例拥有更少的教职工人数。借此，我们就可以通过模型里 E 的取值来判断输出同等指标的情况下，工程学院是有效还是无效的，因为 E 在决定"合成"学院可用资源时所起的作用，E 被称为效率指标。

此时，可以写出与"合成"学院可用的教职工人员数目相对应的输入约束条件：

$$30wg+28wu+29wc+45ws \leq 29E$$

以此类推，可以写出"合成"学院可用的资金投入和教室数的输入约束条件。根据表10.1的数据，对于这两种资源，"合成"学院可用的总量分别为 $1\,230.9E$ 和 $25E$。因此，资金投入和教室数的输入约束条件可写为：

$$646.2wg+835.8wu+1\,230.9wc+560.5ws \leq 1\,230.9E \quad 资金投入$$
$$22wg+25wu+25wc+27ws \leq 25E \quad 教室数$$

如果在 $E<1$ 时能找到一个解，"合成"学院要生产相同水平的输出就不需要与工程院学院一样多的资源。E 的取值越小，说明"合成"学院输入同等指标所耗费的资源越少，也就是说工程学院越低效。

DEA 模型的目标函数是最小化 E 的值，其等价于最小化"合成"学院可用的输入资源。因此，目标函数可以写为：$\min E$。

DEA 效率的结论是基于 E 的最佳目标函数值，决策规则如下：

如果 $E=1$，"合成"学院需要与工程学院一样多的输入，没有证据表明工程学院是低效的。

如果 $E<1$，"合成"学院需要较少的输入就能得到与工程学院同样的产出，"合成"学院是更有效的，因此，工程学院可以被认为是相对低效的。

工程学院效率评价的 DEA 线性规划模型有 5 个决策变量和 8 个约束条件。

完整的模型为:

min E

s.t.

$$wg + wu + wc + ws = 1$$
$$2\,036wg + 1\,277wu + 890wc + 2\,460ws \geq 890$$
$$10wg + 7wu + 6wc + 12ws \geq 6$$
$$8wg + 6wu + 5wc + 10ws \geq 5$$
$$12wg + 8wu + 8wc + 3ws \geq 8$$
$$-29E + 30wg + 28wu + 29wc + 45ws \leq 29E$$
$$-1\,230.9E + 646.2wg + 835.8wu + 1\,230.9wc + 560.5ws \leq 0$$
$$-25E + 22wg + 25wu + 25wc + 27ws \leq 0$$

$E, wg, wu, wc, ws \geq 0$

注意，在模型的表达式中，因为 E 是决策变量，出于习惯，统一把含有 E 的项移到了 3 个输入约束条件的左边。

模型建立之后，可以借助 Excel 的建模功能，建立 DEA 线性规划模型求解，见图 10.3，根据上述分析分别给出决策变量、目标函数和约束条件，使用 Excel 中的规划求解功能进行最优解的计算，得到模型所需要的 E 的解。

图 10.3 中显示了 E 的最优解及各个学院构成"合成"学院的权重。需要注意的是，目标函数值显示工程学院的效率得分为 0.978。这个分数说明"合成"学院只需使用不超过工程学院输入资源的 97.8%，就可以达到工程学院能达到的每个输出的水平。由此可见，"合成"学院是更优秀的，这同时也说明了工程学院是相对低效的。

从图 10.3 的解中，我们看出"合成"学院权重是由管理学院（wg = 0.182）、机械学院（wu = 0.818）加权平均形成的。"合成"学院的每一个输入和输出都是由这 2 个学院的输入和输出进行加权平均得来的。

除此之外，通过对最优解进行分析，还可以得到一些更深入的信息，比如，观察图 10.3 的约束条件 2)~5)，除了能分析出"合成"学院更有效之外，还可以得出，相比工程学院而言，在同等资源的输入情况下，"合成"学院能多培养 525 个学生，多有 1.5 次培训，多产出 1.4 项科研项目以及略多的获奖次数。约束条件 6) 和 8) 的松弛为 0，说明"合成"学院的教职工人数和教室数约为工程学院的 97.8%。而约束条件 7) 的松弛值为负，则说明了"合成"学院资金的投入少于工程学院资金投入的 97.8%。

综上所述，"合成"学院比工程学院更有效率。反之，工程学院与同组其他

DEA数据包络分析				
投入测量	管理学院	机械学院	工程学院	建筑学院
教职工人数（不含外聘）	30	28	29	45
资金投入（万元）	646.2	835.8	1 230.9	560.5
教室数（含实训室）	22	25	25	27
产出测量	管理学院	机械学院	工程学院	建筑学院
培养学生人数	2 036	1 277	890	2 460
培训次数	10	7	6	12
科研项目	8	6	5	10
获奖次数	12	8	8	3
	wg	wu	wc	ws
决策变量 工程学院				
	wg	wu	wc	ws
权重	0.182 481 75	0.187 518 2	0	0
	E			
效率	0.978 102 19			
目标函数				
min	0.978 102 19			
约束条件				
1）	1	=	1	
2）	1 415.503 65	>=	890	
3）	7.547 445 26	>=	6	
4）	6.364 963 5	>=	5	
4）	8.729 927 01	>=	8	
6）	0	<=	0	
7）	−402.744 53	<=	0	
8）	0	<=	0	

图 10.3　DEA 线性规划模型求解

学院相比是相对低效率的。鉴于 DEA 分析的结果，学院管理者应该检查工程学院的日常业务管理及操作，以确定应该如何更有效地利用工程学院的资源，产出更多的成果，使学校的效率更优。

4. DEA 方法在高职院校应用小结

在高职院校中评价具有相同目标的二级学院的相对效率，可以找出运行相对低效的学院加以重点管理，数据包络分析 DEA 正是为这一目标服务的。在本例中，为了使用数据包络分析方法来测算工程学院的相对效率，必须根据 4 个二级学院的输入和输出，采用线性规划模型，构建一所假定的"合成"学院。计算出各个学院的各项输入、输出指标在构成"合成"学院时的比例，同时引入"效率指标 E"，建立线性规划模型进行求解，找到最优答案，为决策者提供数据分析参考。

需要注意的是，使用 DEA 求解其他类型问题的方法是类似的，每个我们想要测量其效率的机构，都必须建立并求解一个与本例"合成"学院类似的线性规划模型。以下是使用 DEA 时的具体步骤，要测量其相对效率的机构记作第 j 个机构。

（1）定义决策变量或权重（每个机构都有一个），用于确定"合成"机构的输入和输出。

（2）写出第一个约束条件——权重综合 = 1。

（3）对每个输出指标，写出要求"合成"机构的输出大于或等于第 j 个机构对应输出的约束条件。

（4）引入效率指标 E 定义为决策变量，以确定第 j 个机构的输入可用于"合成"机构的比例。

（5）对每个输入指标，写出一个要求"合成"机构的输入小于或等于"合成"机构可用资源的约束条件。

（6）写出目标函数 $\min E$。

（7）使用 Excel 建立数学模型，并使用规划求解功能进行求解，得出最优解，进行分析，提供给管理者决策数据。

需要指出的是，DEA 的分析只能识别相对低效的机构，并不能识别相对高效的机构，这属于一种寻找短板的方法，很多时候，当计算值 $E=1$ 时，并不能确定分析的机构是否相对高效。同时，也存在一些极其特殊的情况，DEA 的分析可能得到除了一个机构外，其他机构是相对低效的结果，这种情形，是因为每个机构生产每个输出的最大值，却消耗的是每个输出的最小值。因此，DEA 得出的结果需要结合实际进行分析，才能真正具备指导实践的作用，尤其是对于高职院校来说，首要任务是教书育人，所以在选取输入、输出指标和使用计算结果的时候，都应该结合实际来考虑。

总　结

本章探讨了我国现代职业教育中构建实体化机构运作的探索与实践，根据我国职业教育体系改革工作内容，重点关注市域产教融合联合体及行业产教融合共同体的策略和实施。随着全球化的发展和技术的进步,职业教育体系面临着更新教育模式和提高教育质量的双重挑战。本章分析了市域联合体和行业共同体的概念及其重要性,并通过具体案例阐述其理论基础和实际操作。通过这些分析,本章展示了如何通过政策支持、完善合作机制和创新人才培养模式,提升服务质量和效能,确保教育改革与区域经济发展的协调推进。此内容不仅为理论研究提供了实践基础,也为政策制定者和教育实践者提供可行的改进策略和方法。

结 束 语

在全球化加速和技术创新不断的今天,高等职业教育承担着培养技术技能人才、促进产业升级和经济转型的使命。本书通过深入剖析现有的教育模式,探讨了产教融合与多元主体协同育人的策略,致力于提升教育质量,以更好地应对经济结构的快速变化和新兴产业的崛起。

书中首先回顾和诊断了我国高等职业教育的发展历程与现状,指出了存在的主要问题及其对教育质量和社会需求满足度的影响。通过借鉴国内外的成功经验和理论,本书深入分析了产教融合的内涵以及校企合作的具体操作,探索了教育教学、教材与教法改革、"双师型"教师队伍建设及实习实训等方面的创新途径。

其次,本书详细探讨了教学资源共享、技术技能平台建设以及社会服务的实践与创新,强调了利用现代信息技术和网络资源构建开放和协作的教育环境的重要性,以及如何通过国际交流与合作更新教育理念,提升教育质量。

再次,通过现代学徒制、产学研用联合体和共同体等多元主体协同育人模式的案例分析,本书不仅考察了这些模式在操作中的挑战与机遇,也探讨了在不同的社会经济背景下如何实施和优化这些模式,以适应全球化和技术革新带来的挑战。

最后,本书希望能为学术界、教育工作者和政策制定者提供参考和启示,推动高等职业教育改革和发展,实现教育与产业的深度融合,培养更多符合市场需求的技术技能人才,共同推动我国高等职业教育系统朝更高的发展目标迈进。期待本书的讨论能激发更多的学术交流和实践探索,为高等职业教育的未来发展提供动力和方向。

参考文献

[1] 姜大源. 中国现代职业教育体系建设的探索与当务 [J]. 神州学人, 2021 (11): 10-15.

[2] 谢群莹. 中国职业技术教育学会副会长孙善学: 职业教育使人与职业相结合 [J]. 在线学习, 2021 (9): 24-27.

[3] 静静. 探索校企合作新模式 构建职教发展新格局: 长春金融高等专科学校举行现代职业教育产教融合产业学院校企合作签约仪式 [J]. 长春金融高等专科学校学报, 2021 (2): 2+97.

[4] 郭建如. 探析中国技能形成模式的新出发: 杨钋《技能形成与区域创新: 职业教育校企合作的功能分析》述评 [J]. 高等职业教育探索, 2021, 20 (2): 1-3.

[5] 张大鹏. 信息专业职业教育产教深度融合模式研究 [J]. 福建电脑, 2021, 37 (2): 67-69.

[6] 翟玲. 深化产教融合 探索中国特色职业教育发展之路 [J]. 教育教学论坛, 2021 (1): 185-188.

[7] 段欣, 谢夫娜. 探索校企双主体育人模式 建设产教深度融合命运共同体: 山东省探索职业教育校企合作新模式, 推进产教融合新发展 [J]. 中国培训, 2020 (11): 9-11.

[8] 丁密. 高职院校"双元"育人模式下校企合作实训基地共建研究 [J]. 知识文库, 2020 (17): 21-22.

[9] 古光甫. 中国职业教育产教融合政策的历史脉络、问题与展望 [J]. 高等职业教育探索, 2020, 19 (4): 13-20.

[10] 米靖. 论职业教育发展的中国特色之路: 改革开放以来中国职业教育发展研究 [J]. 河北师范大学学报(教育科学版), 2020, 22 (4): 42-50.

[11] 赵薇, 魏云. 基于产教融合校企合作的职业教育教学模式研究 [J]. 创新创业理论研究与实践, 2020, 3 (12): 106-109.

[12] 邱金林. 职业教育国际化产教融合发展的探索与思考: 基于构建中国-东盟职教

共同体的职业院校实践 [J]. 职业技术教育，2020，41（6）：24-28.

[13] 李鹏，石伟平. 中国职业教育类型化改革的政策理想与行动路径：《国家职业教育改革实施方案》的内容分析与实施展望 [J]. 高校教育管理，2020，14（1）：106-114.

[14] 新中国70年职业教育产教融合：哲学审视与制度变迁 [J]. 职业技术教育，2019，40（33）：6.

[15] 张健. 产教融合、校企合作的创新之著：评《职业教育中的校企合作——行为机制、治理模式与制度创新》[J]. 职业技术教育，2019，40（30）：73-76.

[16] 杨院，许晓芹，连晓庆. 新中国成立70年来职业教育产教融合政策的演变历程及展望 [J]. 教育与职业，2019（19）：26-31.

[17] 李翔. 深化校企合作　助力创新创业教育　推动职业教育发展：2019中国-东盟教育交流周"深化务实合作、共享发展成果"侧记 [J]. 贵州教育，2019（16）：3-7.

[18] 李俊，李东书. 职业教育产教融合的国际比较分析：以中国、德国和英国为例 [J]. 高等工程教育研究，2019（04）：159-164.

[19] 郭大民. 现阶段中国职业教育中校企合作模式探究 [J]. 科技视界，2019（16）：168-169.

[20] 周璐，牛玲娟. 从中德职业教育的差异看中国高校校企合作的发展 [J]. 青年与社会，2019（08）：54-55.

[21] 石伟平，郝天聪. 从校企合作到产教融合：我国职业教育办学模式改革的思维转向 [J]. 教育发展研究，2019，39（1）：1-9.

[22] 李漪. "中国制造2025"背景下职业教育产教融合途径的思考 [J]. 江苏理工学院学报，2018，24（6）：140-143.

[23] 张改清. 智能化工作模式下职业教育人才培养变革探究：深化产教融合、校企合作新路径探索 [J]. 中国职业技术教育，2018（22）：66-71.

[24] 周晶. 中国职业教育发展的根本方向：40年来职业教育产教融合发展的历程、规律与创新 [J]. 职业技术教育，2018，39（18）：6-16.

[25] 罗汝珍. "中国智造"背景下职业教育产教融合的现实困境及对策 [J]. 职教论坛，2018（5）：25-29.

[26] 徐玉海. 职业教育实训基地"产教融合"的实践与思考：以中国（宁夏）装备制造公共实训中心为例 [J]. 创新创业理论研究与实践，2018，1（9）：126-128.

[27] 高婷. "中国制造2025"背景下职业教育产教深度融合研究 [J]. 教育与职业，

2018（6）：11-17.

[28] 李玉静，刘娇. 新时代我国职业教育发展的目标、任务与核心议题：2017中国职业技术教育学会学术年会综述［J］. 职业技术教育，2017，38（36）：11-14.

[29] 周晶，岳金凤. 十八大以来中国特色现代职业教育深化产教融合校企合作报告［J］. 职业技术教育，2017，38（24）：45-52.

[30] 许竞，张晶晶，郑坚. 挑战与机遇并存 质量与创新先行：2017职业教育国际研讨会综述［J］. 中国职业技术教育，2017（16）：45-49.

[31] 程宇，岳金凤. 协同与优化：制造强国战略背景下职业教育产教融合发展的路径选择：首届工业与职业教育大会综述［J］. 职业技术教育，2016，37（21）：40-42.

[32] 中国职业教育学会校企合作工作委员会秘书中国新能源产业校企合作职业教育联盟秘书处. 主动适应产业转型升级 促进产教融合深入发展：全国新能源职业教育与产业对话会会议纪实［J］. 天津职业院校联合学报，2015，17（9）：3-5.

[33] 尹冬梅，杨洁萍，邓诗泉，等. 产教融合、校企合作的中等职业教育人才培养模式调查报告［J］. 品牌，2015（6）：167-168.

[34] 程宇. 职业教育如何助力中国制造由大变强：中国职业技术教育学会举办"首届职业教育活动周"主题研讨会［J］. 职业技术教育，2015，36（15）：40-43.

[35] 杨洁萍，尹冬梅. 产教融合、校企合作的中等职业教育人才培养模式调查分析［J］. 现代经济信息，2015（10）：17-18.

[36] 高杨，赵冬冬. 构建现代职业教育体系，推进地方高校转型发展，建设中国特色应用技术大学：首届产教融合发展战略国际论坛综述［J］. 河南教育（高教），2014（5）：42-45.

[37] 顾明远. 教育大词典［M］. 上海：上海教育出版社，1990.

[38] 吕鑫祥. 高等职业技术教育研究［M］. 上海：上海教育出版社，1998.

[39] 王崇举，郑旭煦. 中国西部高校产学研合作研究［M］. 北京：科学出版社，2013.

[40] 夏征农，陈至立. 辞海（彩图本）［M］. 6版. 上海：上海辞书出版社，2009.

[41] 霍丽娟. 产学合作教育中高职院校与企业的关系研究［M］. 石家庄：河北教育出版社，2010.

[42] 贺星岳. 现代高职的产教融合范式 [M]. 杭州：浙江大学出版社，2015.

[43] 李心，王乐夫，覃易寒，等. 深化产教融合校企合作推动中职教育创新发展：广东中等职业教育教学改革研究与实践 [M]. 广州：暨南大学出版社，2015.

[44] 刘书瀚，白玲. 校企合作应用型人才培养模式理论与实践 [M]. 天津：南开大学出版社，2014.

[45] 陈解放. 合作教育的理论及其在中国的实践：学习与工作相结合教育模式研究 [M]. 上海：上海交通大学出版社，2006.

[46] 石伟平. 比较职业技术教育 [M]. 上海：华东师范大学出版社，2001.

[47] 王永牛. 技术进步及其组织：日本的经验与中国的实践 [M]. 北京：中国发展出版社，1999.

[48] 蔡钊利. 职业教育集团化办学试点项目实施方案 [M]. 西安：西安电子科技大学出版社，2013.

[49] 涂文涛. 创新高校产学研机制研究 [M]. 北京：高等教育出版社，2013.

[50] 周建松. 高等职业教育校企合作长效机制研究 [M]. 杭州：浙江工商大学出版社，2014.

[51] 万平. 高职"项目带动式"人才培养模式的探索与实践 [J]. 职教论坛，2006，4（7）：18-20.

[52] 王书丹. 高职院校国际化人才培养模式研究 [D]. 西安：西安建筑科技大学，2015.

[53] 吴彦. 我国高等职业院校产学研合作教育的研究与思考 [D]. 石家庄：河北师范大学，2007.